U0164142

上博楚簡通假字音韻研究

李存智◎著

上博楚簡通假字音韻研究

目次

自　序 ……………………………………………………… I

第一章　緒論 ……………………………………………… 1

1.0 前言 …………………………………………………… 1

1.1 通假字反映語音訊息 ………………………………… 2

1.2 語言史觀與漢語上古音 ……………………………… 4

1.3 異讀與音韻層次 ……………………………………… 6

1.4 通假、合韻、方音異讀與上古音 …………………… 8

第二章　上博楚簡通假字聲母關係 …………………… 11

2.0 前言 ………………………………………………… 11

2.1 與中古心母相關的聲母通假現象 ………………… 11

2.1.1 心母與生母 ……………………………………… 12

2.1.2 心母與書母、喻四、邪母 ……………………… 14

2.1.3 心母與舌、齒音 ………………………………… 17

2.1.4 心母與鼻音 ……………………………………… 23

2.1.5 心母與舌根音 …………………………………… 26

2.2 與中古邪母相關的聲母通假現象 ………………… 27

2.2.1 邪母與舌尖音 …………………………………… 27

2.2.2 邪母與舌根音 …………………………………… 31

2.3 與中古喻四相關的聲母通假現象 ………………… 33

2.3.1 喻四與日母 ……………………………………… 33

2.3.2 喻四與來母 ……………………………………… 33

2.3.3 喻四與邪母、定母 ……………………………… 34

2.3.4 喻四與書母、透母 ……………………………38

2.3.5 喻四與舌根音 ……………………………44

2.3.6 喻四與疑母 ……………………………48

2.3.7 喻四與影母 ……………………………50

2.4 與中古來母相關的聲母通假現象 ………… 52

2.4.1 來母與唇音 ……………………………52

2.4.2 來母與舌、齒音 ……………………………54

2.4.3 來母與舌根音 ……………………………58

2.5 與中古照三系相關的聲母通假現象 ………… 60

2.5.1 照三系與舌尖音 ……………………………60

2.5.2 照三系與舌根音 ……………………………71

2.5.3 照三系與邪母 ……………………………75

2.5.4 書母的通假關係 ……………………………77

2.6 舌尖鼻音通假現象 ……………………… 85

2.6.1 心母與日母 ……………………………85

2.6.2 日母與明母 ……………………………86

2.6.3 泥母與日母 ……………………………87

2.6.4 日母與喻三、喻四 ……………………………90

2.7 清鼻音聲母通假現象 ……………………… 90

2.7.1 雙唇清鼻音 ……………………………91

2.7.2 舌尖清鼻音 ……………………………94

2.7.3 舌根清鼻音 ……………………………95

2.8 中古匣母字通假現象 ……………………… 97

2.8.1 匣、喻三與舌根塞音 ……………………………97

2.8.2 匣、喻三與舌根擦音 ……………………… 107

2.8.3 匣、喻三與舌根鼻音 ……………………… 110

2.8.4 匣、喻三與影母 ……………………………… 112

2.9 小結 ………………………………………………… 113

第三章　上博楚簡通假字陰聲韻部關係（一）……… 115

3.0 前言 ………………………………………………… 115

3.1 楚簡之支脂韻部相互通假現象 …………………… 116

3.1.1 之脂與之質通假 ………………………………… 116

3.1.2 支脂通假 ………………………………………… 119

3.1.3 之支與之錫通假 ………………………………… 121

3.1.4 之脂支三部的例外押韻比例分析 ……………… 122

3.2 楚簡之支脂韻部與中、高元音韻部通假現象 …… 126

3.2.1 之幽通假 ………………………………………… 127

3.2.2 之微與之物通假 ………………………………… 131

3.2.3 支微通假 ………………………………………… 133

3.2.4 脂微通假與例外押韻比例分析 ………………… 134

3.3 楚簡之脂支韻部與 a 元音韻部通假現象 ………… 144

3.3.1 之魚通假 ………………………………………… 144

3.3.2 之部與歌祭（月）元部通假 …………………… 147

3.3.3 支歌通假 ………………………………………… 148

3.3.4 脂部與歌祭（月）元部通假 …………………… 152

3.4 楚簡歌部通假現象 ………………………………… 154

3.4.1 魚歌通假 ………………………………………… 155

3.4.2 微歌與物歌通假 ………………………………… 157

3.4.3 歌祭（月）元部通假 …………………………… 160

3.4.4 歌部的例外押韻比例分析 ……………………… 162

3.5 小結 ………………………………………………… 163

附錄：「悲」字合韻譜 ………………………………… 167

第四章　上博楚簡通假字陰聲韻部關係（二）……… 171

4.0 前言 ……………………………………………………… 171

4.1 楚簡幽部通假現象 …………………………………… 171

4.1.1 之幽通假及其語音基礎 ………………………… 171

4.1.2 詩歌幽部合韻情況 ……………………………… 172

4.1.3 幽部與異部合韻的比例分析 …………………… 174

4.1.4 幽部與入聲韻的關係 …………………………… 178

4.1.5 覺部與異部合韻的比例分析 …………………… 179

4.1.6 幽部與舌尖尾韻部的關係 ……………………… 181

4.2 楚簡宵部通假現象 …………………………………… 183

4.2.1 幽宵通假及其語音基礎 ………………………… 184

4.2.2 詩歌宵部的合韻情況 …………………………… 187

4.2.3 宵部與異部合韻的比例分析 …………………… 188

4.2.4 宵部與入聲韻的關係 …………………………… 190

4.2.5 藥部與異部合韻的比例分析 …………………… 193

4.2.6 宵部與舌尖尾韻部的關係 ……………………… 194

4.3 楚簡侯部通假現象 …………………………………… 195

4.3.1 幽侯通假及其語音基礎 ………………………… 195

4.3.2 詩歌侯部的合韻情況 …………………………… 197

4.3.3 侯部與異部合韻的比例分析 …………………… 200

4.3.4 侯部與入聲韻的關係 …………………………… 201

4.3.5 屋部與異部合韻的比例分析 …………………… 202

4.3.6 侯部與舌尖尾韻部的關係 ……………………… 204

4.4 楚簡魚部通假現象 …………………………………… 204

4.4.1 侯魚、之魚、宵魚通假及其語音基礎 ………… 204

4.4.2 詩歌魚部的合韻情況 …………………………… 206

4.4.3 魚部與異部合韻的比例分析 ……………………… 211
4.4.4 魚部與入聲韻的關係 ………………………………… 213
4.4.5 鐸部與異部合韻的比例分析 ……………………… 217
4.4.6 魚部與舌尖尾韻部的關係 ……………………… 219
4.5 小結 ……………………………………………………… 222

第五章　上博楚簡通假字陽聲韻部關係 ……………… 225
5.0 前言 ……………………………………………………… 225
5.1 舌尖鼻音韻尾韻部通假現象 ………………………… 225
5.1.1 楚簡真文通假 ………………………………………… 225
5.1.1.1 真文通假的語音基礎 ……………………………… 226
5.1.1.2 詩歌真文合韻與真文聲訓觀察 ………………… 227
5.1.1.3 真部與異部合韻的比例分析 …………………… 230
5.1.1.4 文部與異部合韻的比例分析 …………………… 231
5.1.2 楚簡文元通假 ………………………………………… 234
5.1.2.1 楚簡文元通假的語音基礎 ……………………… 234
5.1.2.2 詩歌文元合韻與文元聲訓觀察 ………………… 234
5.1.2.3 元部與異部合韻的比例分析 …………………… 238
5.1.3 楚簡真元通假 ………………………………………… 241
5.1.3.1 真元通假的語音基礎 ……………………………… 241
5.1.3.2 詩歌真元合韻與真元聲訓觀察 ………………… 241
5.1.4 詩歌真文元合韻觀察 ……………………………… 245
5.1.4.1 真文元合韻的語音基礎 ………………………… 245
5.2 舌根鼻音韻尾韻部通假現象 ………………………… 247
5.2.1 楚簡東陽通假 ………………………………………… 247
5.2.1.1 東陽通假的語音基礎 ……………………………… 247
5.2.1.2 詩歌東陽合韻觀察 ………………………………… 247
5.2.1.3 東部與異部合韻比例分析 ……………………… 249

5.2.1.4 陽部與異部合韻比例分析 ················ 251

5.2.2 楚簡東冬通假 ······························· 254

5.2.2.1 楚簡東冬通假的語音基礎 ··············· 254

5.2.2.2 詩歌東冬合韻觀察 ······················· 255

5.2.2.3 冬部與異部合韻比例分析 ··············· 255

5.2.3 楚簡耕陽通假 ······························· 257

5.2.3.1 耕陽通假的語音基礎 ···················· 257

5.2.3.2 詩歌耕陽合韻觀察 ······················· 258

5.2.3.3 耕部與異部合韻比例分析 ··············· 259

5.3 見於《楚辭》不見於《詩經》舌根鼻音尾韻部合韻

現象 ·· 261

5.3.1 冬陽合韻 ··································· 261

5.3.2 蒸陽合韻 ··································· 262

5.3.3 蒸部與異部合韻比例分析 ················· 262

5.4 楚簡雙唇鼻音尾韻部通假現象 ················ 263

5.4.1 侵談通假 ··································· 263

5.4.1.1 侵談通假的語音基礎 ···················· 263

5.4.1.2 詩歌侵談合韻觀察 ······················· 264

5.4.1.3 侵部與異部合韻比例分析 ··············· 264

5.4.1.4 談部與異部合韻比例分析 ··············· 266

5.4.2 緝侵合韻 ··································· 267

5.5 楚簡舌根鼻音尾韻部與舌尖鼻音尾韻部通假現象 ······ 267

5.5.1 耕真通假 ··································· 267

5.5.1.1 耕真通假的語音基礎 ···················· 267

5.5.1.2 詩歌耕真合韻觀察 ······················· 268

5.5.2 耕元通假 ··································· 270

5.5.2.1 耕元通假的語音基礎 ···················· 270

5.5.2.2 詩歌耕元合韻觀察 ······················· 271

5.6 舌根鼻音尾韻部與雙唇鼻音尾韻部通假現象 ········· 272

5.6.1 東侵通假與東侵、冬侵、蒸侵合韻 ········· 272

5.6.1.1 東侵通假 ································· 272

5.6.1.2 東侵合韻 ⋯⋯⋯⋯⋯⋯⋯⋯⋯⋯⋯⋯⋯⋯272
5.6.1.3 冬侵合韻 ⋯⋯⋯⋯⋯⋯⋯⋯⋯⋯⋯⋯⋯⋯272
5.6.1.4 蒸侵合韻 ⋯⋯⋯⋯⋯⋯⋯⋯⋯⋯⋯⋯⋯⋯274
5.7 小結 ⋯⋯⋯⋯⋯⋯⋯⋯⋯⋯⋯⋯⋯⋯⋯⋯ 277

第六章　結論 ⋯⋯⋯⋯⋯⋯⋯⋯⋯⋯⋯⋯⋯ 279
6.0 文獻、方音與古音構擬 ⋯⋯⋯⋯⋯⋯⋯⋯ 279
6.1 楚簡的聲母系統 ⋯⋯⋯⋯⋯⋯⋯⋯⋯⋯ 280
6.2 之脂支、真文元關係的類型意義 ⋯⋯⋯⋯⋯ 281
6.3 楚簡上古韻部關係及異部接觸的音韻史意義 ⋯⋯⋯ 282
6.4 漢語音韻史研究的新思考 ⋯⋯⋯⋯⋯⋯⋯ 285

參考文獻 ⋯⋯⋯⋯⋯⋯⋯⋯⋯⋯⋯⋯⋯⋯⋯ 287

自序

　　謹感謝在清華大學、東海大學、臺灣大學進修學業時引領我進入語言學與漢語史殿堂的老師，他們是：孫天心先生、梅廣先生、張光宇先生、沙加爾先生；周法高先生、方師鐸先生、李孝定先生；龔煌城先生、何大安先生、楊秀芳先生、張以仁先生。是他們的帶領與示範，讓我有機會一窺語言世界的種種奧妙。本書是上古音分時、分域研究的部分成果，齊魯方言、秦晉方言等則是進行中的研究課題。在孤寂卻充滿樂趣的語言研究路上，幸運地能有轉益多師的機會，也更堅定對語言學的執著。

　　在臺灣大學中文系的大家庭裡工作，謹感謝全體師長、友朋的關懷、鼓勵與支持。尤其是九十一年七月高速公路上遭遇大車禍後，住院、安胎期間翠英給予的種種協助，是很大的精神支撐。其後，養育胎兒期就飽受驚嚇的小兒、回到工作崗位、五六年內相繼失去五位親人，奔波於臺北、新竹、苗栗之間，深刻體會到生命中的種種磨難與堅強的重要，也慶幸有這個大家庭的溫暖懷抱。

　　本書的第三章、第五章的基礎內容曾以單篇論文形式出版：
〈郭店與上博楚簡諸篇陰聲韻部通假關係試探〉，《臺大中文學報》
　　　　第二十九期，頁71-124，2008。
〈郭店與上博楚簡諸篇陽聲韻部通假關係研究〉，《臺大中文學報》
　　　　第三十期，頁95-156，2009。
加入本書時作了小幅度的修改，並與全書一致，作了表格調整。

第二章的初稿曾在「第一屆文字文本文獻國際學術研討會」（臺灣大學中國文學系，2009.10.09-10）上宣讀，本書做了其他出土材料與傳世文獻的補充，也在章節上做了必要的調整。加上第一章、第四章、第六章、參考文獻，全書不計表格共約十三萬餘字。

　　謹向《臺大中文學報》出版單位中國文學系致謝。承蒙審查人提供建議，本書的審查人寫出寶貴意見，後學受益匪淺，謹向他們致上謝忱。由於個人因素之影響，萬卷樓圖書股份有限公司必須在短時間裡出版本書。對於梁總經理、編輯先生的用心、印刷公司的配合，由衷感謝。因為他們的協助，本書才得以和讀者見面。

　　書中肯定還存在不少缺失，概由我個人負責。敬請師長前輩方家不吝指正。

　　自中學起負笈新竹，之後輾轉於各地求學、就業，少伴父母身側，常覺愧疚。謹將此書獻給年近八十仍躬耕畎畝的雙親，表達兒女對父母無時無刻關懷付出的深深感謝。

　　　　　　　　　　　　　　　　李存智
　　　　　　　　　　　　　　　　謹記於民國九十九年二月

第一章　緒論

1.0　前言

　　文獻對中國自古以來就有方言歧異的描述所在多有,《論語・述而》記錄:「子所雅言,《詩》、《書》、執禮皆雅言也。」;《荀子・榮辱》說:「越人安越,楚人安楚,君子安雅。」;《禮記・王制》記錄:「五方之民,言語不通,嗜欲不同。」;《禮記・曲禮》則記載:「五方之民,言語異聲。」;《說文解字・敘》說:「諸侯力征,不統於王‧‧‧‧‧‧分爲七國,田疇異畝,車途異軌,律令異法,衣冠異制,言語異聲,文字異形。」上述這些史料記載了雅言與地域方言一直並存的事實。社會存在雙言(或多言)現象,語言內部便存在競爭、取代、妥協,不斷衝擊語言系統的純度,閩南方言複雜的韻母系統可爲明證。

　　層次分析的議題已成爲漢語方言研究的重要議題;利用新出土的文獻材料作學術研究,也已多歷年所。兩者的結合,是一個可以嘗試的研究方向。以上古音研究來說,主要是分析通假和異文,以歷史文獻考證與歷史比較法結合,進行音韻的歷時與共時分析。本書的寫作宗旨是上古音的分時分域觀察,在戰國楚簡的通假字中,思考上古音研究的若干議題。上古方音的面貌如何?是我們這些年來持續關注的漢語史課題。上博楚簡的陸續公布持續開展簡帛文字的研究熱潮,我們也認爲這些出土材料的通假字

能提供研究者思考現行古音構擬中所忽略的若干問題，具體而言則是或時間、或地域、或音韻類型的差異。通假字亦如諧聲字，同時呈現聲、韻、調關係，這也是本書所關注的問題。討論通假字的聲母時，必須考慮韻部的條件；反之，討論韻部時，也不能忽略聲母的影響。而從我們所建構的資料中，也可以看到上古與中古的各種音韻訊息，便於檢查通假關係，也有助於思考漢語在時間、地域以及音韻類型上的差異。

1.1 通假字反映語音訊息

透過歷史文獻來討論漢語的上古音韻已經累積了豐碩的成果。近年來利用出土文獻來探討漢語音韻問題也逐漸成為研究課題。出土文獻和傳世典籍相較，具有大量的通假字和異文，[1]其中也具有押韻的文字，這些都是研究古音韻的重要材料。簡帛通假、異文在古音研究上的價值，周祖謨先生在研究漢代的簡牘、帛書通假字與考訂古音時，提到「我們可以從中看到不少有關古音的問題。有些足以驗證清人和近人關於古音聲韻部類的成說，有些我們可以從中得到啟發，再做進一步探討。」（1984：79）而更值

---

[1] 關於通假字組（通假字/本字）各是何字？是通借？或形構誤解？審查意見指出本文在訓詁部分之說明似有未足。通假字關涉的諸多問題，其與語音之關係，我們在《秦漢簡牘帛書之音韻學研究》（李存智1995）已有專章討論。因此，在利用楚簡通假字以探究古音時，便不再說明，以避其重複。至於如王氏父子在音義之間推敲探索的字詞訓詁過程，並非本文主要的寫作目的。我們也曾就相關問題請教過古文字學者，在出土文獻隸定時，如何確定何字為是？何字為非？一字之爭論（如：咨恆恣鄰的關係）可以在「簡帛網站」接力式地一篇篇刊登，各自表述，可見這是有一定難度的工作。我們對「通假字」的定義與界定，基本態度是借字與本字的語音一定有密切關聯，須不違上下文義之順暢，不宜強作傳世文獻之外標新立異的詮釋。

得我們深思的是這一段話：

> 古書的通假字是非常複雜的。其中一定有一字兩音的，也
> 許有的音是後代韻書中所沒有記載的，說不定還會有一字
> 在不同文句中的讀音隨文義而定的情況，所以不好隨意推
> 斷。從語音的發展來看，音的變化是有先後層序的不同。
> 在某一時代跟某一地域，某些音可能變得快一些，另外某
> 些音可能還保持較早的讀法；或者同一類音因為後面介音
> 和元音的不同而發生的變化也不同，絕不能認為只有一個
> 模式。(1984：90)[2]

因為通假現象的複雜，周先生推測一定有一字兩音的現象；可能有後代韻書缺載的語音；也會有隨文義而異讀的情況。從漢代簡牘通假研究而有這樣的推想是合理的。本書探討楚簡通假字，也看到不同的借字和同一個本字通假的情形。如「台/夷」、「寺/夷」，二組通假字雖都為之脂通假，但「台」為透母字，「夷」為喻四聲母字，「寺」為邪母字；「台寺」皆通「夷」字，顯示中古透母、喻四、邪母在上古音（或楚地）的關係與中古字母的分類模式大為不同。

至於後代韻書的確缺載某些音讀，我們也已經清楚知道這樣的事實，如「鼻」字，在漢語方言中有入聲與去聲二讀，《廣韻》僅錄「毗至切」；「牛」字有洪音與細音之讀，《廣韻》錄「語求切」；而隨文義而異讀的例子，閩南方言中所在多有，例如「大寒」二字，在節氣名「大寒」，讀的是「tai han」，與表示冷熱的「大寒

---

[2] 參見〈漢代竹書和帛書中的通假字與古音的考訂〉，《音韻學研究》第一輯，頁78-91。

大熱」的「大寒」讀成「tua kuã」讀音不同;「大」作tai、tua,「寒」作han、kuã,分別表現相異的兩個聲母與兩個韻母層次。在今天來看,這些共存於現代漢語方言平面上的現象,可能隱含有時代層次的差異,地域的差異,演變類型的差異,或者因爲文讀的借入而產生競爭、疊置,也可能是因語義區別的需要而致語音有別。即便是同一語源,也可能因爲時空不同、音變條件有別,呈現不同的差異。

　　本書觀察楚簡文字聲母、相異陰聲韻部通假的情形、相異陽聲韻部通假的情形,並與傳世文獻的相關現象比較,希望藉此看出戰國楚地的音韻特色,如果所參照的文獻也反映同類的聲母現象、或詩歌合韻[3]也有平行的異部接觸關係,[4]則我們認爲那可能就是一個普遍存在的音讀層次。從而研究楚簡音韻也就能檢測我們對上古音的既有認識。

1.2 語言史觀與漢語上古音

　　也許有讀者會質疑,本書既說寫作宗旨是透過出土文獻的通假字與傳世文獻的通假字、詩歌押韻、諧聲相互參證,並借助歷史比較法的層次分析來研究漢語的上古音韻。又說希望透過楚簡

---

[3] 本書所謂的「合韻」是指與韻部「獨韻」相對之韻部關係。歌部押歌部、祭部押祭部是單一韻部獨自爲韻,歌、祭相押即是合韻。旁轉、對轉也視爲合韻,如脂微、真文、脂真、微文。
[4] 本書若論及擬音的問題,以李方桂先生(1971)的二十二部爲基礎。在建立語料表格時,爲了一併觀察聲調,則把入聲韻部獨立。本文相關表格中的入聲韻部依郭錫良(1986)《漢字古音手冊》。詩歌用韻除了《詩經》用韻、屈宋用韻之外,依據逯欽立《先秦漢魏晉南北朝詩》亦作先秦詩歌、西漢文人詩、東漢文人詩、兩漢民歌的比較與觀察。必要時也會參考《漢魏晉南北朝韻部演變研究》合韻譜。

通假字看出「戰國楚地的音韻特色」，那麼論文的寫作目的究竟是要研究「漢語上古音韻架構」，還是「戰國楚地的音韻特色」呢？這樣的質疑牽涉幾個重要問題。首先是語言史觀；其次是如何認識漢語上古方音。

　　有關漢語史的研究，李葆嘉指出主要有四種理論模式：分別是高本漢的直線型模式、張琨的差異型模式、普林斯頓學派的逆推型模式、橋本萬太郎的推移型模式。[5]這四種模式只有橋本的推移型模式涵蓋基本詞彙、語法結構和語音結構，其餘三者皆主要針對語音結構。然而只從某一語言要素切入，也會涉及相關語言要素，從而牽動整個語言史。因此，漢語語音史的理論模式也可視作漢語史的研究模式。二十世紀初西學東漸以來，高本漢所建立的直線型模式主導了漢語音韻學的研究，他選擇《切韻》作為聯繫古今音的樞紐，認為上古（周秦古音）－中古（《切韻》）－現代漢語方言是直線的發展。高本漢本人並非缺乏方言意識，然而這樣做卻實質上簡化了漢語音韻史。高本漢模式的癥結是把《切韻》音系誤解為單一音系，以致有嚴重的誤判：除去語言的橫向空間差異，僅以一維的縱向時間思考語言的紛繁差異；以語言分化簡單處理中古漢語與現代漢語方言的關係。因此使他的漢語史遭致簡→繁→簡－「蛇吞青蛙的隆腹現象」或「橄欖形」之議。（徐通鏘 1991；張光宇 1984）這種三點一線式的直線漢語史觀因為簡單化而便於操作，得到語言學界的普遍認可，至今依然。

　　其次，上古時期的語言狀況從各種文獻記載得知極其複雜多

---

[5]　參李葆嘉〈高本漢直線型研究模式述論－漢語史研究理論模式論之一〉，《江蘇教育學院學報》（社會科學版），1995 年第 2 期，頁 58－60。李葆嘉《漢語起源演化模式研究》，黑龍江教育出版社，2002 年。

元，[6]但今天大家熟悉的漢語上古音系卻都是單一音系的思考，以致每一個漢字的不同讀音都只能由一個終極形式演變而來，這也是直線式的思考，缺乏語言類型學的認識。如果我們從現代漢語方言的層次分析出發，能夠透視語言的活躍性與個別差異，理當同時看到直線漢語史觀的局限。若相信從方言差異的比較能探索漢語語音的發展規律，便不宜忽略上古方言的存在，它們也需要鑑別、釐析，從而才能對死的書面材料作出活的解釋。反之，把漢語的每一個時期都看作只有一個音系，並且前後相續直接相承，便無法合理解釋歧出的音韻現象所隱含的音韻史意義。因此，相較於經過采詩，許多音類差異被掩蓋的《詩經》音系，研究戰國時期的楚地音韻，不但有利於我們認識上古音的面貌，也有助於方言史的開展，兩者是相輔相成、二而一的工作，並不相掣肘。

1.3 異讀與音韻層次

一字的異讀該如何看待？我們認為那是歷史演變的結果，包含有上述所言時間、地域、演變類型等可能因素。而其中任何一個音讀層次，就是時間、地域、演變類型三者所具體型塑出來的。[7]而何謂層次？語言學的層次應該是不同語言（或方言）系統的疊置，是語言接觸的產物。文獻記載中國自古以來就有方言歧異的

---

[6] 可參看李恕豪，《揚雄《方言》與方言地理學研究》，〈上古時期中國的語言狀況〉一節，成都：巴蜀書社，2003 年。

[7] 根據方言異讀判別語音層次，近年來學界相關討論已多，散見於《方言》雜誌、語言類刊物及各大學學報。2007 年 11 月，上海教育出版社出版了丁邦新先生主編的《歷史層次與方言研究》，環繞層次研究議題收錄了十五篇討論方言與歷史層次的文章。另外，張光宇先生歷年來的著作也都聚焦在漢語方言的音韻層次分析及溯源。

事實，所以我們可以說不同語言（或方言）系統的疊置，正是雙言（diglossia）社會特有的現象。（張光宇 2006：125；陳忠敏 2007：136）大家熟悉的「子所雅言，詩、書、執禮皆雅言也。」反映語言使用的雅俗之分，孔子平居與讀詩、書，執禮所使用的語言有別，兩套系統雙軌並行。從既有的研究中，我們知道漢語方言經歷過長期競爭、取代、抵抗等接觸發展，今天可見的文白異讀往往只剩下殘存狀態。在層次「面」不夠完整的情形下，如何辨認與鑑定層次就是重要的工作。關於層次辨認，何大安先生指出兩條線索：一是同一個詞的異讀，一是系統的不一致。[8]陳忠敏則認為語音層次的變異必須具備三個屬性：

> 第一，在一個語言（方言）內部，一個語音層次所具有的語音特徵在相同語音條件下或來源於相同的音類條件下應該會重複出現。
> 第二，在同類或鄰近方言裡可以找到對應的語音層次。
> 第三，語音層次變異屬於純語音範疇，所以語音層次變異跟一切非語音因素無涉。（2007：136）

這兩種鑑定層次的方式，都以現代漢語方言音系及其層次分析為基礎，無法直接套用在出土文獻的通假字分析。進行研究之前，雖然無法先得知楚簡音系，我們卻能透過通假字與既有的《詩經》上古音系、諧聲條例、聲訓、漢語方言異讀層次等參照看出共同性或差異性。如果這種現象一再於各種語言材料出現，它應該可確定是一個音讀層次。在實際考察楚簡通假字時，看到一字

---

[8] 參〈語言史研究中的層次問題〉，收入丁邦新先生主編的《歷史層次與方言研究》，頁 11-21。

多對的情形，從聲母部分來看，例如「台/夷」、「寺/夷」，可看出中古部分邪母字與喻四在上古的語音關係密切，有別於邪母字與舌尖塞音、邪母字與舌根音的關聯。在韻部音讀層次的釐析上，陰聲韻部部分，以之、脂、支部為例，它們既與中、高元音韻部通假，也與低元音韻部通假，據此推測之、脂、支部至少存在兩個音讀層次。陽聲韻部部分，以真、文、元韻部為例，李方桂上古音系分別為它們擬了i、ə、a元音，然而我們可見通假、合韻、聲訓都有大量真文、文元、真元的接觸，既有中、高元音的真文合韻、通假，也有與低元音韻部元部通假、合韻、聲訓的文元、真元關係。這些並存的音韻現象，在真部擬i、文部擬ə、元部擬a的系統只能用語流音變解釋。以漢語方言層次分析的研究經驗來思考這些現象，我們以為一個韻部不止一個音讀層次可能比較接近事實。

　　更進一步說，這種實際存在的通假關係也存在於詩歌的異部合韻中，[9]從而可證漢語的上古音系內部也存在層次異讀，此所以既有的上古韻部擬音往往無法解釋紛繁的合韻現象。

1.4 通假、合韻、方音異讀與上古音

　　書中論及上古音的分部及擬音時，以董同龢、李方桂的系統為基礎。[10]學術界有關於上古方音研究的著作，較多集中在楚方言

---

[9] 《詩經》與兩漢詩歌的相關合韻現象並不特別區分地域，這問題筆者亦曾慮及，我們的資料庫也做了分域的整理，然而可能因語料數量極少而有失真之虞，失去分域的意義。因此，我們採取統而觀之的方式。至於個別特殊的地域音韻特色，如真耕、冬侵的合韻在東西土的差異，甚或個人特色，如王逸，我們是考慮在內的。

[10] 書中論及擬音的問題，以李方桂先生（1971）的二十二部為基礎。在建立語料

的觀察。綜合前人對楚方言的探究，可看到的結論是：東陽、之幽、侯魚、真耕、真文、歌支等合韻現象為楚方音的特色。例如董同龢〈與高本漢先生商榷「自由押韻說」兼論上古楚方音特色〉（1938；1974：1-11），即從《老子》、《楚辭》用韻的共同性，推論東陽、之幽、侯魚、真耕四類合韻關係為楚方音的特色。之幽、侯魚、歌支為陰聲韻部，東陽、真耕、真文為陽聲韻部，它們是否確為楚方音的特色，我們在書中後續的章節都會加以討論。從董先生的文章來看，他不認為《荀子》、《韓非子》、《呂氏春秋》押韻用例的相似性，有礙於「《老子》與《楚辭》同有一個獨特的方音。」（1974：10）有趣的是：既然非楚系的文獻也有相同的音韻現象，那麼如何成其為「獨特的方音」？

已知《呂氏春秋》的韻語中，之幽、真耕、侯魚、東陽的合韻，分別高居該書異部合韻用例次數的一、二、三、五位（第四為耕陽合韻）（何科根 1996）。那麼「合韻」究竟代表什麼意義？它與通假字所反映的音韻訊息可否等類而觀？研究共存於現代漢語方言平面的異讀，進行層次分析，可謂當今漢語方言研究的顯學。異讀層次反映時代的差異，或地域的差異，或演變類型的差異，或文讀的借入，或者因語義區別的需要而導致音讀相異；也就是說即使是語源相同，也可能因為時空不同、音變條件有別，呈現不同的面貌。因此，研究漢語方言的音韻層次，和研究通假、合韻、聲訓，都是想知道漢語音韻發展的時間、空間與類型差異。本書探討楚簡文字的通假，並與傳世文獻的相關現象比較，既是

表格時，依郭錫良（1986）《漢字古音手冊》。詩歌用韻除了《詩經》用韻、屈宋用韻之外，依據逯欽立《先秦漢魏晉南北朝詩》亦作先秦詩歌、西漢文人詩、東漢文人詩、兩漢民歌的比較與觀察。必要時也會參考《漢魏晉南北朝韻部演變研究》合韻譜。

研究楚簡音韻，也是重新審視我們對上古音的既有認識。[11]

---

[11]可參看虞萬里（1994：267）所言：「研究古音，應該從時空觀念出發，既要考慮方音音差，也要考慮歷史音變；既要觀察由歷史音變而形成的新的方音音差，也要觀察由方音的融合而造成的歷史音變；既要注意摹仿變異、同化異化的語音現象，又要注意政治中心和文化中心的遷移給語音所帶來的影響。」

第二章　上博楚簡通假字聲母關係

2.0 前言

　　出土楚簡文字的通假、異文有助於進一步檢視現行的上古音韻系統。分析通假字的聲母現象，可與既有的上古聲母系統、諧聲條例進行比較，並觀察楚簡音系的特色。本章藉由通假字實際討論雙唇、舌尖、舌根、喉部等發音部位，並涉及部位與發音方法的觀察。具體分析中古心母字與其他聲母的通假關係；中古邪母字與其他聲母的通假關係；中古喻母字與其他聲母的通假關係；中古來母字與其他聲母的通假關係；中古照三系聲母與舌根、舌尖聲母的通假關係；舌尖鼻音的通假關係；清鼻音聲母字的通假關係；中古匣母字與其他聲母的通假關係等。至於同部位塞音通假、舌尖部位塞擦音與擦音通假，如雙唇部位的幫滂並，舌尖部位的端透定、知徹澄，舌根部位的見溪群，都是同部位塞音通假；精清從心、莊初崇生則是舌尖部位塞擦音與擦音聲母的通假，它們彼此之間的關係平行於同部位塞音相諧與舌尖部位塞擦音與擦音相諧的原則，並且已成定論，因此在本章便不再討論。

　　文中進行討論時以喻三、喻四、生之名取代郭錫良（1986）的云、余、山。

2.1 與中古心母相關的聲母通假現象

　　從此節開始即進行上博楚簡通假字的聲母討論。首先必須說明的是爲了建構資料檔的方便，我們權宜地以中古的字母名稱表示上古聲母的關係，並不代表上古存在幫母、滂母、並母、喻四‥‥‥‥等名目，其實合宜的說法應是上古的雙唇清塞音、濁塞音、舌尖邊音‥‥‥‥，惟如此借用亦有一定的好處，即可藉以檢視上古聲母與中古聲母的關係，甚至思考既有的古聲母構擬與漢語方言今聲母的關係。本文表格中的音韻歸類依據郭錫良（1986）。

2.1.1 心母與生母

　　上博楚簡通假字所見的舌尖擦音*s-（生/心）可自由交替，反映正齒二等仍與齒頭音同列，尚未分化出來。「生/姓」、「生/性」、「眚/性」都具有諧聲關係；「速/數」二字在古文獻中常互爲異文；[1]「遟（沙）/徙」與閩南語白讀音的聲、韻皆相符，可見「徙」字在楚地確實可能爲低元音讀法，若歸入歌部較爲洽當。

【楚簡心生通假】

出處	篇名	借字/本字	上古聲	上古韻	中古韻	等第

---

[1] 參見王輝《古文字通假釋例》頁三五六。如銀雀山竹簡《晏子・一二》：「（晏子）爵邑盡，退朝而承，潤（喟）然嘆，嘆終而笑。其僕曰：□嘆笑相從之數也？」傳本〈內篇雜上〉第二章，明本作「何歟笑相從數也。」影本注說「數」讀爲「速」。《晏子・一三》：「晏子曰：爲□□□弗爲損年，數爲之而毋求財官。」「數」影本注亦讀爲「速」，指晏子告柏常騫速爲利民之事，而毋求賞賜與官職。另外，數、速通假也見於銀雀山竹簡《孫子兵法・九地》：「聽□□之情主數也，乘人之不給也。」十一家本作：「曰先奪其所愛則聽矣。兵之情主速，乘人之不及。」《莊子・人間世》：「以爲棺槨則速腐。」《釋文》：「速，向、崔本作數。」

上　博	競建內	生/姓	生/心	耕	庚/勁	二/三
（五）	之 p174					
上　博	性情論	生/性[2]	生/心	耕	庚/勁	二/三
（一）	p220					
上　博	孔子論	眚/性[3]	生/心	耕	梗/勁	二/三
（一）	詩 p145					
上　博	昭王毀	遝（沙）	生/心	歌/支	麻/紙	二/三
（四）	室；昭	/徙				
	王與龔					
	之					
	脾 p186					
上　博	性情論	速/數	心/生	屋/侯	屋/遇	一/三
（一）	p275					

　　心/生通假也見於時代較晚之馬王堆帛書與武威漢代醫學簡
牘。（王輝 2008：117；174）帛書《六十四卦・辰（震）》六三：「辰
（震）疏疏，辰（震）行无省（眚）。」通行本《易》「疏疏」作
「蘇蘇」。高亨云：「蘇當讀爲疏。」《廣雅・釋詁》：「疏，遝也。」
震爲雷，「震疏疏」即雷行遲緩。雷行遲緩則不擊人，爻辭又言「震
行无眚」。「疏蘇」同爲魚部字，聲母爲生、心。武威漢代醫學木

---

[2] 相同的通假字組只取一例，其餘出處以註解說明。「生/性」通假字組亦分別見
於上博（三）中弓 p291、292 二處、293 三處。

[3] 「眚/性」通假字組亦分別見於上博（一）孔子論詩 p149 、p153，性情論 p220、
p222 二處、p224 三處、p226 二處、p227 五處、p228 二處、p229、p247、p252、
p267 二處、p268 二處，紂衣 p177、p180、p181 二處；上博（二）子羔 p190，從
政（甲篇）p221，容成氏 p277、p288、p290、p292 二處；上博（三）彭祖 p307；上
博（四）柬大王泊旱 p205、p207，曹沫之陳 p260；上博（五）鮑叔牙與隰朋之
諫 p186，季庚子問於孔子 p204、p210，三德 p312。

牘七九號「……稍咽之」與三～五號簡內容基本相同，簡文作「消咽其汁」。「稍消」二字聲母亦為生、心。可見一直到漢代，生、心仍然密切。

2.1.2 心母與書母、喻四、邪母

【楚簡心書通假】

出處	篇名	借字/本字	上古聲	上古韻	中古韻	等第
上博（一）	性情論 p222	司/始[4]	心/書	之	之/止	三
上博（四）	曹沫之陳 p250	褻/設	心/書	月	薛	三
上博（一）	紂衣 p180	少/小[5]	書/心	宵	小	三

中古書母有其特殊的諧聲與通假關係，與章、昌、船、禪不完全一致。心、書二母可互為通假字，顯示在同韻、同等第的情況下，語音相近或相同。即*sl->sj-與*hlj->ɕ-。

【楚簡喻四心通假】

---

[4] 「司/始」通假字組亦分別見於上博（一）性情論 p224、p230、p243；上博（二）從政（乙篇）p233。

[5] 「少/小」通假字組亦分別見於上博（一）紂衣 p180、p186 二處、p194 二處、p196；上博（二）從政（甲篇）p230、p231，從政（乙篇）p235，容成氏 p291；上博（三）周易 p138、p141、p158 二處、p176、 p179、p207，中弓 p295；上博（四）昭王毀室昭王與龔之脾 p183，柬大王泊旱 p208，柬大王泊旱 p208，內豊 p228，曹沫之陳 p244、p252、 p284；上博（五）季庚子問於孔子 p230、p233，弟子問 p270，三德 p291。

出處	篇名	借字/本字	上古聲	上古韻	中古韻	等第
上博（三）	周易 p174	叡（叡）/浚[6]	喻四/心	月/文	祭/稕	三
上博（一）	性情論 p256	攸/修[7]	喻四/心	幽	尤	三
上博（一）	容成氏 p251	酥（秀）緜[8]	心/喻四	幽	宥/宵	三
上博（六）	孔子見季趄子 p209	易/賜[9]	喻四/心	錫	寘	三
上博（六）	競公瘧 p180	剔（集韻音陽）/喪	喻四/心	陽	陽/唐	三/一
上博（一）	性情論 p220	唯/雖[10]	喻四/心	微	脂	三
上博（五）	弟子問 p276	隹/雖	喻四/心	微	脂	三
郭店	唐虞之道	采/繇[11]	心/喻四	幽/宵	宥/宵	三

[6] 「叡（叡）/浚」通假字組，上博（三）周易 p176 尚見另一例。
[7] 「攸/修」通假字組亦分別見於上博（一）性情論 p256；上博（二）從政(甲篇)p228，容成氏 p278；上博（三）彭祖 p306；上博（四）柬大王泊旱 p204、p206、p208，曹沫之陳 p246、p247、p254；上博（五）競建內之 p170、p173，三德 p300。
[8] 徐在國《上博竹書（二）文字雜考》說酥从禾首聲，首、秀聲字通，故秀以首為聲符。秀與由通。（王輝 2008：170）
[9] 「易/賜」通假字組亦分別見於上博（六）孔子見季趄子 p210、p211、p213。
[10] 「唯/雖」通假字組亦分別見於上博（一）性情論 p250、p252；上博（二）容成氏 p287 二處；上博（三）中弓 p270、p272，彭祖 p306 二處；上博（四）內豊 p225；上博（五）鮑叔牙與隰朋之諫 p186、姑成家父 p243、p246，三德 p293 二處。
[11] 「采/繇」「采/陶」是以「采」讀為「秀」而置於心母與喻四的關係中。

	簡 12					
郭店	唐虞之道 簡 12	采/陶	心/喻四	幽	宥/宵	三
郭店	忠信之道 簡 6	采/由[12]	心/喻四	幽	宥/尤	三
九店五六 號墓	簡 27	秀/牖[13]	心/喻四	幽	宥/有	三

　　楚簡喻四/心通假，即中古心母與喻四的關係。它們在上古的聲母關係擬為*sl-與*l-。從叡得聲的「歡」字郭錫良入月部，實際上可歸入祭部，其與文部「浚」字的通假可視作文部字具有低元音層次的音讀而通假。《廣韻》私閏切所錄之「濬浚峻陵埈晙」等字，今讀均為塞擦音，與同韻子峻切的今音無別，私閏切之下，常見字只有「迅」讀擦音。因此，我們可說《廣韻》「浚」字的音韻地位與楚簡是同一類型，至於今音的塞擦音讀法則有不同的來源。

　　郭店楚簡《唐虞之道》簡一二：「咎采內用五型（刑），出弋兵革……」影本注謂：「咎采，人名，亦作咎繇、皋陶，是帝舜之臣，製作五刑。事見《尚書·舜典》。」裘錫圭按語：「采，音由，與繇通。」白於藍說秀穗為一字之分化。王輝引《說文》：「采，禾成秀也，人所以收。從爪、禾。穗采或從禾，惠聲。」段玉裁

---

[12] 「采/由」通假也見於《唐虞之道》簡八：「六帝興於古，啻（咸）采此也。」裘錫圭按語云：「采讀為由，《說文》袖字正篆即以之為聲旁。」《說文》：「褎，袂也。從衣，采聲。袖，俗褎從由。」（王輝 2008：208）
[13] 九店 M 五六楚簡二七：「利以申戻（戶）秀，昚（謹）恭（井）。」李家浩云秀讀為牖。帛書《篆書陰陽五行》牖作扅。《易·坎》：「納約自牖。」釋文：「牖，陸作誘。」（王輝 2008：208）

注:「采與秀古互訓。」（王輝 2008：196）從幾位文字學者的觀點差異來看,「采」字或音「由緣」,或音「陶」,或音「穗」,或音「秀」。若「采,音由,與緣通。」則爲同聲母幽宵通假,「咎采,即皋陶」,「采陶」因此,音同;若「采,音秀」其與「緣陶」的關係即如上表,聲母爲心母與喻四,韻母或同韻、或爲幽宵通假。若讀爲「穗」,聲母爲中古邪母（來源自舌根部位）,韻母微部,「秀穗」爲心邪、幽微的關係。

　　下表心母與邪母通假,「夕/惜」在楚簡的聲母關係爲*lj-與*slj-。

【楚簡心邪通假】

出處	篇名	借字/本字	上古聲	上古韻	中古韻	等第
上博（六）	競公瘧 p169	夕/惜	邪/心	鐸	昔	三

2.1.3 心母與舌、齒音

　　心母與透母、定母通假的關係擬爲*sl->sj-,*lh->tʰ-、*r-tʰj->tʰ-、*d->d-;以舌尖邊音與濁塞音語音近似而接觸。心母與喻四、邪母語音關係密切,已如前文所述,此處从司之字亦有諧聲字「詞祠」爲邪母字;从秀之字「誘莠」爲喻四母字;「陶」字本身亦有喻四的音讀層次、从兆之字有讀爲喻四的「姚洮珧銚」,均顯示喻四與定母的語音相近,亦證成喻四可擬作*l-。「紿治」的聲旁「台」既有透母也有喻四的音讀層次。

【楚簡心透通假】

出處	篇名	借字/本字	上古聲	上古韻	中古韻	等第
上博（三）	中弓 p273	妥/綏	透/心	歌/微	果/脂	一/三

　　「妥/綏」二字有諧聲關係，韻母爲歌、微通假，顯示楚簡微部脂韻字具有低元音的音讀層次。心母與透（徹）母的關係也見於石古文與馬王堆一號漢墓竹簡。（王輝 2008：193）與此處「妥/綏」通假平行。石鼓文《田車》：「秀弓寺（持）射，麋豕孔庶，麀鹿雉兔。」秀讀爲擂。《左傳‧襄公二十四年》：「皆抽弓而射。」《說文》：「擂，引也。从手，留聲。抽，擂或从由。搙，擂或从秀。」「秀/擂（抽搙）」通假，聲母關係爲心母與透（徹）母，韻母同爲幽部三等字。馬王堆一號漢墓竹簡二六六號：「沙綺綯一兩素緣，千金繍劦（飾）。」《說文》：「絛，扁緒也。从糸，攸聲。」朱駿聲《說文通訓定聲》：「絛，字亦作縧。」「繍/絛（縧）」通假，聲母爲心、透關係，「繍/絛（縧）」皆从「攸」─喻四字得聲，可證清邊音的構想與*sl-（心）、*lh->t^h-（透）的構擬可行。二組字的音韻關係如下表：

通假字	中古	上古
秀	心宥（流開三去）	心幽
擂（抽）	徹尤（流開三平）	透幽
繍	心尤（流開三平）	心幽
絛（縧）	透豪（效開一平）	透幽

【楚簡心定通假】

出處	篇名	借字/本字	上古聲	上古韻	中古韻	等第
上博（四）	柬大王泊旱 p212	絧（司）/絔	心/定	之	之/海	三/一
上博（二）	容成氏 p276	秀/陶	心/定	幽	宥/豪	三/一
上博（一）	性情論 p243	絧（司）/治[14]	心/定	之	之/志	三
上博（四）	相邦之道 p234	司/治	心/定	之	之/志	三
上博（五）	競建內之 p174	狱（兆）/笑	定/心	宵	小/笑	三

　　楚簡心定（澄）通假所見之通假字例，其中「絔陶治狱（兆）」等定澄母字都與喻四字有密切的關係，顯示*d-與*l-語音性質近似。

　　心母與齒音的關係含精、莊、章三組。精清從心與莊初崇山（生）上古同源，擬爲*ts、*tsʰ、*dz、*s，兩組音在楚簡通假中頻頻接觸，韻母也同類。因此，把心/精、心/崇、山/崇、心/清一併觀察。「司/事」一組與前述「司/治」參照，顯示從「司」之字可能具有不同的音讀，以與「事」、「治」相應；或者可設想「事」、「治」二字音讀相同或相近，與閩南方言把它們讀成tai、tʰai類似。「叟/受」一組通假字所反映的心母與禪母的關係，則透露禪母在楚地可能具有擦音的讀法。「梟/躁」、「澡/燥」、「巽/饌」、「辠（辛）

---

[14]　「絧（司）/治」通假字組亦分別見於上博（一）性情論 p257、p259。

/親」、「慈（辛）/親」、「賝（辛）/親」、「篥（皋）/操」、「鄘（昔）/錯」、「散（昔）/措」、「新/親」各組通假字都有諧聲關係。

【楚簡心精通假】

出處	篇名	借字/本字	上古聲	上古韻	中古韻	等第
郭店	性自命出簡42	皋/躁[15]	心/精	宵	号/号	一
郭店	大一生水簡3-4	澡/燥	心/精	宵	皓/号	三

【楚簡心崇通假】

出處	篇名	借字/本字	上古聲	上古韻	中古韻	等第
上博（二）	容成氏 p281	萊/巢	心/崇	宵	号/肴	一/二
上博（五）	季庚子問於孔子 p200	司/事	心/崇	之	之/志	三
上博（一）	孔子論詩 p137	巽/饌	心/崇	元	慁/潸	一/二

【楚簡生崇通假】

出處	篇名	借字/本字	上古聲	上古韻	中古韻	等第

---

[15] 「皋/躁」通假也見於郭店楚簡本《老子》乙簡一五。

| 上博（一） | 紂衣 p186 | 使/士 | 生/崇 | 之 | 止 | 三 |

【楚簡心清通假】

出處	篇名	借字/本字	上古聲	上古韻	中古韻	等第
上博（一）	紂衣 p184	罤（辛）/親[16]	心/清	真	真	三
上博（二）	昔者君老 p244	慈（辛）/親	心/清	真	真	三
上博（五）	季庚子問於孔子 p230	賕（辛）/親	心/清	真	真	三
上博（四）	柬大王泊旱 p208	藁（桑）/操	心/清	宵	号/豪	一
上博（四）	曹沫之陳 p273	識（歲）/淺	心/清	月/元	祭/獮	三
上博（二）	子羔 p195	郜（昔）/錯	心/清	鐸	昔/鐸	三/一
上博（五）	三德 p292	散（昔）/措	心/清	鐸	昔/鐸	三/一
上博（二）	容成氏 p282	桑/蒼	心/清	陽	唐	一
上博（二）	從政（甲	新/親[17]	心/清	真	真	三

---

[16]　罤（辛）/親」通假字組亦分別見於上博（一）紂衣 p186、p188、p194。

[17]　「新/親」通假字組亦分別見於上博（二）容成氏 p259；上博（四）曹沫之陳 p253、p265；上博（五）季庚子問於孔子 p216，君子爲禮 p256，弟子問 p272、p273，三德 p290、p300 二處。

	篇)p222					
上博（五）	姑成家父 p240	參/三[18]	清/心	侵	覃/談	一

　　馬王堆帛書也見心、清通假。《六十四卦·夬》九四：「脤（臀）无膚，其行郪胥。」通行本《易》「郪胥」作「次且」。「郪胥」、「次且」皆為聯綿詞，《玉篇》走部作「趑趄」，隹部又作「次雎」，也有文獻作「諸趣」、「趍趄」。古疋聲字與且聲字多相通，如《詩·小雅·賓之初筵》「籩豆有楚」，《詩·大雅·韓奕》作「籩豆有且」；《尚書·禹貢》「灘沮會同」之沮，《爾雅·釋水》作楚。（王輝 2008：114）陝西藍田出土的弭叔設則見「楚/胥」初、心通假。銘文「王呼尹氏冊命師求：易（賜）女（汝）赤舃、攸勒，用楚弭伯……」郭沫若《弭叔簋及訇簋考釋》說「楚」讀為「胥」，意為輔佐。《廣雅·釋詁二》：「胥，助也。」《方言》卷六：「胥，輔也。吳、越曰胥。」又毛公鼎：「雩之庶出入事于外，專命專政，埶（藝）小大楚賦。楚亦與胥通。楚與胥皆疋聲，「楚賦」即「胥賦」。（王輝 2008：115）「胥/且」、「楚/胥」的音韻關係如下表，亦可見清、初聲母之密切：

通假字	中古	上古
胥	心魚（遇開三平）	心魚
且	清馬（假開三上）	清魚
楚	初語（遇開三上）	初魚

---

[18]　「參/三」通假字組亦分別見於上博（五）姑成家父 p241、p245 二處、p247、p249 二處，三德 p288、p291。

【楚簡心禪通假】

出處	篇名	借字/本字	上古聲	上古韻	中古韻	等第
上博（六）	用曰 p290	叟/受	心/禪	幽	厚/有	一/三

2.1.4 心母與鼻音

　　心母字與鼻音的關係可分三小類，分別與舌尖日母、雙唇明母、舌根疑母通假，其語音關係為 *snj-：*nj-；*sm-：*m-；　*sŋ-：*ŋ-。「需/儒」、「卿（卸）/御」、「徏（卸）/御」、「浧（㡈）/湑」、「㡈/胥」、「埶/褻」各組通假字且具有諧聲關係。

【楚簡心日通假】

出處	篇名	借字/本字	上古聲	上古韻	中古韻	等第
上博（二）	容成氏 p251	需/儒	心/日	侯	虞	三
上博（三）	周易 p138	孤（孺）/需[19]	日/心	侯	遇/虞	三

　　心、日通假也見於馬王堆帛書。帛書《六十四卦》有嬬卦，即通行本之需卦。《六十四卦·歸妹》：「歸妹以嬬，〔反〕歸以弟（娣）。」通行本《易》作須。呂祖謙《周易音訓》引晁氏曰：「子夏、孟、京作嬬，媵之妾也。」釋文：「須，荀、陸作嬬。」《說文》：「嬬，弱也，一曰下妻。」王輝且以為嬬應為正字。（王輝 2008：150）「嬬需」、「孺須」的語音關係完全平行，如下表：

---

[19] 「孤（孺）/需」通假字組亦分別見於上博（三）周易 p138 另外四處。

通假字	中古	上古
儒	日虞（遇合三平）	日侯
需	心虞〈遇合三平〉	心侯
嬬	日虞（遇合三平）	日侯
須	心虞〈遇合三平〉	心侯

【楚簡心明通假】

出處	篇名	借字/本字	上古聲	上古韻	中古韻	等第
上博（四）	昭王毀室；昭王與龔之脾p182	㡿（芒）/喪	明/心	陽	唐	一
上博（五）	季庚子問於孔子 p221	尨（亡）/喪	明/心	陽	陽/唐	三/一
上博（七）	君人者何必安哉甲本 p193	戊/叟[20]	明/心	幽	候/厚	一

　　心、明通假三例，其韻母皆爲同韻部，沒有疑慮。其聲母的關係可擬作*sm-：*m-。

【楚簡心疑通假】

---

[20] 「戊/叟」通假字組亦分別見於上博（七）君人者何必安哉甲 p205；君人者何必安哉乙本 p209、p213。

出處	篇名	借字/本字	上古聲	上古韻	中古韻	等第
上博（四）	曹沫之陳 p270	駟（卸）/御	心/疑	魚	禡/御	二/三
上博（五）	姑成家父 p243	徔（卸）/御	心/疑	魚	禡/御	二/三
上博（四）	昭王毀室 昭王與龔之脾p182	泝（疋）/湑	疑/心	魚	馬/語	二/三
上博（二）	容成氏 p250	疋/胥[21]	疑/心	魚	馬/魚	二/三
郭店	窮達以時 簡9	疋/胥	疑/心	魚	馬/魚	二/三
郭店	緇衣簡 20-21	埶/褻	疑/心	月	祭/薛	三

　　心（生）、疑通假也見於阜陽漢簡與馬王堆帛書。漢簡《詩經》○八八號：「子皆老，琴瑟在蘇。」毛詩《鄭風‧女曰雞鳴》二章作：「與子偕老，琴瑟在御。」「蘇/御」通假即是魚部心、疑聲母的關係。馬王堆帛書《六十四卦‧漸》九三：「利所寇」今通行本《易》「所」作「禦」。[22]「所/禦」通假則是魚部生、疑聲母的關係，與「蘇/御」通假為相同類型。語音關係如下表，心、疑可擬作：

---

[21]「疋/胥」通假字組亦分別見於上博（五）三德 p316。王輝（2008：116）云：郭店楚簡《窮達以時》簡九：「子疋前多糺（功）……」「子疋」即「伍子胥」。《說苑‧雜言》：「子胥前多功。」又上博楚竹書《容成氏》簡一有「箸疋是（氏）」，即「赫胥氏」，古帝王，見《莊子‧胠篋》。按《說文》：「疋，足也……或曰胥字。」段玉裁注：「此亦謂同音假借，如府史胥、徒之胥徑作疋可也。」

[22] 參見王輝（2008：84）。

*sŋ-、*ŋ-。

通假字	中古	上古
蘇	心模（遇合一平）	心魚
御	疑御〈遇開三去〉	疑魚
所	生語（遇合三上）	生魚
禦	疑語〈遇開三上〉	疑魚

2.1.5 心母與舌根音

　　心母與舌根音的關係反映的是*s-詞頭與舌根音的問題，是比較早的音韻現象，楚簡通假所見的通假字例不多，僅有心影、心曉二型。

【楚簡心影通假】

出處	篇名	借字/本字	上古聲	上古韻	中古韻	等第
上博（二）	容成氏 p270	泥（死）/伊	心/影	脂	旨/脂	三
上博（二）	容成氏 p279	泗/伊[23]	心/影	質/脂	至/脂	三

【楚簡心曉通假】

出處	篇名	借字/本字	上古聲	上古韻	中古韻	等第
上博（一）	孔子論詩	訇/洵	曉/心	耕/真	耕/諄	二/三

---

[23] 「泗/伊」通假字組，上博（二）容成氏 p279 尚見另一例。

	p151						

心、影通假也見於馬王堆帛書《六十四卦・辰（震）》：「芺言亞亞」通行本《易》作「笑言啞啞」。心、曉通假，也曾見於殷墟甲骨文。《南北明》六三一：「□小王父己。」又同版：「癸酉卜，于父甲奉田。」「父甲」即祖甲，「小王父己」即孝己。又《文錄》二〇四：「己未卜，□貞，小王歲宰。」《京都》三〇二八：「己未卜，钔子犀小王不？」于省吾《甲骨文字釋林・釋小王》以爲小、孝音近字通。（王輝 2008：189）「芺/笑」、「小/孝」二組通假字的語音關係如下表：

通假字	中古	上古
芺	影宵（效開三平）	影宵
笑	心笑（效開三去）	心幽
小	心小（效開三上）	心宵
孝	曉效（效開二去）	曉幽

2.2 與中古邪母相關的聲母通假現象

邪母的通假關係，除了前文已提及的上博（六）競公瘧 p169「夕/惜」邪/心通假之外，尚可分爲邪母與舌尖音通假、邪母與舌根音通假、邪母與喻四的關係三類。喻邪關係在喻四一節討論，此處討論其餘兩類。

2.2.1 邪母與舌尖音

　　邪母與舌尖音的關係，涉及精母、從母、初母、書母、章母、定（澄）、透母等。邪母擬爲*sdj->zj-，故能與*ts-、*dz-、*r-ts^h-、*hlj-、*tj-、*d-（*r-d-）、*hl-接觸。邪母與舌尖塞擦音的通假，可能是s、d換位，成爲dz-而通假，如「次/資」、「虞（虘）/席」二例，閩南方言從「席」得聲的「蓆」字讀ts^{h}io?（*sd->*dz->ts^h），與此爲相同的音變類型。「次/資」韻母的關係爲脂部、元部，與異文「西施」又作「先施」、〈新臺〉詩「瀰鮮」押韻、上博（三）周易p170「見/視」通假可一併思考。「西瀰視」俱爲脂部字，「先」爲文部、「鮮見」爲元部，已知文、元具有共同的音讀層次（李存智2009b），故能接觸。

【楚簡邪精通假】

出處	篇名	借字/本字	上古聲	上古韻	中古韻	等第
上博（三）	周易p207	次/資	邪/精	元/脂	仙/脂	三

【楚簡邪從通假】

出處	篇名	借字/本字	上古聲	上古韻	中古韻	等第
上博（四）	曹沫之陳p250	虞（虘）/席	從/邪	魚/鐸	歌/昔	一/三

【楚簡邪初通假】

出處	篇名	借字/本字	上古聲	上古韻	中古韻	等第
上博（五）	季庚子問於孔子	蹉（差）/邪	初/邪	歌/魚	麻	二/三

	p226					

下列表格中，邪母與書母、章母、定母、透母等的通假關係，*sdj-則不須發生d、s換位的變化，便能與*hlj-＞ɕ-、*tj-＞tɕ-、*d-＞d-、*lh-＞t^h-因語音性質相近而接觸。下表許多通假字組都具有諧聲關係，亦可支持此種推論。

【楚簡邪書通假】

出處	篇名	借字/本字	上古聲	上古韻	中古韻	等第
上博（二）	民之父母 p166	時（寺）/詩[24]	邪/書	之	志/之	三
上博（二）	容成氏 p256	㣠（似）/始[25]	邪/書	之	止	三
上博（五）	弟子問 p274	紿（辭）/始	邪/書	之	之/止	三

【楚簡邪章通假】

出處	篇名	借字/本字	上古聲	上古韻	中古韻	等第
上博（五）	季庚子問於孔子 p212	等（寺）/誌	邪/章	之	志	三

24 「時（寺）/詩」通假字組亦分別見於上博（五）季庚子問於孔子 p212，君子爲禮 p264。

25 「㣠（台）/始」通假字組亦分別見於上博（二）容成氏 p260、p265、p266、p269 二處、p270 二處、p271 二處、p273、p278、p279；上博（三）中弓 p269；上博（四）曹沫之陳 p279。

【楚簡邪定通假】

出處	篇名	借字/本字	上古聲	上古韻	中古韻	等第
上博（三）	中弓 p27/6	隨（隋）/ 惰	邪/定	歌	支/果	三/一
上博（一）	性情論 p220	寺/待[26]	邪/定	之	志/海	三/一
上博（二）	從政（甲篇)p219	敘（敘）/ 除[27]	邪/定	魚	語/魚	三
上博（三）	中弓 p295	綢（詞）/ 治	邪/定	之	之/志	三
上博（四）	柬大王泊旱 p207	詞/治	邪/定	之	之/志	三
上博（六）	莊王既成申公臣靈王 p244	怠/辭[28]	定/邪	之	海/之	一/三
九店五六號墓	簡 28	敘/除[29]	邪/定	魚	語/魚	

　　邪、定通假還見於馬王堆帛書、睡虎地秦簡與銀雀山竹簡，[30] 顯示這是一個分布廣闊的一種聲母關係，不限於楚地。帛書《老

---

[26] 「寺/待」通假字組亦分別見於上博（一）性情論 p220 二處；上博（四）相邦之道 p234。
[27] 「敘（敘)/除」通假字組亦分別見於上博（二）從政(甲篇)p221；上博（五）鮑叔牙與隰朋之諫 p182。
[28] 「怠/辭」通假字組亦分別見於上博（六）平王問鄭壽 p257。
[29] 「敘/除」通假字組亦見於長沙子彈庫戰國楚帛書丙篇。（王輝 2008：95）。
[30] 參見王輝（2008：95）。

子》乙本卷前古佚書《論》:「六枋(柄):⋯⋯六曰化⋯⋯則能明德徐害。」「徐/除」通假。《爾雅·釋天》:「在辰曰執徐。」《淮南子·天文》「執徐」作「執除」。睡虎地秦簡《日書》甲《毀棄》:「毋以丑徐門戶,害於驕(高)母。」睡虎地秦簡《日書》乙《除》:「四月,建巳,徐午⋯⋯六月,建未,徐申⋯⋯七月,建申,徐酉⋯⋯十月,建亥,徐子⋯⋯」簡文「徐」字亦讀爲「除」。銀雀山竹簡之通假字例則爲「徐/塗」,見於《孫子兵法·四變》:「徐之所不由者,曰:淺入則前事不信,深入則後利不桱(接)。動則不利,立則囚,如此者,弗由也。」《九變》:「凡用兵之法⋯⋯塗有所不由,軍有所不擊,城有所不攻,地有所不爭,君命有所不受。」「徐」皆讀爲「塗」。二組通假字的語音關係如下表,也說明定、澄母尚未二分:

通假字	中古	上古
徐	邪魚(遇開三平)	邪魚
除	澄魚(遇開三平)	定魚
塗	定模(遇開三平)	定魚

2.2.2 邪母與舌根音

邪母與舌根音通假,邪母可擬作*sgj-,與*g-、*k-因語音相近而通假。韻部支/歌、脂/魚、真/元的關係,有其語音根據,在本書陰聲韻部、陽聲韻部均會有詳細討論,此處暫略;其餘各組均是同韻部通假。

【楚簡邪喻三通假】

出處	篇名	借字/本字	上古聲	上古韻	中古韻	等第
上博（六）	慎子曰恭儉 p278	㠯（巳）/竢（矣）	邪/喻三	之	止	三

【楚簡邪見通假】

出處	篇名	借字/本字	上古聲	上古韻	中古韻	等第
上博（三）	周易 p158	陵（圭）/隨[31]	見/邪	支/歌	齊/支	四/三
上博（三）	周易 p158	陵（圭）/隨	見/邪	支/歌	齊/支	四/三
上博（二）	容成氏 p268	尻（几）/序	見/邪	脂/魚	旨/語	三
上博（五）	競建內之 p169	汲/隰[32]	見/邪	緝	緝	三
上博（一）	孔子論詩 p128	谷/俗[33]	見/邪	屋	屋/燭	一/三
上博（五）	競建內之 p166	級/隰[34]	見/邪	緝	緝	三
上博（四）	曹沫之陳 p265	均（旬）/均	邪/見	真	諄	三
上博（二）	容成氏 p260	旬/甽	邪/見	真/元	諄/銑	三/四

---

[31] 「陵（圭）/隨」通假字組亦分別見於上博（三）周易 p158、p200。

[32] 「伋/隰」通假字組亦分別見於上博（五）競建內之 p171、p175。

[33] 「谷/俗」通假字組亦分別見於上博（一）性情論 p264 二處。

[34] 「級/隰」通假字組亦分別見於上博（五）鮑叔牙與隰朋之諫 p190。

2.3 與中古喻四相關的聲母通假現象

喻四與心母的關係，已見心母部分的討論，此處不再重複。

2.3.1 喻四與日母

喻四與日母的接觸雖較爲少見，但仍可能是*l- 與*nj-的關係，若「擾」字在楚簡裡也有*l-的音讀變體，就如閩南方言一般，那麼「舀/擾」能夠通假就不足爲奇。

【楚簡喻四日通假】

出處	篇名	借字/本字	上古聲	上古韻	中古韻	等第
上博（五）	季庚子問於孔子 p210	舀/擾	喻四/日	幽	小	三

2.3.2 喻四與來母

「聿/律」、「藥/樂」通假具有諧聲關係。歷經學界諸多討論與內部文獻及域外材料的檢驗之後，上古某個時期，中古的喻四讀爲*l-、來母讀爲*r-，幾成定論。然而此處通假字組卻說明在*r->l-的過程中，某些*l-聲母的字腳步可能比較慢，故有這類中古喻四與來母的通假。另外，從「樂」的諧聲字「爍鑠」收入書母字，書藥切，應是*hlj-，與「藥」*l-諧聲。那麼「藥/樂」通假與諧聲

的關係實與「聿/律」相似。

【楚簡喻四來通假】

出處	篇名	借字/本字	上古聲	上古韻	中古韻	等第
上博（三）	周易 p145	聿/律	喻四/來	物	術	三
上博（二）	從政（甲篇)p226	藥/樂[35]	喻四/來	藥	藥/鐸	三/一
曾侯乙墓	二十八宿名	栖/柳	喻四/來	幽	有	三

　　曾侯乙墓之通假字組「栖柳」出現於出土漆盒蓋，上書朱書二十八宿名有栖，而《呂氏春秋·有始》作柳。《爾雅·釋天》：「咮謂之柳。」郭璞注：「咮，朱鳥之口。」又鄂君啓車節：「自鄂市，就陽丘……就栖焚，就繁陽。」姚漢源《鄂君啓節釋文》「栖焚」讀爲「柳棼」。《說文》：「酉，古文作丣。」丣甲骨、金文無，實即卯字。酉與卯通，故栖與柳通。（王輝 2008：198）馬王堆帛書《春秋事語·吳伐越章》還見「游/留」通假（王輝 2008：199）、馬王堆帛書《老子》乙本卷前古佚書《道原》則有「流/游」通假（王輝 2008：208）。這些喻四字與來母字的通假顯示演變速度的快慢也影響漢字的音讀類型變化。

2.3.3 喻四與邪母、定母

　　喻四與邪母通假可分爲兩類：「舍（余）/序」、「羊/祥」、「恙/

---

[35] 「藥/樂」通假字組亦分別見於上博（二）從政(甲篇)p229，從政(乙篇)p235。

祥」、「羕/祥」、「巳/也」的語音關係爲喻四*l-、邪母*lj-；「頌/容」、「浴/俗」爲邪母*sgj-、喻四*gl-。

【楚簡喻四邪通假】

出處	篇名	借字/本字	上古聲	上古韻	中古韻	等第
上博（三）	周易 p202	畲（余）/序	喻四/邪	魚	魚/語	三
上博（五）	季庚子問於孔子 p216	羊/祥	喻四/邪	陽	陽	三
上博（三）	中弓 p294	恙/祥[36]	喻四/邪	陽	漾/陽	三
上博（五）	弟子問 p268	浴/俗	喻四/邪	屋	燭	三
上博（二）	容成氏 p262	羕/祥	喻四/邪	陽	漾/陽	三
上博（二）	從政（乙篇)p235	巳/也	邪/喻四	之/歌	止/馬	三
上博（一）	性情論 p236	頌/容[37]	邪/喻四	東	用/鍾	三
上博（五）	三德 p293	佁/怡	邪/喻四	之	止/之	三

　　湖北枝江縣出「余太子伯辰」鼎,「余」讀作「徐」；余子爾鼎：「余子爾之鼎,百歲用之。」「余」亦讀作「徐」。（2008：118）「余/徐」通假,二字皆爲魚部字,聲母爲喻四*l-與邪母*lj-關係。

---

[36] 「恙/祥」通假字組亦分別見於上博（五）三德 p290、p295。

[37] 「頌/容」通假字組亦分別見於上博（一）性情論 p262；上博（二）從政(甲篇)p221；上博（六）用曰 p293、p302。

　　喻四與定（澄）母的通假關係爲*l-與*d-（*r-d-），一方面反映舌頭音、舌上音尙未二分，另方面也說明所謂的「喻四古歸定」並非指上古時期中古的喻四讀得和定母一模一樣，而是語音性質相近，現代閩南方言 n-的語境變體爲l-或d-亦可證其語音性質相似。下表除了「舀/陶」、「由/逐」、「攸/逐」及從「呈」聲的通假字組之外，其餘的通假字組也兼具諧聲關係。

【楚簡喻四定通假】

出處	篇名	借字/本字	上古聲	上古韻	中古韻	等第
上博（二）	從政（甲篇)p216	墬（也）/地[38]	喻四/定	歌	馬/至	三
上博（二）	從政（甲篇)p215	弋/代[39]	喻四/定	職	職/代	三/一
上博（一）	紂衣 p191	由/迪	喻四/定	幽/覺	尤/錫	三/四
上博（二）	容成氏 p281	攸/條	喻四/定	幽	尤/蕭	三/四
上博（一）	性情論 p240	舀/陶	喻四/定	幽	小/豪	三/一
上博（三）	周易 p167	由/逐[40]	喻四/定	幽/覺	尤/屋	三
上博（三）	周易 p170	攸/逐	喻四/定	幽/覺	尤/屋	三

---

[38] 「墬（也）/地」通假字組亦分別見於上博（三）中弓 p288、p291 三處；上博（四）曹沫之陳 p253 二處；上博（五）競建內之 p173 二處，鮑叔牙與隰朋之諫 p189 二處。

[39] 「弋/代」通假字組亦分別見於上博（二）容成氏 p290 二處；上博（三）中弓 p276；上博（四）曹沫之陳 p252、p284；上博（五）鮑叔牙與隰朋之諫 p182、p183；上博（七）武王踐阼 p157。

[40] 「由/逐」通假字組，上博（三）周易 p179 尙見另一例。

上博（一）	紂衣 p181	兌/悅[41]	定/喻四	月	泰/薛	一/三
上博（四）	昭王毀室 昭王與龔 之脾p187	逃/珧[42]	定/喻四	宵	豪/宵	一/三
上博（一）	孔子論詩 p133	敓/悅[43]	定/喻四	月	末/薛	一/三
上博（二）	魯邦大旱 p205	敓/說[44]	定/喻四	月	末/薛	一/三
上博（二）	容成氏 p272	緹（呈）/ 盈	定/喻四	耕	清	三
上博（三）	中弓 p291	涅（呈）/ 盈	定/喻四	耕	清	三
上博（六）	用曰 p294	涅（呈?）/ 盈	定/喻四	耕	清	三
上博（五）	三德 p293	溋（呈）/ 盈	定/喻四	耕	清	三

　　喻四、定（澄）通假也見於《古璽彙編》二二八九：「莜幻。」
莜讀爲攸，「莜/攸」通假。（王輝 2008：207）馬王堆帛書《戰國
縱橫家書・秦客卿造謂穰侯章》：「吳亡於越，齊亡於燕，余疾不
盡也。」「余」讀作「除」，余疾即除疾。長沙出土漢鏡銘：「三羊
作鏡自有己（記），余去不羊（祥）宜古（賈）市。」《爾雅・釋

---

[41]　「兌/悅」通假字組亦分別見於上博（一）性情論 p220、p227、p228、p236、p250。
[42]　「由/逐」通假字組，上博（四）昭王毀室；昭王與龔之脾p188 尚見另一例。
[43]　「敓/悅」通假字組亦分別見於上博（一）孔子論詩 p143、p153；上博（二）子羔 p188，容成氏 p256 四處、p264；上博（四）曹沫之陳 p284。
[44]　「敓/說」通假字組亦分別見於上博（二）容成氏 p290；上博（三）周易 p167。

天》：「四月爲余。」《詩・小雅・小明》鄭玄箋引余作除。睡虎地秦簡《日書》乙《除》：「正月・建寅，余卯。」余即建除之除。（王輝 2008：94）除了楚地之外，喻四與定（澄）母的關係也是一個分布地域普遍的聲母現象。「莜/攸」與「余除」語音關係如下表：

通假字	中古	上古
莜	定嘯（效開四去）	定幽
攸	喻四尤（流開三平）	喻四幽
余	喻四魚（遇開三平）	喻四魚
除	澄魚（遇開三平）	定魚

2.3.4 喻四與書母、透母

喻四與透母、書母的通假，其語音條件應爲*l-、*lh-、*hlj-，乃邊音與清邊音的關係。「易/湯」、「惕/易」、「堲（也）/施」、「舍（余）/舍」、「豉（易）/傷」、「殜（葉）/世」、「睪/釋」且具有諧聲關係。

【楚簡喻四透通假】

出處	篇名	借字/本字	上古聲	上古韻	中古韻	等第
上博（五）	三德 p327	易/湯	喻四/透	陽	陽/唐	三/一
上博（五）	三德 p290	絫（台）/異	透/喻四	之/職	咍/志	一/三
上博（五）	姑成家父 p246	台/以[45]	透/喻四	之	咍/止	一/三

---

[45] 「台/以」通假字組亦分別見於上博（六）用曰 p286 二處、p295、p297、p298、p299、p300、p302、p304 二處。此例通假亦普遍見於甲骨文、金文，如陳侯午錞、趙孟介壺、陳喜壺、哀成叔鼎、戰孝子鼎等；亦見於侯馬盟書三〇二、溫縣盟書五。（王輝 2008：27）

上博（三）	周易 p210	台/夷	透/喻四	之/脂	咍/脂	一/三
上博（二）	從 政（甲篇)p230	惕/易[46]	透/喻四	錫	錫/昔	四/三
上博（七）	武王踐阼 p158	桯/楹	透/喻四	耕	青/清	四/三

　　喻四、透母通假除了楚簡頻繁可見之外，也見於其他出土材料及傳世文獻，可證其為一個普遍的音韻關係。如侯馬盟書《委質類》「自質於君所，所敢俞出入趙弧之所」，也見於《詛咒類》，俞字或作繇（一五六・二四）、作諭（一五六・二五）。俞、繇、諭應讀為偷，四字皆从「俞」得聲。也見於睡虎地秦簡《語書》：「繇隨（惰）疾事，易口舌……」「繇」讀作「偷」。《逸周書・官人》：「其人甚偷。」《大戴禮・文王官人》「偷」作「俞」。（王輝2008：139）「俞繇諭」喻四聲母字，「偷」為清邊音來源的透母字，四字皆為侯部字，故能通假。

【楚簡喻四書通假】

出處	篇名	借字/本字	上古聲	上古韻	中古韻	等第
上博（五）	弟 子 問 p269	墬（也）/施	喻四/書	歌	馬/支	三
上博（二）	容 成 氏 p258	埅（允）/舜[47]	喻四/書	文	準/稕	三

---

[46] 「惕/易」通假字組亦分別見於上博（二）從政(甲篇)p231；上博（四）曹沫之陳 p274 二處；上博（七）武王踐阼 p159。

[47] 「埅（允）/舜」通假字組亦分別見於上博（二）容成氏 p259、p260 四處、p262、p263 二處、p268、p273；上博（三）；上博（四）曹沫之陳 p244；上博（五）君

上博（三）	中弓 p270	敘（捨）/ 豫[48]	書/喻四	魚	馬/御	三
上博（三）	彭祖 p305	舍（余）/ 舍[49]	喻四/書	魚	魚/禡	三
上博（五）	鮑叔牙與隰朋之諫 p186	試試	喻四/書	職	職/志	三
上博（三）	中弓 p297	夜/舍	喻四/書	鐸/魚	禡	三
上博（二）	從政（甲篇)p231	剔（易）/ 傷[50]	喻四/書	陽	陽	三
上博（一）	孔子論詩 p124	殜（葉）/ 世[51]	喻四/書	葉/月	葉/祭	三
上博（五）	姑成家父 p249	睪/釋	喻四/書	職/鐸	職/昔	三
上博（五）	競建內之 p170	蔦/說	喻四/書	元/月	仙/薛	三
上博（五）	季庚子問於孔子 p204	紬（施）/ 紖（引）	書/喻四	歌/真	支/軫	三

子爲禮 p262、p263，三德 p310；上博（六）。

[48] 「敘州」即「豫州」。豫與舍聲字通。《大戴禮記・五帝德》：「貴而不豫。」《史記・五帝本紀》豫作舒。（王輝 2008：108）九店楚簡「舍/予」通假亦爲例證。

[49] 「舍（余）/舍」通假字組亦分別見於上博（三）彭祖 p305 二處、p306；上博（四）曹沫之陳 p261。

[50] 「剔（易）/傷」通假字組亦分別見於上博（五）三德 p316。

[51] 「殜（葉）/世」通假字組亦分別見於上博（二）子羔 p184、p192，從政(甲篇)p225，容成氏 p283；上博（四）曹沫之陳 p285；上博（五）季庚子問於孔子 p233，姑成家父 p245、p246 二處，弟子問 p280，三德 p312。

上博（三）	周易 p196	弶/射	書/喻四	真/鐸	軫/昔	三
九店五六號墓	簡 42	舍/予	書/喻四	魚	禡/語	三
郭店	老子乙簡 16	舍/餘[52]	書/喻四	魚	禡/魚	三
郭店	老子甲簡 11	怡/始	喻四/書	之	之/止	三
郭店	老子甲簡 19	詒/始	喻四/書	之	之/止	三

　　喻四、書母通假擬作*l-與*hlj-，即舌尖邊音與三等清邊音的關係。這種聲母通假關係也見於詛楚文：「變輸盟約（約）。」「輸」讀作「渝」，皆侯部字；馬王堆帛書《戰國縱橫家書·觸龍見趙太后》：「老臣賤息訐旗最少，不宵（肖）。」《戰國策·趙策四》「訐旗」作「舒祺」，「訐/舒」通假。睡虎地秦簡《金布律》、《車爵律》、《法律答問》、《日書》甲《詰咎》都有「鼠」字應讀作「予」的通假出現。（王輝 2008：107）可見喻四聲母與書母在上古是一個地域分布廣闊的語音現象。我們把這幾組通假字的語音關係列表如下：

通假字	中古	上古
輸	書虞（遇合三平）	書侯
渝	喻四虞（遇合三平）	喻四侯
訐	喻四語（遇開三上）	喻四魚
舒	書魚（遇開三平）	書魚

---

[52] 「舍」字馬王堆帛書本《老子》甲、乙及王弼本作「餘」。

鼠	書語（遇開三上）	書魚
予	喻四語（遇開三上）	喻四魚
舒	書魚（遇開三平）	書魚

　　從喻四與透母、書母的通假密切而言，合理推測透母、書母應也有通假的用例。一如易湯傷、也拖施、譯擇釋的諧聲字關係。楚簡中果然有許多透、書通假用例。書母與透母的語音關係為*hlj-與*lh-，為清邊音三等與一、四等的通假。

【楚簡透書通假】

出處	篇名	借字/本字	上古聲	上古韻	中古韻	等第
上博（二）	子羔 p195	軟（申）/吞	書/透	真/文	真/痕	三/一
上博（三）	周易 p141	蔥（啻）/惕	書/透	錫	寘/錫	三/四
上博（三）	周易 p187	啻/惕	書/透	錫	寘/錫	三/四
上博（五）	三德 p298	聖/聽（聽）	書/透	耕	勁/青	三/四
上博（一）	性情論 p240	聖/聽[53]	書/透	耕	勁/青	三/四

---

[53]「聖/聽」通假字組亦分別見於上博（一）性情論 p245；上博（二）民之父母 p163，昔者君老 p242 二處、p246，容成氏 p258、p263 二處、p268、p273 二處、p285；上博（四）內豐 p228 二處，曹沫之陳 p249、p250、p265 二處；上博（五）鮑叔牙與隰朋之諫 p182、p183，君子為禮 p255 二處、p257，弟子問 p278；上博（六）競公瘧 p171、p178，平王與王子木 p269；上博（七）君人者何必安哉乙本 p209，君人者何必安哉甲本 p193。

上博（六）	慎子曰恭儉 p279	它/施	透/書	歌	歌/支	一/三
上博（四）	昭王毀室；昭王與龔之脾 p183	台/始	透/書	之	咍/止	一/三
上博（二）	民之父母 p172	它/施[54]	透/書	歌	歌/支	一/三
上博（二）	容成氏 p254	貤（它）/施	透/書	歌	歌/支	一/三

　　「台/始」一組通假字也見於馬王堆帛書《老子》甲本《德經》：「千仁（仞）之高台於足下。」也見於張家山漢簡《引書》：「引痺病之台也，意回回然」。「聖/聽」一例也見於包山楚簡一三〇，傳世《尚書・無逸》：「此厥不聽」，漢石經「聽」作「聖」。（王輝 2008：364）「它/施」一例也見於馬王堆帛書《老子》甲本卷後古佚書《五行》二一二~二一三、郭店楚簡《忠信之道》簡七~八、郭店楚簡《六德》簡一三~一四。（王輝 2008：558-559）可見書、透關係也是分布區域廣闊的現象。

　　除此之外，殷墟甲骨文《合集》九九四六有「我受畬年？」，「畬」通作「稌」，《詩・周頌・豐年》：「豐年多黍多稌。」毛傳：「稌，稻也。」《說文》：「稌，稻也。」（王輝 2008：94）馬王堆帛書《六十四卦・辰（震）》：「觴」通作「鬯」。馬王堆帛書《六十四卦・小畜》九三與帛書《老子》乙本《道經》「說」皆應讀作「挩（脫）」。（王輝 2008：628）馬王堆帛書《胎產書》、馬王堆帛

---

[54] 「它/施」通假字組亦見於上博（二）民之父母 p173。

書《戰國縱橫家書·蘇秦獻書趙王章》「呻」皆應讀作「吞」。（王輝 2008：661）馬王堆竹簡《十問》「探」讀作「深」。「畬/稌」、「觴/傷」、「說/挩（脫）」、「呻/吞」、「探/深」通假的語音條件如下表：

通假字	中古	上古
畬	書麻（假開三平）	書魚
稌	透模（遇合一平）	透魚
觴	書陽（宕開三平）	書陽
傷	徹漾（宕開三去）	透陽
說	書薛（山開三入）	書月
挩（脫）	透末（山合一入）	透月
呻	書陽（宕開三平）	書陽
吞	透漾（宕開三去）	透陽
探	透勘（咸開一去）	透侵
深	書侵（深開三平）	書侵

2.3.5 喻四與舌根聲母

　　「羕/永」其實是喻四與喻三的關係，表示楚簡此例通假中的喻三字已非舌根塞音的讀法。「欲/盍」、「嶲（雟）/維」、「敥（亥）/易」三組是喻四與中古匣母字的通假，匣母仍為*g-，喻四「易」字還是*l-的前一個階段*gl-（>*l-），故能通假。喻四與見母、溪母的通假字組顯示，喻四處在*gl->*l-的演變過程中，見母擬作*kl-、*kʰl-。喻四與昌母、禪母通假，此處昌母擬作*kʰlj->tɕʰ-、禪母擬作*glj->dʑ-、ʑ-。

【楚簡喻四匣通假】

出處	篇名	借字/本字	上古聲	上古韻	中古韻	等第
上博（三）	周易p148	羕/永[55]	喻四/匣	陽	漾/梗	三
上博（三）	周易p155	欲/盍	喻四/匣	屋/葉	燭/盍	三/一
上博（三）	周易p160	曬（巂）/維	匣/喻四	支/微	齊/脂	四/三
上博（五）	競建內之p176	烖（亥）/易	匣/喻四	之/錫	海/昔	一/三

【楚簡喻四見通假】

出處	篇名	借字/本字	上古聲	上古韻	中古韻	等第
上博（二）	從政（乙篇)p237	攺/改	喻四/見	之	止/海	三/一
上博（二）	容成氏p273	鈞（匀）/均	喻四/見	真	諄	三
上博（二）	容成氏p271	浴/谷[56]	喻四/見	屋	燭/屋	三/一
上博（三）	中弓p282	與/舉	喻四/見	魚	語	三
上博（一）	性情論p230	塁（與）/舉[57]	喻四/見	魚	語	三

---

[55] 「羕/永」通假字組亦分別見於上博（三）周易p199、p200，彭祖p304；上博（四）柬大王泊旱p215。

[56] 「浴/谷」通假字組亦分別見於上博（二）容成氏p272、p74；上博（三）周易p196；上博（四）采風曲目p168。

[57] 「塁（與）/舉」通假字組亦分別見於上博（一）性情論p263、p265；上博（二）昔者君老p244；上博（三）中弓p268、p269、p270三處、p271、p294、p296二處、p297，彭祖p304；上博（四）；上博（五）三德p312；上博（六）競公瘧p180、用曰p297。

上博（六）	孔子見季趄子 p198	𦤩（从虍車聲）/予[58]	見/喻四	魚	魚	三
上博（一）	孔子論詩 p137	谷/欲[59]	見/喻四	屋	屋/燭	一/三
上博（一）	孔子論詩 p134	谷/裕	見/喻四	屋	屋/遇	一/三
上博（七）	武王踐阼 p159	谷/慾	見/喻四	屋	屋/遇	一/三
上博（二）	容成氏 p285	槿/淫	見/喻四	文/侵	隱/侵	三
上博（七）	凡物流行甲 p247	戈/弋	見/喻四	歌/職	戈職	一/三
上博（七）	凡物流行甲 p271	鈞（匀聲）/均	喻四/見	真	諄	三

　　「與/舉」通假也見於郭店楚簡《五行》簡四三～四四：「君子智（知）而與之，胃（謂）之𨼊（尊）𦤝（賢）。」「與」，馬王堆帛書本《五行》作「舉」。「與/舉」通假也見於郭店楚簡《六德》簡四八：「得其人則𦤝安（焉），不得其人則止也。」（王輝 2008：72）

【楚簡喻四溪通假】

---

[58]　「𦤩（从虍車聲）/予」通假字組，上博（六）孔子見季趄子 p200、p220 尚見另一例。

[59]　「谷/欲」通假字組亦分別見於上博（一）孔子論詩 p145、p257、p259 五處、p260 三處；上博（四）曹沫之陳 p274、p284；上博（六）孔子見季趄子 p213；上博（七）武王踐阼 p152、p154。

出處	篇名	借字/本字	上古聲	上古韻	中古韻	等第
上博（三）	周 易 p203	鹽（衍）/ 衍	喻四/溪	元	獮/翰	三/一
上博（三）	周 易 p191	巳/起	喻四/溪	之	止	三

【楚簡喻四昌通假】

出處	篇名	借字/本字	上古聲	上古韻	中古韻	等第
上博（五）	季庚子問於孔子 p230	夜/處[60]	喻四/昌	鐸/魚	禡/御	三

【楚簡喻四禪通假】

出處	篇名	借字/本字	上古聲	上古韻	中古韻	等第
上博（六）	孔子見季趄子 p218	鈞（匀聲）/孰	喻四/禪	真/覺	諄/屋	三

　　喻四與見溪群、章昌船禪等聲母的通假，皆視作喻四與舌根塞音的關係，這種通假關係中的見溪群、章昌船禪均帶有-l-成分，即*Cl-複輔音的構擬。

　　長沙子彈庫戰國楚帛書甲篇，「繇/咎」通假，繇即繇或繇繁構。（王輝 2008：188）馬王堆帛書《戰國縱橫家書・蘇秦自趙獻書於齊王章（二）》：「寡人已舉宋講矣，乃來諍（爭）得。」《周

---

[60] 「泗/伊」通假字組，上博（五）季庚子問於孔子 p230 尚見另一例。

禮・地官・師氏》：「王舉則從。」杜子春云：「當爲與。」二處「舉」字皆通作「與」（王輝2008：105），與上博楚簡通假用例正好是通假字與本字相反，可見語音關係密切。馬王堆帛書《六十四卦・豐》六五：「來章有慶舉，吉。」帛書《六十四卦・旅》六五：「冬（終）以舉命。」二「舉」字通行本《易》均作「譽」。《戰國策・西周策》：「不如譽秦王之孝也。」《史記・周本紀》「譽」作「舉」。這些通假字例都是喻四與見母的通假，爲*l-與*kl-。「誘（繇、繇）/臽」、「舉與」、「舉譽」聲韻關係如下表：

通假字	中古	上古
誘（繇、繇）	喻四宵（效開三平）	喻四宵
臽	羣有（流開三上）	羣幽
舉	見語（遇開三上）	見魚
與	喻四語（遇開三上）	喻四魚
譽	喻四御（遇開三去）	喻四魚

2.3.6 喻四與疑母

喻四與疑母通假二例，可能的語音條件是疑母字*ŋ-具有*g-的變體，如現今閩南方言的疑母字ŋ-與g-爲語境變體，「吳」讀ŋõ，亦讀go；喻四字處於*gl->*l-的過程，仍有*gl-的讀法，故能通假。楚地喻四、疑母的通假與閩方言的疑母字音讀爲同類型的語音關係。

【楚簡喻四疑通假】

出處	篇名	借字/本字	上古聲	上古韻	中古韻	等第

上博（二）	子羔 p184	吳/虞	疑/喻四	魚	模/虞	一/三
上博（五）	季庚子問於孔子 p211	吳/餘	疑/喻四	魚	模/魚	一/三
上博（七）	武王踐阼 p159	言/延	疑/喻四	元	元/仙	三
上博（七）	凡物流形甲 p244	与（牙）/與	疑/喻四	魚	麻/語	三
郭店	唐虞之道簡 5-6	牙/與[61]	疑/喻四	魚	麻/語	三

　　從其他材料來看，同類語音關係除了吳越地區，也見於山西、河南的出土資料。例如《中國錢幣》二〇〇三年三期黃錫全文《山西北部發現的兩批戰國小刀幣》指其面文應作「西刀遇之」，讀作「西遇之刀」，「西遇」即「西俞」、「先俞」。《史記·趙世家》：「反亞分、先俞於趙。」集解徐廣曰：「《爾雅》曰：西俞，雁門縣。」（王輝 2008：146）「遇」通作「俞」，為喻四與疑母的關係。《三代吉金文存》二〇·二五·一戈銘：「三年脩余命（令）韓謹……」「脩余」即「修魚」，在今河南原陽。與《史記·秦本紀》：「韓、趙、魏、燕、齊共攻秦。秦使庶長疾與戰修魚。」可互證。（王輝 2008：80）儔兒鐘銘：「孫孫用之，後民是語。」配兒鉤鑃：「子孫用之，先人是訏」董楚平《吳越徐舒金文集釋》以為語、訏讀娛，謹娛義。（王輝 2008：82）「遇/俞」、「余/魚」、「訏/娛」通假，其語音關係如下表：

61　「牙/與」通假也見於郭店楚簡《語叢三》簡九~一二。

通假字	中古	上古
遇	疑遇（遇合三去）	疑侯
渝	喻四虞（遇合三平）	喻四侯
余	喻四魚（遇開三平）	喻四魚
魚	疑魚（遇開三平）	疑魚
訏	喻四語（遇開三平）	喻四魚
娛	疑虞（遇合三平）	疑魚

2.3.7 喻四與影母

　　喻四與影母的通假應是反映喻四字顎化爲半元音的語音現象，故能與擬爲零聲母或帶緊喉作用的影母字音近通假。「益」爲影母字，伊昔切，从「益」聲的字，「縊」於計切、「嗌」伊昔切，皆爲影母字，但是「鎰溢」夷質切，爲喻四字，意謂在諧聲字的關係裡，它們本爲一類，楚簡裡「益/溢」應爲同音。「縈/營」一組通假字也類似，从「熒」省聲的系列諧聲字，「鶯罃」烏莖切、「縈嫈」於盈切、「濙」烏定切、「營塋」余傾切、「螢熒榮」戶扃切、「瑩榮」永兵切，分別讀爲影母、喻四、匣母、喻三。從這組通假字的諧聲關係來看，最突出的應是匣母字今國語讀零聲母，「榮」有iŋ35、ɕiŋ35二讀，「榮」讀ʐuəŋ35；以閩南方言而言，這些字則讀零聲母音。因此，合理推測楚簡「縈/營」二字通假應是同音關係，反映喻四由*l-進一步顎化爲半元音的現象。

　　附帶一提，我們已知閩南方言匣母今讀有k-、kʰ-、h-、零聲母（或ʔ-）四個層次，故匣母字「螢熒榮」戶扃切而讀零聲母，不足爲奇；然而國語讀音中，「艦檻」胡黤切，爲匣母字，今讀tɕian51，是由k-顎化而來，即*g>k（仄聲）>tɕ（見系二等顎化），

有別於*g->*ɣ->x->ɕ-的主流路線，「螢熒榮」讀零聲母，「胡」、「匣」爲擦音讀法；意即國語的匣母字實際上也有塞音、擦音、零聲母的音讀。方言參差的音讀現象反映音變類型的差異，匣母可以與影母、喻四、喻三有共同的音讀層次，也可以讀舌根塞音、擦音，楚簡通假字也反映了這樣的音韻現象。

【楚簡喻四影通假】

出處	篇名	借字/本字	上古聲	上古韻	中古韻	等第
上博（二）	魯邦大旱 p206	戝（医）/也[62]	影/喻四	脂/歌	霽/馬	四/三
上博（六）	莊王既成申公臣靈王 p245	殹/也	影/喻四	脂/歌	霽/馬	四/三
上博（二）	子羔 p195	央/瑤	影/喻四	陽/宵	陽/宵	三
上博（一）	性情論 p239	要/謠[63]	影/喻四	宵	宵	三
上博（一）	性情論 p245	益/溢	影/喻四	錫	昔/質	三
上博（五）	三德 p297	縈/營[64]	影/喻四	耕	清	三

　　楚簡之外，影母與喻四通假也見於蔡侯盤及鄂君啓節。例如蔡侯盤：「威儀遊遊，靈頌託商。」「遊遊」應讀爲「優優」。（王輝 2008：178）其語音關係如下：

---

[62] 「戝（医）/也」通假字組，上博（二）魯邦大旱 p210 尚見一例。
[63] 「要/謠」通假字組也見於郭店楚簡《性自命出》簡二四。
[64] 「縈/營」通假字組，上博（五）三德 p298 尚見另一例。

通假字	中古	上古
遊	喻四尤（流開三平）	喻四幽
優	影尤（流開三平）	影幽

2.4 與中古來母有關的聲母通假現象

2.4.1 來母與唇音

　　來母與其他聲母的通假關係反映楚簡仍然存在*Cr-複輔音聲母。來母爲*r-，唇音爲*pr-、*mr-。

【楚簡來幫通假】

出處	篇名	借字/本字	上古聲	上古韻	中古韻	等第
上博（六）	競公瘧 p186	䣓（里）/鄙	來/幫	之	止/旨	三
上博（五）	姑成家父 p246	懅（膚）/慮	幫/來	魚	虞/御	三
上博（二）	容成氏 p250	膚/盧	幫/來	魚	虞/模	三/一
信陽楚墓	簡二·〇一四	膚鑪	幫/來	魚	虞/模	三/一

　　徐王元子爐「䤤/鑪」通假；羕陵公戈「膚擄」通假；古幣有「膚虎」尖足布，「膚」通作「慮」；鄂君啓舟節「濾/廬」通假，（王輝 2008：98-99）皆是從「膚」之字通假從「盧」之來母字，

與上博楚簡之通假用例「膚/盧」音韻類型關係相同。

【楚簡來明通假】

出處	篇名	借字/本字	上古聲	上古韻	中古韻	等第
上博（二）	容成氏 p292	吝/閔	來/明	文	震/軫	三
上博（一）	紂衣 p190	霝/命	來/明	耕	青/映	四/三
上博（三）	周易 p143	礪（萬）/厲[65]	明/來	元/月	願/祭	三
上博（二）	昔者君老 p246	命/令[66]	明/來	耕	映/勁	三
上博（五）	三德 p312	萬/厲[67]	明/來	元/月	願/祭	三
上博（二）	容成氏 p283	萬/勵	明/來	元/月	願/祭	三
上博（一）	性情論 p226	蠆（萬）/厲[68]	明/來	元/月	願/祭	三
郭店	老子甲簡 21	繆（繆）/寥[69]	明/來	幽	幼/蕭	三

---

[65] 「礪（萬）/厲」通假字組亦分別見於上博（三）周易 p160、p167、p170、p176 二處、p181、p187、p191、p202、p207、p212。

[66] 「命/令」通假字組亦分別見於上博（四）昭王毀室　昭王與龔之脽p184、p185 二處、p186、p189、p190，柬大王泊旱 p214、p215，曹沫之陳 p276。

[67] 「萬/厲」通假字組尚見於上博（七）君人者何必安哉甲本 p206、君人者何必安哉乙本 p213。

[68] 「蠆（萬）/厲」通假字組，上博（一）性情論 p227 尚見另一例。

[69] 「繆」馬王堆帛書《老子》甲本作「繆」，乙本作「漻」，王弼本作「廖」。（王輝 2008：200）

　　《殷契佚存》一五四，殷墟甲骨文「卯」字讀爲「劉」；《三代吉金文存》二〇・四・一「右卯」戟，「卯」讀作「鎦（鉚）」。（王輝 2008：198）皆爲明母與來母的通假關係。通假語音關係如下表：

通假字	中古	上古
卯	明巧（效開二上）	明幽
劉	來尤（流開三平）	來幽
鎦（鉚）	來尤（流開三平）	來幽

2.4.2 來母與舌、齒音

　　楚簡來母與透（徹）母通假，透（徹）母來自*rh->tʰ-；*r-tʰj->tʰ-。與定（澄）母通假，定（澄）母擬作*d-、*r-dj-。與生母通假，生母擬爲*r-s-，與心母通假可能是語音類化（心生同聲類）的偶然接觸。來母與莊、崇、精、清母的通假亦然，莊、崇擬作*r-ts-、*r-dz-。

【楚簡來透通假】

出處	篇名	借字/本字	上古聲	上古韻	中古韻	等第
上博（一）	紂衣 p179	膿（豊）/體[70]	來/透	脂	齊	四

---

[70] 「膿（豊）/體」通假字組亦分別見於上博（一）紂衣 p179，性情論 p235；上博（二）民之父母 p161、p164、p171 三處、p172、p173 二處。

上博（四）	柬大王泊旱 p208	龍/寵	來/透	東	鍾/腫	三
包山	簡188	瘳/廖	透/來	幽	尤/宥	三
望山	簡一‧九七	蓼/廖	來/透	幽	蕭/尤	三

　　「蓼/廖」的通假關係也見於睡虎地秦簡《日書》乙《見人》：「以有疾，未少蓼，申大蓼。」以有疾，子少蓼，卯大蓼。」。又睡虎地秦簡《司空》：「為車不勞，稱議脂之。」「勞」讀為「桃」，也是來母與透母的通假。

【楚簡來定通假】

出處	篇名	借字/本字	上古聲	上古韻	中古韻	等第
上博（六）	天子建州 p327	鹿/獨[71]	來/定	屋	屋	一
上博（二）	容成氏 p270	里/壥	來/定	之/元	止/仙	三

　　銘文上「史留」，或以為即周宣王時太史「史籀」，（王輝 2008：193），若此說可從，「留/籀」即是來母與定（澄）母的通假，語音關係如下：

---

[71] 「鹿/獨」通假字組，上博（六）天子建州 p338 尚見另一例。

通假字	中古	上古
留	來尤（流開三平）	來幽
籀	澄宥（流開三去）	定幽

【楚簡來生通假】

出處	篇名	借字／本字	上古聲	上古韻	中古韻	等第
上博（六）	競公瘧 p166	吏/史[72]	來/生	之	志/止	三
上博（二）	子羔 p184	吏/使[73]	來/生	之	志/止	三
上博（六）	競公瘧 p186	婁/數	來/生	侯	侯/遇	一/三

【楚簡來心通假】

出處	篇名	借字/本字	上古聲	上古韻	中古韻	等第
上博（三）	周易 p207	贏（贏）/瑣	來/心	歌	支/果	三/一

【楚簡來精通假】

出處	篇名	借字／本字	上古聲	上古韻	中古韻	等第

---

[72]「吏/史」通假字組亦分別見於上博（六）競公瘧 p166、p169、p174、p178 二處、p180 二處、。

[73]「吏/使」通假字組亦分別見於上博（二）子羔 p184、p192；上博（四）曹沫之陳 p261、p264、p266、p269；上博（六）競公瘧 p171 三處；上博（七）武王踐阼 p164。

| 上博（六）
p180 | 競 公 瘧 | 梨/濟 | 來/精 | 脂 | 脂/齊 | 三/四 |

【楚簡來莊通假】

出處	篇名	借字/本字	上古聲	上古韻	中古韻	等第
上博（三）	周　易 p207	宷（㝬）/ 鰲[74]	莊/來	脂/之	止/之	三

【楚簡來清通假】

出處	篇名	借字/本字	上古聲	上古韻	中古韻	等第
上博（五）	弟 子 問 p281	刺/列	清/來	錫/月	眞/薛	三
上博（一）	孔子論詩 p128	會（僉）/ 斂[75]	清/來	談	鹽/琰	三

【楚簡來崇通假】

出處	篇名	借字/本字	上古聲	上古韻	中古韻	等第
上博（六）	平王問鄭 壽 p259	吏/事[76]	來/崇	之	志	三

2.4.3 來母與舌根音

[74] 「宷（㝬）/鰲」通假字組，上博（三）周易 p207 尚見另一例。
[75] 「會（僉）/斂」通假字組亦分別見於上博（二）容成氏 p277；上博（五）鮑叔牙與隰朋之諫 p188。
[76] 「事/吏」通假字組，上博（六）天子建州 p316 尚見另一例。

　　來母與舌根音通假，見母擬作*l.r（j）-、溪母擬作*kʰr（j）-、曉母擬爲*xr（j）-。「立/位」爲來母與中古喻三字的關係，「位」爲*gʷrj-，丟失濁塞音成分與「立」通假。

【楚簡來見通假】

出處	篇名	借字/本字	上古聲	上古韻	中古韻	等第
上博（一）	孔子論詩 p124	迻（各）/路[77]	見/來	鐸	鐸/暮	一
上博（五）	三德 p293	京/諒[78]	見/來	陽	庚/漾	三
上博（一）	紂衣 p188	龍/恭	來/見	東	鍾	三
上博（六）	用曰 p302	礱/龔	來/見	東	鍾	三

【楚簡來溪通假】

出處	篇名	借字/本字	上古聲	上古韻	中古韻	等第
上博（六）	競公瘧 p180	欽/斂	溪/來	侵/談	侵/琰	三

　　《說文解字敘》：「轉注者，建類一首，同意相受，考老是也。」二者的關係即是溪母字與來母字互訓，其語音關係如下：

---

[77] 「迻（各）/路」通假字組亦分別見於上博（一）性情論 p263；上博（二）魯邦大旱 p206，容成氏 p253；上博（五）鮑叔牙與隰朋之諫 p182，弟子問 p278；上博（六）平王問鄭壽 p259。

[78] 「京/諒」通假字組，上博（五）三德 p293 尚見另三例。

通假字	中古	上古
考	溪皓（效開一上）	溪幽
老	來皓（效開一上）	來幽

【楚簡來曉通假】

出處	篇名	借字/本字	上古聲	上古韻	中古韻	等第
上博（六）	平王問鄭壽 p262	孝/老	曉/來	幽	效/皓	二/一
包山	簡 261	纗/纑	曉/來	魚	模	一

【楚簡來喻三通假】

出處	篇名	借字/本字	上古聲	上古韻	中古韻	等第
上博（一）	孔子論詩 p153	立/位[79]	來/匣	緝/物	緝/至	三

　　馬王堆帛書《足臂十一筋灸經・足泰（太）陽筋》：「出外踝
窶中，上貫腨（腨）……」「窶」讀作「婁」，即空穴。又馬王堆
帛書《六十四卦・噬嗑》初九：「句校止。」通行本《易》「句」
作「屨」，高亨說屨讀婁。又《山彪鎮與琉璃閣》圖版貳肆・一：
「玄虞鑄戈。」「玄虞」讀爲「玄鋁」。（王輝 2008：142；99）「窶
/婁」、「句/婁」、「虞/鋁」的通假關係如下表：

---

[79] 「立/位」通假字組亦分別見於上博（一）紂衣 p176；上博（二）容成氏 p255、p289；上博（四）曹沫之陳 p258；上博（五）姑成家父 p245；上博（六）孔子見季趎子 p213；上博（七）武王踐阼 p157、p159，鄭子家喪甲本 p176，鄭子家喪乙本 p182。

通假字	中古	上古
窶	群麌（遇合三上）	群侯
婁	來侯（流開一平）	來侯
句	見侯（流開一平）	見侯
婁	來侯（流開一平）	來侯
虞	群語（遇開三上）	群魚
鋁	來語（遇開三上）	來魚

2.5 與中古照三系有關的聲母現象

中古照三系來自舌尖者，與端、知系密切；來自舌根部位者，與見系常接觸。由下列通假字表可見其來源與各聲母之關係。

2.5.1 照三系與舌尖聲母

與舌尖聲母接觸的照三系聲母擬作*tj-、*tʰj-、*dj-、*hlj-、*nj-，遂能與端知組*t-、*tʰ-、*d-、*n-通假。以下端/章、定/章、定/昌、端/禪、透/禪、定/禪、船/定、透/船通假，均可視作舌尖部位塞音之間的通假。

【楚簡章端通假】

出處	篇名	借字/本字	上古聲	上古韻	中古韻	等第
上博（六）	用曰 p296	連（讀為專）/轉	章/端	元	仙/獮	三

上博（三）	中弓 p269	厓（主）/塚	章/端	侯/東	竇/腫	三
上博（二）	容成氏 p260	拄（主）/斵	章/端	侯/屋	竇/燭	三
上博（一）	紌衣 p181	至/致[80]	章/端	質	至	三
上博（六）	競公瘧 p183	者/著	章/端	魚	馬/御	三
上博（五）	鮑叔牙與隰朋之諫 p187	愭（者）/堵	章/端	魚	馬/姥	三/一
上博（五）	三德 p294	剬（專）/斷	章/端	元	仙/換	三/一
上博（二）	容成氏 p268	者/都	章/端	魚	馬/模	三/一
上博（四）	柬大王泊旱 p209	者/賭	章/端	魚	馬/姥	三/一
上博（三）	周易 p169	遉（真）/顛[81]	章/端	真	真/先	三/四
上博（一）	孔子論詩	冬/終[82]	端/章	冬	冬/東	一/三

[80] 「至/致」通假字組亦分別見於上博（二）民之父母 p156，從政(甲篇)p231；上博（三）周易 p138、p185；上博（四）柬大王泊旱 p198；上博（六）莊王既成申公臣靈王 p249。
[81] 「遉（真）/顛」通假字組亦見於上博（三）周易 p170。
[82] 「冬/終」通假字組亦分別見於上博（一）紌衣 p192，性情論 p248；上博（二）子羔 p197，容成氏 p254；上博（三）周易 p138、p141 二處、p143 二處、p148、p155、p160、p189、p193、p212、p305 二處；上博（五）弟子問 p274、p277；上博（六）用曰 p306；上博（七）凡物流形（甲本）p228、p265、p279、凡物流形

	p152					
上博（三）	周易 p152	惥（夂）/終	端/章	多	多/東	一/三
上博（六）	競公瘧 p180	登/蒸	端/章	蒸	登/蒸	一/三
上博（四）	曹沫之陳 p269	等/志	端/章	蒸/之	等/志	一/三
包山	簡 113	者/都	章/端	魚	馬/模	三/一

　　上博楚簡《容成氏》「者/都」之例見於簡二四：「以波（陂）明者（都）之澤……」明都澤名，見於《史記・夏本紀》,《尚書・禹貢》作「孟豬」,《左傳・僖公二十八年》、《爾雅・釋地》、《呂氏春秋・有始》、《淮南子・墜形》作「孟諸」。（王輝 2008：103）「者/都/豬/諸」的語音關係如下表，可證端、知、章在通假關係上完全平行於諧聲。

通假字	中古	上古
者	章馬（假開三上）	章魚
都	端模（遇合一平）	端魚
豬	知魚（遇開三平）	端魚
諸	章魚（遇開三平）	章魚

　　傳世文獻《詩・大雅・棫樸》「追琢其章」之「追」字,《荀子・富國》、《孟子・梁惠王》趙岐注皆引作「雕」,《說苑・修文》引作「彫」。《公羊傳・襄公十五年》經：「晉侯周卒。」釋文：「周,

一本作雕。」（王輝 2008：192；200）「追/雕彫」「周/雕」通假語音關係如下，反映端、知、章極爲密切：

通假字	中古	上古
追	知脂（止合三平）	端微
彫	端蕭（效開四平）	端幽
周	章尤（流開三平）	章幽
雕	端蕭（效開四平）	端幽

【楚簡章定通假】

出處	篇名	借字/本字	上古聲	上古韻	中古韻	等第
上博（四）	內豊 p229	臺（鐜）/準	定/章	物/文	隊/準	一/三
上博（二）	容成氏 p269	鼓（豆）/注[83]	定/章	侯	侯/遇	一/三
上博（二）	容成氏 p292	穜/種[84]	定/章	東	鍾/腫	三
上博（二）	從政（乙篇)p237	敊（止）/待	章/定	之	止/海	三/一
上博（五）	姑成家父 p246	悎（者）/圖[85]	章/定	魚	馬/模	三/一
上博（四）	曹沫之陳	疌（止）/	章/定	之	止/海	三/一

---

[83] 「鼓（豆）/注」通假字組亦分別見於上博（二）容成氏 p269、p270、p271 二處。

[84] 「穜/種」通假字組亦見於上博（六）平王與王子木 p270。

[85] 「悎（者）/圖」通假字組，上博（五）姑成家父 p246 尚見另一例。

	p256	待					
上博（一）	孔子論詩 p124	圉（者）/ 圖[86]	章/定	魚	馬/模	三/一	
上博（二）	容 成 氏 p279	瑩（止）/ 臺[87]	章/定	之	止/咍	三/一	
上博（四）	曹沫之陳 p244	惹（者）/ 圖	章/定	魚	馬/模	三/一	
上博（三）	中弓 p291	厇（主）/ 濁	章/定	侯/屋	竷/覺	三/二	
上博（四）	曹沫之陳 p279	尪（主）/ 重	章/定	侯/東	竷/腫	三	

　　馬王堆帛書《老子》甲本卷後古佚書《明君》，「者敵」讀作
「屠敵」，《呂氏春秋・知度》：「任庖人釣者與仇人僕虜。」《說苑・
尊賢》「者」作「屠」。銀雀山竹簡《六韜・一》：「緡周□□□魚
食之。」傳本為《文韜・文師》，宋本作：「緡調餌香中魚食之。」
「周」讀作「調」。《淮南子・原道》：「貴其周於數而合於時也。」
《文子・道原》「周」也作「調」。（王輝 2008：94；194）「周/調」
「者/屠」通假關係如下表：

通假字	中古	上古
周	章尤（流開三平）	章幽
調	定嘯（效開四去）	定幽
者	章馬（假開三上）	章魚

---

[86]　「圉（者）/圖」通假字組，上博（二）魯邦大旱 p204 尚見另一例。

[87]　「瑩（止）/臺」通假字組亦分別見於上博（二）容成氏 p284、p287。

屠	定模（遇合一平）	定魚

【楚簡昌定通假】

出處	篇名	借字/本字	上古聲	上古韻	中古韻	等第
上博（三）	周易 p171	僮/憧	定/昌	東	東/鍾	一/三

【楚簡禪端通假】

出處	篇名	借字/本字	上古聲	上古韻	中古韻	等第
上博（二）	民之父母 p172	屯/純	端/禪	文	諄	三
上博（六）	競公瘧 p166	敊（讀爲誅）/殊	端/禪	侯	虞	三
上博（六）	用曰 p302	弔/淑[88]	端/禪	宵/覺	嘯/屋	四/三
上博（一）	紂衣 p177	弔（弔）/淑[89]	端/禪	宵/覺	嘯/屋	四/三
上博（五）	君子爲禮 p258	岻(氏)/衹《廣韻》同（低）	禪/端	支/脂	紙/齊	三/四
上博（四）	柬大王泊旱 p197	尙/當[90]	禪/端	陽	漾/唐	三/一

---

[88] 「弔/淑」通假字組，上博（六）用曰 p306 尙見另一例。

[89] 「弔（弔）/淑」通假字組，上博（一）紂衣 p192 尙見另一例。

[90] 「尙（尙）/當」通假字組亦分別見於上博（四）柬大王泊旱 p204；上博（五）競建內之 p172。

上博（四）	曹沫之陳 p276	堂（尚）/當[91]	禪/端	陽	漾/唐	三/一
上博（五）	競建內之 p176	堂（尚）/黨	禪/端	陽	漾/蕩	三/一
上博（一）	孔子論詩 p145	蜀/篤	禪/端	屋/覺	燭/沃	三/一

　　禪、端通假也見於戰國魏方足布幣，面文「壽陰」讀爲「雕陰」，《史記・魏世家》：「襄王五年，秦敗我龍賈軍於雕陰。」魏作「壽陰」，秦作「雕陰」，「壽」讀作「雕」反映方音的差異，亦如魏上郡縣「咎奴」秦作「高奴」。馬王堆帛書《五十二病方・痂》、《乾騷（瘙）方》，「壽」字讀作「擣」。睡虎地秦簡《日書》甲《毀棄》：「毋以巳壽，反受其英（殃）。」與馬王堆帛書《五十二病方・癩》：「縣（懸）茅比所，且塞壽，以爲……」「塞壽」即「賽禱」。二例之「壽」字均讀作「禱」。（王輝 2008：191）通假字語音關係如下：

通假字	中古	上古
壽	禪宥（流開三去）	禪幽
雕	端蕭（效開四平）	端幽
擣	端皓（效開一上）	端幽
禱	端皓（效開一上）	端幽

【楚簡禪透通假】

出處	篇名	借字/本字	上古聲	上古韻	中古韻	等第
上博（五）	姑成家父 p240	彧（壬）/ 成[92]	透/禪	耕	迴/清	四/三
上博（六）	競公瘧 p166	尚/倘	禪/透	陽	漾/蕩	三/一
上博（五）	三德 p291	迉（石）/ 坼[93]	禪/透	鐸	昔/陌	三/二

【楚簡禪定通假】

出處	篇名	借字/本字	上古聲	上古韻	中古韻	等第
上博（三）	中弓 p296	誀（豆）/ 樹	定/禪	侯	侯/遇	一/三
上博（四）	曹沫之陳 p265	愳（單）/ 憚	禪/定	元	仙/翰	三/一
上博（一）	性情論 p254	寙（蜀）/ 獨[94]	禪/定	屋	燭/屋	三/一
上博（三）	周易 p187	蜀/獨[95]	禪/定	屋	燭/屋	三/一
上博（三）	周易 p187	訰/臀[96]	禪/定	文	真/魂	三/一
上博（二）	昔者君老 p243	邵/召	禪/定	宵	笑	三

---

[92] 「彧（壬）/成」通假字組亦分別見於上博（五）姑成家父 p240、p241、p242、p244、p245、p246、p248、p249。

[93] 「迉（石）/坼」通假字組，上博（五）三德 p292 尚見另一例。

[94] 「寙（蜀）/獨」通假字組亦分別見於上博（一）性情論 p263 二處。

[95] 「蜀/獨」通假字組亦分別見於上博（三）周易 p190，中弓 p282、p290；上博（五）君子爲禮 p259 三處。

[96] 「訰/臀」通假字組亦見於上博（三）周易 p190。

上博（一）	紨　衣 p176	植/直[97]	禪/定	職	職	三
上博（六）	天子建州 p323	矖（从蜀得聲）/濁[98]	禪/定	屋	燭/覺	三/二
上博（七）	武王踐阼 p152	堂/堂	禪/定	陽	漾/唐	三/一
上博（七）	君人者何必安哉甲本 p206	受/紂[99]	禪/定	幽	有	三
郭店	性自命出簡8	梪/尌[100]	定/禪	侯	候/遇	一/三
九店五六號墓	簡34	疇/壽	定/禪	幽	尤/宥	嗲

　　禪、定通假也見於馬王堆帛書《老子》甲本卷後古佚書《五行》引《詩》曰：「茭芀[淑女，寱] 眛（寐）求之。」毛詩《周南・關雎》「茭芀」作「窈窕」。

銀雀山竹簡《三十時》：「……田壽歲（穢），國多衝風，折樹……」又《君不善之應》：「人君好馳騁田邋（獵），則野草□，田壽薉（穢）。」馬王堆帛書《戰國縱橫家書》中趙、魏、韓之「趙」多作「勺」，如《蘇秦使韓山獻書燕王章》、《蘇秦謂梁王章》、《韓賈獻書於齊章》。睡虎地秦簡《法律答問》「投」讀作「殳」（王輝 2008：166；

---

[97] 「植/直」通假字組亦見於上博（一）性情論 p260。

[98] 「矖（从蜀得聲）/濁」通假字組亦見於上博（六）天子建州 p336。

[99] 「受/紂」通假字組亦見於上博（七）人者何必安哉乙本 p213。

[100] 「梪/尌」通假字組亦見於語叢三簡四六。

194；147)「芍/窕」、「壽/疇」、「勺/趙」、「投/殳」的通假關係如下表，亦可證定、澄、禪之同源：

通假字	中古	上古
芍	禪藥（宕開三入）	禪藥
窕	定篠（效開四上）	定宵
壽	禪宥（流開三去）	禪幽
疇	澄尤（流開三平）	定幽
勺	禪藥（宕開三入）	禪藥
趙	澄小（效開三上）	定宵
投	定侯（流開一平）	定侯
殳	禪虞（遇合三平）	禪侯

【楚簡船定通假】

出處	篇名	借字/本字	上古聲	上古韻	中古韻	等第
上博（二）	容成氏 p291	脣（脣）/朕	船/定	文/侵	諄/寢	三

【楚簡船透通假】

出處	篇名	借字/本字	上古聲	上古韻	中古韻	等第
上博（三）	彭祖 p307	述/怵	船/透	物	術	三
上博（二）	容成氏 p265	它/蛇	透/船	歌	歌/麻	一/三

船、透通假二例都具有諧聲關係。

　　下列二組通假字章、禪分別與三、四等的精母、從母、初母接觸，顯示章組因顎化而與三等舌尖前音相近。

【楚簡章從通假】

出處	篇名	借字/本字	上古聲	上古韻	中古韻	等第
上博（五）	季庚子問於孔子 p228	歅（章）/戕	章/從	陽	陽	三

【楚簡禪初通假】

出處	篇名	借字/本字	上古聲	上古韻	中古韻	等第
上博（五）	三德 p295	椯/端	禪/初	元/歌	仙/紙	三

【楚簡章精通假】

出處	篇名	借字/本字	上古聲	上古韻	中古韻	等第
上博（三）	彭祖 p306	只/躋	章/精	支/脂	紙/齊	三/四
上博（五）	季庚子問於孔子 p211	者/子	章/精	魚/之	馬/止	三

2.5.2 照三系與舌根聲母

　　照三系源自舌根部位者擬作*klj-、*kʰlj-、*glj-、*hlj-、*ŋlj-。

下列章見、章匣、章群、昌見、見禪、禪溪、禪群、禪影、昌疑、曉船、曉禪等通假關係，均可視作舌根聲母之間的接觸。

【楚簡章見通假】

出處	篇名	借字/本字	上古聲	上古韻	中古韻	等第
上博（一）	孔子論詩 p139	逯（帚）/歸[101]	章/見	幽/微	有/微	三
上博（五）	季庚子問於孔子 p226	旨/皆	章/見	脂	旨/皆	三/二
上博（一）	紂衣 p192	旨/稽[102]	章/見	脂	旨/齊	三/四
上博（五）	三德 p299	頕（旨）/稽	章/見	脂	旨/齊	三/四

　　吳季子劍銘：「工𢆶王肦發□謁之弟季子刞（札）曰後子乎吉金以乍其元用鐱」，「肦發」乃吳王「諸樊」的對音。工𢧜太子劍銘：「工𢧜太子姑發□反」「姑發」即吳王「諸樊」。（王輝 2008：103）「姑/諸」語音關係如下表。「諸」字既與端、知聲母接觸，在此又與「姑」字通假，顯示章組字舌尖、舌根來源已有合流現象。

---

[101] 「逯（帚）/歸」通假字組亦分別見於上博（一）孔子論詩 p141；上博（三）周易 p141、p203；上博（五）鮑叔牙與隰朋之諫 p189；上博（六）平王問鄭壽 p257。

[102] 「旨/稽」通假字組亦見於上博（三）彭祖 p308；上博（七）凡物流形甲本 p262、凡物流行乙本 p281。

通假字	中古	上古
姑	見模（遇合一平）	見魚
諸	章魚（遇開三平）	章魚

【楚簡昌見通假】

出處	篇名	借字/本字	上古聲	上古韻	中古韻	等第
上博（二）	容成氏 p254	尻（几）/處[103]	見/昌	脂/魚	旨/御	三
上博（一）	性情論 p260	仉/處[104]	見/昌	脂/魚	旨/語	三
上博（四）	昭王毀室 昭王與龔之脾p186	尻（處）/居	昌/見	魚	御/魚	三
上博（二）	子羔 p192	屵（川）/畎	昌/見	文/元	仙/銑	三/四
上博（二）	容成氏 p263	圌（串）/串	昌/見	元	線/刪	三/二
上博（二）	容成氏 p278	圌（串）/關	昌/見	元	線/刪	三/二

【楚簡禪見通假】

出處	篇名	借字/本	上古聲	上古韻	中古韻	等第

---

[103] 「尻（几）/處」通假字組亦分別見於上博（二）容成氏 p269 二處、p270 二處、p271 二處。

[104] 「仉/處」通假字組亦分別見於上博（四）曹沫之陳 p252、p258；上博（六）慎子曰恭儉 p278。

		字			
上博（三）	周易 p170	見/視	見/禪	元/脂	霰/至	四/三

【楚簡章匣通假】

出處	篇名	借字/本字	上古聲	上古韻	中古韻	等第
上博（三）	周易 p164	稬（隻）/穫	章/匣	鐸	昔/鐸	三/一
上博（三）	周易 p160	夓（隻）/獲[105]	章/匣	鐸	昔/麥	三/二
上博（四）	曹沫之陳 p283	隻（隻）/獲[106]	章/匣	鐸	昔/麥	三/二
上博（六）	競公瘧 p178	隻/獲	章/匣	鐸	昔/麥	三/二

【楚簡章群通假】

出處	篇名	借字/本字	上古聲	上古韻	中古韻	等第
上博（五）	三德 p312	只/岐[107]	章/群	支	紙/支	三
上博（五）	三德 p318	枳/岐	章/群	支	紙/支	三

【楚簡禪溪通假】

出處	篇名	借字/本字	上古聲	上古韻	中古韻	等第
上博（五）	鮑叔牙與	遉（甚）/	禪/溪	侵	寑/覃	三/一

---

[105] 「夓（隻）/獲」通假字組亦分別見於上博（三）周易 p185、p200。

[106] 「隻（隻）/獲」通假字組，上博（四）曹沫之陳 p283 尚見另一例。

[107] 「只/岐」通假字組亦見於上博（五）三德 p316。

	隰朋之諫 p185	堪				

【楚簡禪群通假】

出處	篇名	借字/本字	上古聲	上古韻	中古韻	等第
上博（五）	季庚子問 於孔子 p230	棠（尚）/ 狂	禪/群	陽	漾/陽	三

【楚簡禪影通假】

出處	篇名	借字/本字	上古聲	上古韻	中古韻	等第
上博（四）	曹沫之陳 p261	訋（勺）/ 約	禪/影	藥	藥	三

【楚簡昌疑通假】

出處	篇名	借字/本字	上古聲	上古韻	中古韻	等第
上博（六）	競公瘧 p180	閮（串）/ 忨	昌/疑	元	線/桓	三/一

【楚簡船曉通假】

出處	篇名	借字/本字	上古聲	上古韻	中古韻	等第
上博（二）	容成氏 p250	訢（訴）/ 神	曉/船	文/真	欣/真	三
上博（一）	性情論	訓/順[108]	曉/船	文	問/稕	三

---

[108]「訓/順」通假字組亦分別見於上博（一）性情論 p243；上博（二）從政(甲篇)p229；上博（四）曹沫之陳 p277。

	p234					

【楚簡禪曉通假】

出處	篇名	借字/本字	上古聲	上古韻	中古韻	等第
上博（一）	孔子論詩 p158	憖（訢）/慎[109]	曉/禪	文/真	欣/震	三
上博（一）	紂衣 p192	訢（訢）/慎[110]	曉/禪	文/真	欣/震	三
上博（二）	從政（甲篇）p218	訢（訢）/慎[111]	曉/禪	文/真	欣/震	三
上博（六）	慎子曰恭儉 p276	訢/慎[112]	曉/禪	文/真	欣/震	三

2.5.3 照三系與邪母的關係

　　「述/遂」、「笞（石）/席」二組，其邪母字宜爲*sdj-而與*dj-通假；其餘从「寺」之邪母字擬作*lj-，與書*hlj-、章*tj-通假。

【楚簡船邪通假】

出處	篇名	借字/本	上古聲	上古韻	中古韻	等第

---

[109] 「憖（訢）/慎」通假字組亦分別見於上博（三）中弓 p277；上博（四）曹沫之陳 p275、p282；上博（五）弟子問 p274，三德 p296、p302、p303。

[110] 「訢（訢）/慎」通假字組亦分別見於上博（一）紂衣 p192，性情論 p243；上博（五）季庚子問於孔子 p228。

[111] 「訢（訢）/慎」通假字組亦分別見於上博（二）從政(甲篇)p218，容成氏 p280；上博（三）中弓 p280 二處、p281，彭祖 p305；上博（六）孔子見季走△亘子 p219，用曰 p293、p298。

[112] 「訢/慎」通假字組亦見於上博（六）慎子曰恭儉 p279。

		字				
上博（二）	從 政（甲篇)p217	述/遂[113]	船/邪	物	術/至	三

【楚簡章邪通假】

出處	篇名	借字/本字	上古聲	上古韻	中古韻	等第
上博（五）	季庚子問於孔子 p212	䛶（寺）/誌	邪/章	之	志	三

【楚簡禪邪通假】

出處	篇名	借字/本字	上古聲	上古韻	中古韻	等第
上博（二）	魯邦大旱 p208	寺/恃[114]	邪/禪	之	志/止	三
上博（五）	君子爲禮 p256	笘（石）/席[115]	禪/邪	鐸	昔	三

【楚簡書邪通假】

出處	篇名	借字/本字	上古聲	上古韻	中古韻	等第
郭店	老子假簡 9-10	舍/徐	書/邪	魚	禡/魚	三

---

[113] 「述/遂」通假字組亦分別見於上博（二）容成氏 p276、p279、p280、p281、p282、p284 三處；上博（五）季庚子問於孔子 p206，三德 p298。
[114] 「寺/恃」通假字組亦見於上博（二）魯邦大旱 p209。
[115] 「笘（石）/席」通假字組亦分別見於上博（六）競公瘧 p187，天子建州 p325、p337。

《珍秦齋藏印·戰國篇》三三：「命孤痒。」命孤即複姓令狐。《史記·春申君列傳》：「鬼神孤傷。」《戰國策·秦策四》作「鬼神狐祥。」（王輝 2008：88）「傷/祥」通假語音關係爲*hlj-與*lj-，參見下表：

通假字	中古	上古
傷	書陽（宕開三平）	書陽
祥	邪陽（宕開三平）	邪陽

2.5.4 書母的通假關係

書母的通假現象豐富多樣，書母擬作*hlj-，既能與舌尖聲母章、船、禪、日、初、心、生、端、透、定、喻四通假，也能與舌根聲母曉、匣、疑通假。前者舌尖邊音的作用明顯；後者清化成分較強，遂能與喉部擦音通假，二者分屬兩種音變類型。其中心書通假、喻四書通假、書透通假已見心母與喻四小節，其餘通假關係於本節討論。

【楚簡書端通假】

出處	篇名	借字/本字	上古聲	上古韻	中古韻	等第
上博（五）	三德 p295	陞（升）/登	書/端	蒸	蒸/登	三/一
上博（二）	容成氏 p274	陞/登[116]	書/端	蒸	蒸/登	三/一

---

[116] 「陞/登」通假字組亦見於上博（二）容成氏 p280。

上博（五）	競建內之 p166	畱（弔）/ 叔[117]	端/書	宵/覺	嘯/屋	四/三

　　書、端通假也見於銀雀山竹簡《孫臏兵法・見威王》:「……舜擊讙收，方（放）之宗（崇）」《尚書・舜典》:「流共工于幽州，放驩兜于崇山」「驩兜」《山海經・海外南經》作「讙朱」，《大荒南經》又作「驩頭」。（王輝 2008：139）「收兜朱頭」四字的語音關係如下表，表現爲舌尖清邊音*hlj-與舌尖塞音*t-、*tj-、*d-的通假:

通假字	中古	上古
收	書尤（流開三平）	書幽
兜	端侯（流開一平）	端侯
朱	章虞（遇合三平）	章侯
頭	定侯（流開一平）	定侯

【楚簡書章通假】

出處	篇名	借字/本字	上古聲	上古韻	中古韻	等第
上博（三）	周易 p200	陞（陸）/ 拯	書/章	蒸	蒸/拯	三
上博（四）	柬大王泊旱 p196	庶/遮	書/章	鐸/魚	御/麻	三

---

[117]「畱（弔）/叔」通假字組亦分別見於上博（五）競建內之 p166、p171、p172、p175，鮑叔牙與隰朋之諫 p188、p190。

上博（一）	紂衣 p174	峇（止）/ 詩[118]	章/書	之	止/之	三
上博（一）	孔子論詩 p123	峇（止）/ 詩[119]	章/書	之	止/之	三
上博（二）	民之父母 p158	志/詩[120]	章/書	之	志/之	三
上博（二）	容 成 氏 p290	者/捨	章/書	魚	馬/碼	三
郭店	成之聞之 簡 16-17	徙（遮）/ 庶	章/書	魚	麻/御	三
郭店	窮達以時 簡 4-5	戰/守[121]	章/書	元/幽	線/有	三
包山	簡 257	庶/煮	書/章	魚	御/語	三

　　免殷、衛盉、五祀衛鼎所見「者」字均讀作「書」。王孫遺者
鐘，「遺者」即楚莊王子公子「追舒」。馬王堆帛書《老子》乙本
《道經》：「是以耼（聖）人去甚去大去諸。」（王輝 2008：108；
109）「諸」甲本作「楮」，通行本作「奢」。「楮」字有丑呂切、當
古切二讀，諸、楮、奢俱从「者」得聲，音應相近。「者書舒諸楮
奢」通假關係，顯示書母*hlj-與端*t-、章*tj-、透*r-tʰj-的舌尖音聲
母關係。各字語音地位如下表：

---

[118]　「峇（止）/詩」通假字組亦分別見於上博（一）紂衣 p176 二處、p179、p181、
p183、p184、p188、p192 二處、p196 二處、p197、p198。

[119]　「峇（止）/詩」通假字組亦分別見於上博（一）性情論 p230 二處。

[120]　「志/詩」通假字組亦分別見於上博（二）民之父母 p158、p164。

[121]　王輝（2008：209）認為「戰」也可能為「獸」字之誤。若如此，則「獸」字
為幽部書母字，與「守」字為同音通假。

通假字	中古	上古
者	章馬（假開三上）	章魚
書	書魚（遇開三平）	書魚
舒	書魚（遇開三平）	書魚
諸	章魚（遇開三平）	章魚
楮	徹語（遇開三上）	透魚
楮	端姥（遇開一上）	端魚
奢	書麻（假開三平）	書魚

　　書母與定（澄）母、船、禪母通假，書母爲*hlj-，其與定（澄）母、船、禪母通假，再次證明d、l語音性質相近。

【楚簡書定通假】

出處	篇名	借字/本字	上古聲	上古韻	中古韻	等第
上博（三）	中弓 p272	悠（佗）/弛	定/書	歌	歌/紙	一/三
上博（一）	性情論 p230	箸/書[122]	定/書	魚	御/魚	三
上博（三）	彭祖 p307	澤/釋	定/書	鐸	陌/昔	二/三
上博（二）	容成氏 p266	穜/舂	定/書	東	鍾	三

---

[122] 「箸/書」通假字組亦分別見於上博（一）性情論 p230；上博（五）姑成家父 p245、p246、p249，君子爲禮 p264；上博（七）武王踐阼 p152 二例、p153 三例、p163 二例、p164，凡物流形（乙本）p278；信陽楚簡三「教箸」即「教書」；又包山楚簡三：「凡君子二夫，，敓（罪）是其箸之。」又郭店楚簡《性自命出》簡一五~一六：「《時（詩）》、《箸》、《豊（禮）》、《樂》，其司（始）皆生於人……。」

上博（四）曹沫之陳 p252	啻/敵[123]	書/定	錫	賨/錫	三/四
上博（一）紂衣 p184	緟（申）/陳	書/定	真	真	三
上博（一）紂衣 p195	迪（申）/陳	書/定	真	真	三
上博（二）容成氏 p292	申/陳	書/定	真	真	三
上博（四）曹沫之陳 p245	戕（申）/陳[124]	書/定	真	真	三
上博（五）競建內之 p169	躲（矢）/雉	書/定	脂	旨	三
上博（五）弟子問 p276	時（詩）/待	書/定	之	之/海	三/一
信陽　簡3	箸/書	定/書	魚	御/魚	三

【楚簡書船通假】

出處	篇名	借字/本字	上古聲	上古韻	中古韻	等第
上博（三）	周易 p145	殢（示）/尸[125]	船/書	脂	至/脂	三

---

[123] 「啻/敵」通假字組亦見於上博（四）曹沫之陳 p277。
[124] 「戕（申）/陳」通假字組亦分別見於上博（四）曹沫之陳 p252 二處、p255 三處、p258、p271、p272、p277；上博（六）天子建州 p335。
[125] 「殢（示）/尸」通假字組，上博（三）周易 p145 尚見另一例。

上博（二）	從政（乙篇）p235	勅（乘）/勝[126]	船/書	蒸	蒸	三
上博（四）	柬大王泊旱 p196	乘/勝	船/書	蒸	蒸	三
郭店	窮達以時簡8	射/舍	船/書	魚	禡/馬	三

【楚簡書禪通假】

出處	篇名	借字/本字	上古聲	上古韻	中古韻	等第
上博（二）	魯邦大旱 p210	厔（石）[127]/庶	禪/書	鐸	昔/御	三
上博（四）	相邦之道 p236	厎（石）/庶	禪/書	鐸	昔/御	三
上博（六）	莊王既成申公臣靈王 p244	賣（尙）/賞	禪/書	陽	漾/養	三
上博（五）	君子爲禮 p256	峕（詩）/侍	書/禪	之	之/志	三
上博（六）	慎子曰恭儉 p279	峕（詩）/時	書/禪	之	之	三

　　「峕（詩）/待」、「峕（詩）/侍」、「峕（詩）/時」三組通假字組，「詩」字既通定母「待」，也通禪母「侍時」，一方面顯示定、

---

[126] 「勅（乘）/勝」通假字組亦分別見於上博（三）周易 p176；上博（四）曹沫之陳 p254 二處、p269、p274、p275、p277。

[127]原書注：從石、從众，字書所無，文獻中從石得聲字常與從庶得聲字通假。

禪音同源，另方面也平行於諧聲關係；書母字「弛啻」與定母字「佗敵」通假，顯示現代音tʂʰ35、tʂʰ51 塞擦音的讀法，即*hlj->tʂʰ-是有別於*hlj->ʂ-的另一種音變類型。從弛、啻二字的諧聲字來看，如池馳拖、敵嫡，也可看出它們與塞音、塞擦音關係密切。現代漢語方言書母字多有讀塞擦音者，如閩南方言「鼠叔書」皆讀舌尖塞擦音 ts-或tsʰ-。下表書初通假的「箬（啻）/策」亦可佐證書母有塞擦音的演變類型。

【楚簡書日通假】

出處	篇名	借字/本字	上古聲	上古韻	中古韻	等第
上博（一）p180	紂衣	息（身）/仁[128]	書/日	真	真	三

【楚簡書初通假】

出處	篇名	借字/本字	上古聲	上古韻	中古韻	等第
上博（四）p277	曹沬之陳	箬（啻）/策	書/初	錫	寘/麥	三/二

【楚簡書生通假】

出處	篇名	借字/本字	上古聲	上古韻	中古韻	等第
上博（三）	周易	塌（少）/	書/生	宵/歌	小/麻	三/二

---

[128] 「息（身）/仁」通假字組亦分別見於上博（一）紂衣 p180、p181、p197，性情論 p255、p256、p267 二處、p268 二處；上博（二）從政(甲篇)p217、p219、p221、p224，從政(乙篇)p236、p237；上博（五）鮑叔牙與隰朋之諫 p187，季庚子問於孔子 p202、p206，君子為禮 p254，弟子問 p274、p281，三德 p310；上博（六）競公瘧 p186，孔子見季趄子 p200、p202、p203、p204 二處、p205、p207 四處、p208、p209，慎子曰恭儉 p281；上博（七）武王踐阼 p154 四處、p155 二處。

	p138	沙				

　　楚簡書母與舌根音曉、匣、疑通假雖然例子較少，但仍說明邊音清化過程中摩擦成分所產生的作用。「轟/馨」通假一例也見於經師注疏，《禮記‧祭義》「燔燎羶薌」，鄭注：「羶當爲馨，聲之誤也」，「轟」、「羶」異文，可與「轟/馨」通假互相印證。所謂「聲之誤」恰是方音的記錄。「惑/赦」通假一例，可與「赦」「郝」諧聲、「惑」「國」諧聲並看，書母爲*hlj-、曉母爲*x-、匣母字走*g->*ɣ-的音變路線，故書匣能夠通假。

【楚簡書曉通假】

出處	篇名	借字/本字	上古聲	上古韻	中古韻	等第
上博（一）	孔子論詩 p125	紳/壎	書/曉	真/文	真/元	三
上博（一）	性情論 p239	轟/馨	書/曉	元/耕	仙/青	三/四
上博（二）	民之父母 p171	虖（虍）/恕	曉/書	魚	模/御	一/三

【楚簡書匣通假】

出處	篇名	借字/本字	上古聲	上古韻	中古韻	等第
上博（三）	中弓 p268	惑/赦[129]	匣/書	職/鐸	德/禡	一/三

【楚簡書疑通假】

---

[129] 「惑/赦」通假字組亦見於上博（三）中弓 p270。

出處	篇名	借字/本字	上古聲	上古韻	中古韻	等第
上博（一）	性情論 p224	埶（執）/ 勢[130]	疑/書	月	祭	三

2.6 舌尖鼻音通假現象

舌尖鼻音的通假情形計有心日、泥日、明日三類。與日母*nj-通假的心母字擬作*snj-；泥日通假顯示楚簡裡日母仍是*n-鼻音；明/日通假各組都有字形上的關係，韻部相同（或相近），在楚簡中應是語音相近而通假。

2.6.1 心母與日母

【楚簡心日通假】

出處	篇名	借字/本字	上古聲	上古韻	中古韻	等第
上博（二）	容成氏 p251	需/儒	心/日	侯	虞	三
上博（三）	周易p138	孤（孺）/ 需[131]	日/心	侯	遇/虞	三
包山	簡265	鑐/膈	心/日	侯	虞	三

「需/儒」通假也見於《山海經·中山經》：「來需之水。」《水

---

[130] 「埶（執）/勢」通假字組亦分別見於上博（一）性情論 p227、p228 二處；上博（三）周易p171。
[131] 「孤（孺）/需」通假字組亦分別見於上博（三）周易p138 另外四處。

經注・伊水》引「需」作「儒」。（王輝 2008：144）心母「需」字在馬王堆帛書《春秋事語・晉獻公欲襲虢章》通作「儒」。馬王堆帛書《六十四卦》有襦卦，即今通行本需卦。馬王堆帛書《六十四卦・歸妹》：「歸妹以嬬，〔反〕歸以第（娣）。」通行本《易》作「須」。（王輝 2008：144；150）「需/儒」、「襦/需」、「嬬/須」語音關係如下表所示，可看出泥、日無別，心母與泥、日一樣密切：

通假字	中古	上古
需	心虞〈遇合三平〉	心侯
儒	泥過（果合一去）	泥侯
襦	日虞（遇合三平）	日侯
嬬	日虞（遇合三平）	日侯
須	心虞〈遇合三平〉	心侯

2.6.2 日母與明母

【楚簡日明通假】

出處	篇名	借字/本字	上古聲	上古韻	中古韻	等第
上博（二）	容成氏 p279	閏（聞）/門	日/明	真/文	稕/魂	三/一
上博（四）	曹沫之陳 p244	惡（爾）/彌	日/明	脂	紙/支	三
上博（三）	中弓 p295	矛/柔[132]	明/日	幽	尤	三
郭店	老子甲簡	狨/柔	明/日	幽	尤	三

---

[132] 「矛/柔」通假字組亦見於上博（五）三德 p322。

| | 33 | | | | | |

日、明通假各組字都有諧聲關係。「矛/柔」通假字組也見於郭店楚簡《五行》簡四一~四二：「矛，惥（仁）之方也。『不強不株，不強不矛』，此之胃（謂）也。」「矛」馬王堆帛書本《五行》作「柔」。《詩·商頌·長發》，毛詩作：「不競不絿，不剛不柔。」。睡虎地秦簡《司空》：「令縣及都官取柳及木楺可用書者，方之以書；毋（無）方者乃用版。」（王輝 2008：203）「楺」通作「柔」。「楺」《說文》：「車歷錄束文也。从木，柔聲。」「柔」又从「矛」聲。「楺/柔」語音關係如下：

通假字	中古	上古
楺	明屋（通合一入）	明覺
柔	日尤（流開三平）	日幽

2.6.3 泥母與日母

【楚簡泥日通假】

出處	篇名	借字/本字	上古聲	上古韻	中古韻	等第
上博（五）	君子爲禮 p259	屒（耳）/尼[133]	日/泥	之/脂	止/脂	三
上博（二）	容成氏 p260	槈（辱）/耨	日/泥	屋	燭/候	三一
上博（二）	容成氏	戎/農	日/泥	冬	東/冬	三一

---

[133] 「屒（耳）/尼」通假字組亦見於上博（五）君子爲禮 p261。

	p250					
上博（六）	競公瘧 p188	若/諾	日/泥	鐸	藥/鐸	三/一
上博（一）	孔子論詩 p130	女/如[134]	泥/日	魚	語/魚	三
上博（三）	中弓 p265	女/汝[135]	泥/日	魚	語	三
上博（二）	魯邦大旱 p206	女/若[136]	泥/日	魚/鐸	語/藥	三
上博（一）	紂衣 p195	內/入[137]	泥/日	物/緝	隊/緝	一/三
上博（四）	逸詩 p178	奴/如[138]	泥/日	魚	模/魚	一/三

---

[134] 「女/如」通假字組亦分別見於上博（一）孔子論詩 p130、p131、p150、p151、p157，紂衣 p174 二處、p184、p187、191 三處，性情論 p239、p240 四處、p243、p248 二處、p272 二處、p273、p275；上博（二）民之父母 p154，子羔 p192、p198，魯邦大旱 p205、p206、p208、p209、p210，昔者君老 p243，容成氏 p263、p280 二處、p289；上博（三）周易 p151 二處、p287、p212，中弓 p269、p270、p271；上博（四）柬大王泊旱 p199、p206，相邦之道 p237 二處，曹沬之陳 p251 二處、p255、p257、p258、p260、p264、p265、p266、p268、p280、p281、p283；上博（五）鮑叔牙與隰朋之諫 p184、p188，季庚子問於孔子 p218、p221、p225，姑成家父 p245、p248，弟子問 p272 二處、p278 三處，三德 p288、p290；上博（六）競公瘧 p178，孔子見季趄子 p202、p203、p204、p214、p218、p220，莊王既成申公臣靈王 p245、p249，平王問鄭壽 p259、p262。

[135] 「女/汝」通假字組亦分別見於上博（三）中弓 p266、p267、p274、p278、p282，彭祖 p305 二處、p306、p307；上博（四）柬大王泊旱 p198；上博（五）姑成家父 p243，君子爲禮 p254，弟子問 p273、p276、p281，三德 p316；上博（六）競公瘧 p166。

[136] 「女/若」通假字組，上博（二）魯邦大旱 p206 尚見另一例。

[137] 「內/入」通假字組亦分別見於上博（一）性情論 p222、p234、p239、p243；上博（二）昔者君老 p243 二處、p244，容成氏 p257、p275、p280、p284；上博（四）昭王毀室昭王與龔之脽 p182、p283、p287，柬大王泊旱 p213，曹沬之陳 p243；上博（五）鮑叔牙與隰朋之諫 p184、p189，三德 p295；上博（六）競公瘧 p169；上博（七）凡物流行（甲本）p265。

[138] 「奴/如」通假字組亦分別見於上博（四）逸詩 p178 另外四處。

| 上博（三） | 周易 p212 | 絮（奴）/ 袽（如） | 泥/日 | 魚 | 模/魚 | 一/三 |
| 上博（二） | 容成氏 p278 | 溺/弱[139] | 泥/日 | 藥 | 錫/藥 | 四/三 |

　　上博楚簡「女/如」通假也出現穆公簋蓋、鄂君啓舟節、鄂君啓車節、中山王𗧊大鼎、中山胤嗣婦𧊒圓壺、郭店楚簡《唐虞之道》簡二、郭店楚簡《魯穆公問子思》簡一、長沙子彈庫楚帛書丙篇。（王輝 2008：104）「女/汝」通假，也出現在令鼎：「余其舍女臣十家。」、馬王堆帛書《老子》甲本卷後古佚書《五行》。在汝陽戟則爲「汝/女」通假，「汝陽」，《漢書‧地理志》汝南郡作「女陽」，《後漢書‧郡國志》作「汝陽」。（王輝 2008；96）

　　泥、日通假也出現在史牆盤：「上帝司夒尤保受天予□命、厚福、豐年。」「夒」字爲李學勤所隸定，讀爲「柔」。啓卣：「啓從征，堇（謹）不夒。」「夒」何琳儀讀「擾」。（王輝 2008；203）馬王堆帛書《足臂十一筋灸經‧足泰（太）陽筋》「泪/衂」通假。「夒/柔」、「夒/擾」、「泪/衂」語音關係如下：

通假字	中古	上古
夒	泥豪（效開一平）	泥幽
柔	日尤（流開三平）	日幽
擾	日小（效開三上）	日幽
泪	日屋（通合三入）	日覺
衂	泥屋（通合三入）	泥覺

---

[139] 「溺/弱」通假字組亦見於上博（五）姑成家父 p249。

2.6.4 日母與喻三、喻四

除了心日、明日、泥日之外，還有喻三、日通假，出現在馬王堆帛書《老子》甲本《道經》：「友弱勝強，魚不脫於瀟（淵），邦利器不可以視（示）人。」「友」通作「柔」。「友/柔」通假為喻三、日的關係。現今喻三「榮」字讀ʑuəŋ35，與日母字「絨戎茸」、喻四字「融肜容溶熔蓉榕」同音，可見「友/柔」通假並不突兀，其語音關係如下表所示。

通假字	中古	上古
友	喻三有（流開三上）	喻三之
柔	日尤（流開三平）	日幽

喻四與日母的接觸雖較為少見，但仍可能是*l- 與*nj-的關係，若「擾」、「柔」二字在楚簡裡也有*l-的音讀變體，就如閩南方言一般，那麼「舀/擾」能夠通假就不足為奇。

【楚簡日喻四通假】

出處	篇名	借字/本字	上古聲	上古韻	中古韻	等第
上博（五）	季庚子問於孔子 p210	舀/擾	喻四/日	幽	小	三
上博（二）	容成氏 p279	柔（柔）/瑤	日/喻四	幽/宵	尤/宵	三

2.7 清鼻音聲母通假現象

　　清鼻音通假字涉及雙唇、舌尖、舌根三個部位，具體的聲類關係包括明/曉、疑/曉、透/曉、疑/書、泥/書、泥/透。鄭張尚芳（2003：109-111）主張清鼻音、清流音應分兩類，變送氣清塞音的自成一類，變擦音的來自前帶喉冠音h-的複聲母。依下列表中的通假字組來看，如「海晦悔誨婚婚」為*hm-，「漢」為*hn-，「犧虍忻」為*hŋ-，「勢」為*hnj-，「恕」為*hnj-，「態愿灘嘆」為*nh-。

2.7.1 雙唇清鼻音

【楚簡明曉通假】

出處	篇名	借字/本字	上古聲	上古韻	中古韻	等第
上博（二）	民之父母 p164	洺（母）/ 海[140]	明/曉	之	厚/海	一
上博（三）	中弓 p295	晦（母）/ 晦[141]	明/曉	之	厚/隊	一
上博（四）	曹沫之陳 p279	啓（母）/ 悔[142]	明/曉	之	厚/賄	一
上博（三）	周易 p155	愍（母）/ 悔[143]	明/曉	之	厚/賄	一
上博（二）	從政（乙	愍（母）/	明/曉	之	厚/隊	一

---

[140] 「洺（母）/海」通假字組亦分別見於上博（二）民之父母 p172，容成氏 p254 二處、p257、p264、p265、p269、p270 二處、p282。

[141] 「晦（母）/晦」通假字組亦見於上博（五）三德 p327。

[142] 「啓（母）/悔」通假字組亦見於上博（四）曹沫之陳 p283。

[143] 「愍（母）/悔」通假字組亦分別見於上博（三）周易 p155、p163、p171、p173、p174、p202、p209 二處、p279、p281、p287、p294 二處；上博（六）孔子見季趄子 p223。

	篇)p236	誨				
上博（二）	容成氏 p252	娸（某）/ 誨	明/曉	之	厚/隊	一
上博（七）	武王踐阼 p158	母/誨	明/曉	之	厚/隊	一
上博（二）	民之父母 p154	䎽（昏）/ 問[144]	曉/明	文	魂/問	一/三
上博（二）	民之父母 p161	䎽（昏）/ 聞[145]	曉/明	文	魂/文	一/三
上博（六）	孔子見季 桓子 p214	睧（昏）/ 問[146]	曉/明	文	魂/問	一/三
上博（一）	紂衣 p194	睧（昏）/ 聞[147]	曉/明	文	魂/文	一/三
上博（二）	容成氏 p279	昏/岷	曉/明	文/真	魂/真	一/三
上博（一）	孔子論詩 p124	昏/問[148]	曉/明	文	魂/問	一/三

---

[144] 「䎽（昏）/問」通假字組亦分別見於上博（二）民之父母 p154、p258、p261。

[145] 「䎽（昏）/聞」通假字組亦分別見於上博（二）民之父母 p163、p169；上博（五）姑成家父 p241、p244；上博（七）武王踐阼 p151、p155、p162 二處、p163。

[146] 「睧（昏）/問」通假字組亦分別見於上博（六）孔子見季桓子 p217，平王與王子木 p269。

[147] 「睧（昏）/聞」通假字組亦分別見於上博（六）孔子見季桓子 p198、p199、p200、p205、p208、p218。

[148] 「昏/問」通假字組亦分別見於上博（一）孔子論詩 p124；上博（二）子羔 p192 二處；上博（三）中弓 p266、p270、p271，彭祖 p304 二處、p305 三處；上博（四）相邦之道 p235、p237 二處；上博（五）競建內之 p166、p169，季庚子問於孔子 p200、p202，弟子問 p274；上博（六）競公瘧 p171，莊王既成申公臣靈王 p242、p244；上博（七）鄭子家喪（甲本）p175。

上博（一）	孔子論詩 p124	昏/聞[149]	曉/明	文	魂/文	一/三
上博（一）	性情論 p239	䎽（昏）/聞[150]	曉/明	文	魂/文	一/三
上博（二）	容成氏 p287	䎽（昏）/問[151]	曉/明	文	魂/問	一/三
仰天湖	簡18	鄦/舞	曉/明	魚	語/麌	三
璽彙	〇二六九	吘/無	曉/明	魚	虞	三

　　雙唇清鼻音擬作*hm-，與之通假的明（微）母字擬作*m-。自從董同龢先生標舉以來，這種語音關係已是眾所周知的古音現象。楚地竹簡、璽印文字的明、曉通假極為常見，顯示來自雙唇

<hr>

[149] 「昏/聞」通假字組亦分別見於上博（一）性情論p239、p256二處；上博（二）子羔p187；上博（三）中弓p264、p267、p269、p271、p274二處，彭祖p308；上博（四）昭王毀室昭王與龔之脽p189二處；上博（五）季庚子問於孔子p211、p215二處、p226；上博（六）競公瘧p187。

[150] 「䎽（昏）/聞」通假字組亦分別見於上博（二）從政(甲篇)p215、p217、p219、p222、p223、p224、p226、p229、p231二處，從政(乙篇)p234、p235二處、p236、p237，昔者君老p246二處，容成氏p259、p280、p287二處、p288；上博（三）周易p187；上博（四）柬大王泊旱p213，曹沫之陳p246、p248、p249、p252、p254、p261、p269、p270、p282、p283、p284二處、p285；上博（五）君子為禮p256，弟子問p271、p272、p273、p277、p281二處，三德p322、p327；上博（六）用曰p303，天子建州p323、p336；上博（七）凡物流形（甲本）p247。

[151] 「䎽（昏）/問」通假字組亦分別見於上博（四）柬大王泊旱p202、p204、p214，曹沫之陳p251三處、p257、p265、p266、p270、p271、p272、p273、p274二處、p276、p278二處、p279、p282；上博（五）季庚子問於孔子p200，君子為禮p256、p261，弟子問p276；上博（七）凡物流形（甲本）p226、p238、p244、p259、p260、p261、p266，凡物流形（乙本）p273、p276、p277、p280、p282、p283。

清鼻音的曉母字仍未變成舌根清擦音，故得以常常與雙唇鼻音字
通假。

2.7.2 舌尖清鼻音

【楚簡透曉通假】

出處	篇名	借字/本字	上古聲	上古韻	中古韻	等第
上博（二）	容成氏 p271	灘/漢[152]	透/曉	元	寒/翰	一

【楚簡泥書通假】

出處	篇名	借字/本字	上古聲	上古韻	中古韻	等第
上博（五）	競建內之 p172	忞（女）/恕	泥/書	魚	語/御	三

【楚簡泥透通假】

出處	篇名	借字/本字	上古聲	上古韻	中古韻	等第
上博（二）	容成氏 p273	能/態	泥/透	之	登/代	一
上博（二）	容成氏 p276	匿/慝[153]	泥/透	職	職/德	三/一

---

[152] 「灘/漢」通假字組亦見於上博（二）容成氏 p272。

[153] 「匿/慝」通假字組亦見於上博（六）競公瘧 p176。

| 上博（五） | 弟 子 問
p269 | 戁（難）/
嘆[154] | 泥/透 | 元 | 潸/翰 | 二/一 |

「灘/漢」通假擬作*nh->tʰ與*hn->x-；「忞（女）/恕」通假擬作*r-nj-與*hnj-；泥透通假各組的語音關係應爲*n-、*r-nj-與*nh-。

2.7.3 舌根清鼻音

【楚簡疑曉通假】

出處	篇名	借字/本字	上古聲	上古韻	中古韻	等第
上博（五）	鮑叔牙與 隰朋之諫 p184	犤（我）/ 犧	疑/曉	歌	哿/支	一/三
上博（六）	競 公 瘧 p178	垴/訏	疑/曉	侯/魚	虞	三
上博（一）	孔子論詩 p133	虛（虍）/ 吾[155]	曉/疑	魚	模	一

---

[154] 「戁（難）/嘆」通假字組亦見於上博（六）孔子見季趄子 p224。

[155] 「虛（虍）/吾」通假字組亦分別見於上博（一）孔子論詩 p133、p145、p149、p150 四處、p151 四處、p152、p153、p157；上博（四）采風曲目 p165、p170，昭王毀室昭王與龔之脾p190 二處，柬大王泊 p199、p202，相邦之道 p237 二處，曹沫之陳 p249、p251、p277、p282、p284 二處，競建內之 p172、p174；上博（五）季庚子問於孔子 p218，姑成家父 p241、p243 二處、p244 三處、p246 三處，君子爲禮 p254、p256 三處、p261，弟子問 p271 二處、p272、p273、p276 二處、p280、p281，三德 p318 三處，中弓 p281 二處，子羔 p187，魯邦大旱 p206，容成氏 p288、

上博（二）容成氏 p282	虖（虍）/梧	曉/疑	魚	模	一
上博（二）容成氏 p278	虘（虍）/虐[156]	曉/疑	魚/藥	模/藥	一/三
上博（二）容成氏 p269	忻/沂	曉/疑	文/微	欣/微	三
包山 簡6	嚻/敖	曉/疑	宵	宵/豪	三/一
包山 簡257	嚻 / 爊（熬）	曉/疑	宵	宵/豪	三/一

　　「虖/吾」通假也見於郭店楚簡本《老子》甲簡二一~二二、郭店楚簡本《老子》乙簡七、信陽楚簡一‧〇一二，（王輝2008：83）顯見是個常見的語音關係。

　　出土楚文字多見楚官名「莫嚻」、「連嚻」，傳世文獻有作「若敖」者，如《左傳‧桓公十一年》有「莫敖屈瑕」、《通志‧氏族略三》有「若敖氏」、《戰國策‧楚策一》「莫敖大心」，《淮南子‧修務》「敖」作「嚻」。《史記‧曹相國世家》「大莫敖」，《漢書‧曹參傳》「敖」作「嚻」。《尚書‧序》：「仲丁遷于嚻。」《左傳‧宣公十二年》「嚻」作「敖」，《史記‧殷本紀》作「隞」。（王輝2008：160）「嚻/爊（熬）」通假也見於馬王堆帛書《五十二病方‧傷痓》：「治之，爊鹽令黃，取一斗……以熨頭。」以上通假關係，疑母

p290三處、p292；上博（六）競公瘧p163四處、p166二處、p169、p187二處，孔子見季趄子p205、p208，莊王既成申公臣靈王p242，平王問鄭壽p257，平王與王子木p269；上博（七）君人者何必安哉（乙本）p209、凡物流形（甲本）p230、p236五處、p238，凡物流形（乙本）p274二處、p275四處、p276二處、p279。
[156]「虘（虍）/虐」通假字組亦見於上博（五）競建內之p172。

字均可擬作*ŋ-，曉母字擬作*hŋ->x-（曉），表示這類曉母字的來源是舌根清鼻音。

此外，馬王堆帛書《春秋事語‧晉獻公欲得隋會章》還見「曉/繞」通假，「曉朝」一詞，傳世文獻《左傳‧文公十三年》，「曉朝」作「繞朝」。（王輝 2008：161）「繞」字屬日母，古音擬作*ŋlj->ȵ-與「曉」*hŋ->x-通假，「曉/繞」二字均宵部字。

2.8 中古匣母字的上古音讀

中古匣母字在楚簡的通假關係反映音變有類型差異。與見、溪、群母通假者應讀塞音層次；與曉母、書母關係密切者，讀擦音層次；與影母通假者，讀零聲母層次，喻三（云）的情形類似。從*gʷrj->*ɣj->jʷ-來看，如「戉（戈）衛」「遂（彔）/榮」、「舊/尤」，與舌根塞音通假，應是較保守的音讀；「雩（于）/雩」、「于/吁」、「韋/諱」喻三與曉母通假，喻三讀擦音；和疑母、影母通假，則是近於零聲母的音讀。

2.8.1 匣、喻三與舌根塞音

本節討論中古匣母、喻三與見、溪、群的關係，以證匣母、喻三在楚簡還有大量讀舌根濁塞音的音讀層次。

【楚簡匣喻三見通假】

出處	篇名	借字/本字	上古聲	上古韻	中古韻	等第
上博（二）	從政（甲	詨（爻）/	匣/見	宵	肴/效	二

篇）p217	教				
上博（六）慎子曰恭儉p279	生（讀若皇）/廣	匣/見	陽	唐/蕩	一
上博（二）容成氏p252	季/教[157]	匣/見	宵	看/效	二
上博（一）紂衣p198	臤/堅	匣/見	真	先	四
上博（六）孔子見季趄子p218	唁（看）/狡	匣/見	宵	看/巧	二
上博（一）紂衣p184	蕎（爻）/教[158]	匣/見	宵	看/效	二
上博（一）孔子詩論簡p152	孝（教）/傲	見/匣	宵	效	二
上博（二）容成氏p270	智（刑）/荊	匣/見	耕	青/庚	四/三
上博（二）子羔p192	含/今[159]	匣/見	侵	覃/侵	一/三
上博（一）紂衣p179	或/國[160]	匣/見	職	德	一

---

[157] 「季（爻）/教」通假字組亦分別見於上博（二）容成氏p257、p288；上博（三）中弓p274二處、中弓p275；上博（五）弟子問p269；上博（六）天子建州p332二處。

[158] 「蕎（爻）/教」通假字組亦分別見於上博（一）紂衣p188二處、p190；上博（二）從政（甲篇)p215、p228，從政（乙篇)p233、p236；上博（四）曹沬之陳p267、p269、p284；郭店楚簡緇衣簡二三~二四，郭店楚簡尊德義簡一二~一六。

[159] 「含/今」通假字組亦分別見於上博（二）容成氏p290；上博（三）中弓p274、p277二處、p281，子羔p192；上博（四）昭王毀室昭王與龔之胖p183，柬大王泊旱p203、p214；上博（五）競建內之p170，鮑叔牙與隰朋之諫p186，季庚子問於孔子p214、p221，姑成家父p244、p245，弟子問p280；上博（六）莊王既成申公臣靈王p249、p261；上博（七）鄭子家喪（甲本）p174二處，鄭子家喪（乙本）p183，君人者何必安哉（甲本）p203二處，君人者何必安哉（乙本）p211。

[160] 「或/國」通假字組亦分別見於上博（一）紂衣p181；上博（六）平王與王子木p269。

上博（三）	周易 p151	洨/交	匣/見	宵	肴	二
上博（四）	柬大王泊旱 p207	洨/詨（交）	匣/見	宵	肴	二
上博（三）	周易 p191	欽（今）/含	見/匣	侵	侵/覃	三/一
上博（六）	天子建州 p321	亙（从亙聲）/恆	見/匣	蒸	嶝/登	一
上博（六）	天子建州 p336	亙（亙）/恒	見/匣	蒸/元	嶝/桓	一
上博（四）	柬大王泊旱 p195	漧（乾）/旱[161]	見/匣	元	寒/旱	一
上博（四）	曹沫之陳 p280	怴（肱）/宏	見/匣	蒸	登/耕	一/二
上博（五）	三德 p297	褌（骨）/禍[162]	見/匣	物/歌	沒/果	一
上博（四）	曹沫之陳 p253	攼（干）/捍	見/匣	元	寒/翰	一
上博（三）	周易 p203	瑪（工）/鴻[163]	見/匣	東	東	一
上博（二）	子羔 p197	句/后[164]	見/匣	侯	侯/厚	一
上博（一）	性情論	句/後[165]	見/匣	侯	遇/厚	三/一

---

[161]「漧（乾）/旱」通假字組亦分別見於上博（四）柬大王泊旱 p204、p205、p210。

[162]「褌（骨）/禍」通假字組亦分別見於上博（五）三德 p297；上博（六）平王問鄭壽 p256。

[163]「瑪（工）/鴻」通假字組，上博（三）周易 p203 尚見另一例。

[164]「句/后」通假字組亦分別見於上博（二）子羔 198，容成氏 p272 二處；上博（五）三德 p294、p301。

	p220					
上博（一）	孔子論詩 p142	亙/恆[166]	見/匣	蒸	嶝/登	一
上博（四）	曹沫之陳 p275	亙/桓[167]	見/匣	蒸/元	嶝/桓	一
上博（六）	競公瘧 p180	夾/挾	見/匣	葉	洽/帖	二/四
上博（二）	魯邦大旱 p209	沽/涸[168]	見/匣	魚/鐸	模/鐸	一
上博（二）	容成氏 p270	沽/湖	見/匣	魚	模	一
上博（六）	用曰 p303	骨/滑	見/匣	物	沒/黠	一/二
上博（五）	三德 p293	蕫/限	見/匣	文	隱/產	三/二
上博（三）	周易 p185	𤓰（瓜）/狐	見/匣	魚	麻/模	二/一
上博（二）	子羔 p195	監/銜	見/匣	談	銜	二
上博（七）	武王踐阼 p157	檻/鑑	匣/見	談	鑑	二
上博（七）	君人者何必安哉（甲本）	䡄（旱聲）/姦	匣/見	元	旱/刪	一/二

[165]「句/後」通假字組亦分別見於上博（一）性情論 p220 二處、p234p239、p248、p249；上博（二）從政(甲篇)p226，昔者君老 p242，容成氏 p263、p265、p266、p280；上博（四）柬大王泊旱 p207，內豊 p228，曹沫之陳 p279；上博（五）弟子問 p275，三德 p288；上博（六）孔子見季趄子 p213。
[166]「亙/恆」通假字組亦分別見於上博（五）弟子問 p270；上博（六）用曰 p302。
[167]「亙/桓」通假字組亦見於上博（五）三德 p300。
[168]「沽/涸」通假字組亦見於上博（六）用曰 p291。

	p206				
上博（七）	吳命 p321	蓋/闔	見/匣	月/葉	泰/盍	一
郭店	老子甲簡36	后/厚	見/匣	侯	侯/厚	一
上博（三）	周易 p167	戉（戈）/衛	見/喻三	歌/月（祭）	戈/祭	一/三
上博（五）	三德 p316	邍（祭）/榮	見/喻三	元/耕	線/庚	三
上博（七）	凡物流形甲本 p241	軍/暈[169]	見/喻三	文	文/問	三

　　「句/后」、「句/後」二組通假可並看，除了上博楚簡之外，也見於馬王堆帛書《老子》；甲本《德經》：「失道矣而后德，失德而后仁，失仁而后義、〔失〕義而〔后禮〕。」乙本「后」字均作「句」，通行本作「後」。郭店楚簡《性自命出》簡一~二「句/後」通假。郭店楚簡《尊德義》簡七、郭店楚簡《緇衣》簡二二~二三「句/后」通假；傳世文獻《儀禮・士冠禮》：「古者五十而后爵。」《禮記・郊特性》「后」作「後」，（王輝 2008：136）可見「句后後」語音接近而通假，匣母字應該還讀*g-，故與見母字*k-頻繁通假，平行於舌根塞音相諧的諧聲條例。

　　「沽/湖」通假也見於散氏盤：「至于大沽」，「沽」讀為「湖」。鄂君啓舟節：「逾沽。」沽指洞庭湖。郭店楚簡《語叢四》簡一〇：「不見江沽之水。」「沽」也讀為「湖」。（王輝 2008：90）

　　「戉（戈）/衛」、「邍（祭）/榮」、「軍/暈」通假之例可並看，「軍/暈」一組亦有諧聲關係，顯示喻三字還讀*gʷrj-，因此可與同

---

[169]　「軍/暈」通假字組也見於凡物流形 p277。

部位塞音*k-通假、諧聲。

　　閩南方言讀「含滑」爲kam、kut，聲母爲塞音；國語音系「檻」字讀tɕian，聲母乃k-顎化而來。這些現象都證明*g-是中古匣母的源頭。

　　匣、見通假，出土與文獻可見之通假例證甚多。如馬王堆帛書《老子》乙本卷前古佚書《稱》：「誥誥作事」，「誥誥」讀爲「皓皓」。又馬王堆帛書《春秋事語·衛獻公出亡章》：「獻公使公子段胄（謂）寧召子曰：『后入我□，正（政）必〔寧〕氏之門出·蔡（祭）則我也。』」《左傳·襄公二十六年》記此事作：「以公命與甯喜言曰：『苟反，政由甯氏，祭則寡人。』」「后」通作「苟」。馬王堆帛書《六十四卦·屯》六二：「非寇闔厚」，「求闔厚」，通行本《易》「闔厚」作「婚媾」；又通行本《易·睽》上九：「匪寇婚媾。」帛書本媾亦作厚。馬王堆帛書《老子》甲本卷後古佚書《五行》，「笱」字皆讀爲先後之「後」。馬王堆帛書《五十二病方·癩》：「賁者一襄胡，潰者三襄胡。」《出土醫學簡帛札記》以爲「胡」讀爲「辜」。（王輝 2008：190；130；133；137；67）

　　命瓜君壺，「命瓜」即「令狐」；《左傳·文公七年》：「晉敗秦師于令狐，至于刳首。」《古璽彙編》三九八六有姓名私璽「命狐買」，則戰國之際「命瓜」已有作「命狐」者。《珍秦齋藏印·戰國篇》三三：「命孤瘁。」「命孤」即複姓「令狐」。江蘇盱眙縣南窰莊發現的圓壺圈足外銘文：「齊臧錢孤」，應讀作「齊藏戈弧」，「孤弧」通假。馬王堆帛書《六十四卦·乖（睽）》上九：「先張之柧」，通行本「柧」作「弧」；銀雀山竹簡《孫臏兵法·陳忌問壘》「將戰書柧」亦應作「弧」。（王輝 2008：87；88）

　　以上「誥/皓」、「后/苟」、「厚/媾」、「笱/後」、「瓜/狐」、「孤/狐」、「柧/狐」通假語音關係如下表所示：

通假字	中古	上古
誥	見号（效開一去）	見幽
皓	匣皓（效開一上）	匣幽
后	匣厚（流開一上）	匣侯
苟	見厚（流開一上）	見侯
厚	匣厚（流開一上）	匣侯
媾	見候（流開一去）	見侯
笱	見厚（流開一上）	見侯
後	匣厚（流開一上）	匣侯
胡	匣模（遇合一平）	匣魚
辜	見模（遇合一平）	見魚
瓜	見麻（假合二平）	見魚
狐	匣模（遇合一平）	匣魚
孤	見模（遇合一平）	見魚
弧	匣模（遇合一平）	匣魚
柧	見模（遇合一平）	見魚
弧	匣模（遇合一平）	匣魚

　　伯晨鼎所記王之賞賜物有「輕爻」，即「幬較」，俗字作「較」。馬王堆帛書《老子》甲：「吾將以為學父。」「學」通行本作「教」。銀雀山竹簡《孫子兵法・計》：「輕（經）之以五，效之以計」與睡虎地秦簡《效律》，其「效」字讀作「校」即考核、比較之意。戰國魏橋形布幣面文「高半釿」，「高」讀「鄗」。銀雀山竹簡《尉繚子・二》：「進迊（退）不槖，從適不禽。」宋本《尉繚子・攻

權》作：「進退不豪，縱敵不禽。」「槀」爲「稿」之俗體，通作「豪」。馬王堆帛書《老子》乙本卷前古佚書《經法・道法》：「虛無有，秋稾成之，必有刑（形）名。」「秋稾」即「秋毫」。（王輝 2008：156；157；162）

「爻/較（較）」、「學/教」、「效/校」、「高/鄗」、「稿/豪」、「稾/毫」的通假語音關係如下表所示：

通假字	中古	上古
爻	匣爻（效開二平）	匣宵
較（較）	見效（效開二去）	見宵
學	匣覺（江開二入）	匣覺
教	見效（效開二去）	見宵
效	匣效（效開二去）	匣宵
校	見效（效開二去）	見宵
高	見豪（效開一平）	見宵
鄗	匣皓（效開一上）	匣宵
稿	見皓（效開一上）	見宵
豪	匣豪（效開一平）	匣宵

【楚簡匣喻三溪通假】

出處	篇名	借字/本字	上古聲	上古韻	中古韻	等第
上博（二）	從政（甲篇）p219	愯（爰）/寬[170]	喻三/溪	元	元/桓	三/一

---

[170] 「愯（爰）/寬」通假字組，上博（二）從政(甲篇)p219 尚見另一例。

上博（二）容 成 氏 p264	蝨（可）/苛[171]	溪/匣	歌	哿/歌	一
上博（三）周易 p168	牁（可）/何	溪/匣	歌	哿/歌	一
上博（一）孔子論詩 p124	可/何[172]	溪/匣	歌	哿/歌	一
上博（七）君人者何必安哉甲本 p206	渓（溪之或體）/繫	溪/匣	支	齊/霽	四

　　喻三、溪母通假還見於江陵張家山漢簡《脈書》：「在齒，痛，爲蟲禹；其癰，爲血禹。」「禹」讀爲「齲」。傳世文獻《史記‧扁鵲倉公列傳》：「濟北王遣太醫高期王禹學。」集解引徐廣曰：「禹一作齲。」（王輝 2008：67）今查《廣韻》齲，驅雨切，爲溪母字。唐作藩《上古音手冊》歸屬影紐，今改。「禹/齲」二字通假的語音關係如下表所示：

---

[171] 「蝨（可）/苛」通假字組亦分別見於上博（二）容成氏 p276；上博（六）競公瘧 p176。

[172] 「可/何」通假字組亦分別見於上博（一）孔子論詩 p130 二處、p131、p150；上博（二）民之父母 p154、p158、p161、p164，子羔 p184、p192，魯邦大旱 p205、p210，容成氏 p288；上博（三）周易 p160、p181，中弓 p266、p269、p270、p271，彭祖 p304 二處、p306；上博（四）昭王毀室昭王與龔之脾 p189，柬大王泊旱 p204 二處、p210，相邦之道 p237，曹沫之陳 p255、p257、p258、p265 二處、p266；上博（五）競建內之 p169，季庚子問於孔子 p202，姑成家父 p245、p246，上博（五）君子爲禮 p256 二處，三德 p300；上博（六）競公瘧 p186，莊王既成申公臣靈王 p251，平王問鄭壽 p257、p261、p262，平王與王子木 p269 三處；上博（七）武王踐阼 p158、p159，鄭子家喪（甲本）p174，君人者何必安哉（甲本）p205 二處、p206，君人者何必安哉（乙本）p212、p213，凡物流形（甲本）p236 二處、p241 四處，凡物流形（乙本）p276 四處、p283。

通假字	中古	上古
禹	喻三麌（遇合三上）	喻三魚
齲	溪麌（遇合三上）	溪魚

【楚簡匣喻三群通假】

出處	篇名	借字/本字	上古聲	上古韻	中古韻	等第
上博（六）	孔子見季趄子 p224	㥁（還）/睘	匣/群	元/耕	刪/清	二/三
上博（二）	容成氏 p285	穚（喬）/鎬	群/匣	宵	宵/皓	三/一
上博（二）	容成氏 p287	喬/鎬[173]	群/匣	宵	宵/皓	三/一
上博（六）	孔子見季趄子 p220	舊/尤	群/喻三	之	宥/尤	三
上博（二）	從政(甲篇)p224	㝵（臼）/學[174]	群/匣	幽/覺	有/覺	三/二
上博（二）	凡物流形甲本 p247	含/禽[175]	匣/群	侵	覃/侵	一/三

　　「㥁（爰）/寬」、「舊/尤」二組通假，平行於上述見母與喻三通假，其音韻意義皆在展現喻三字的確有舌根塞音的源頭，故能與見、溪、群母通假。

---

[173] 「喬/鎬」通假字組亦分別見於上博（二）容成氏 p288 二處。
[174] 「㝵（臼）/學」通假字組亦分別見於上博（三）中弓 p278、p280 二處、p281。
[175] 「含/禽」通假字組亦分別見於上博（七）凡物流形（甲本）p247，凡物流形（乙本）p277。

2.8.2 匣、喻三與舌根擦音

此節的匣、喻三與曉母通假，表現不同於與舌根塞音通假的音變類型。若以擬音表示，即是*g->ɣ-（匣）、*gʷrj->ɣj-（喻三）與*x->x-（曉）的通假關係。亦即「喻三古歸匣」的類型。據此觀之，匣、喻三的擦音讀法在楚地即已大量出現。從「興」之字與「熊」字通假，也可說明閩南方言把「熊」字讀爲him24，國語音系讀爲ɕyuŋ35（或ɕyŋ35），反映的是喻三字讀擦音的音變類型，而閩南方言的韻母-im，與侵部讀音相同，表示閩方言保留了較早的音讀層次。楚簡中「熊」字與從「興」之字通假，表示韻尾應爲同類，或都爲-m，說明蒸部字有來自雙唇鼻尾韻者，或都爲-ŋ，如國語音系「熊」、「興」即是舌根鼻尾韻音變類型的承襲。

【楚簡匣喻三曉通假】

出處	篇名	借字/本字	上古聲	上古韻	中古韻	等第
上博（五）	鮑叔牙與隰朋之諫 p189	雩（于）/雩	喻三/曉	魚	虞	三
上博（三）	彭祖 p305	于/吁	喻三/曉	魚	虞	三
上博（六）	天子建州 p332	韋/諱	喻三/曉	微	微/未	三
上博（三）	周易 p209	鵍（爰）/渙[176]	喻三/曉	元	元/換	三/一
上博（二）	容成氏 p266	澗（興）/熊	曉/喻三	蒸	蒸/東	三

---

[176]「鵍（爰）/渙」通假字組亦分別見於上博（三）周易 p209 二處、p210 三處。

上博（六）	孔子見季趄子 p220	皇/恍	匣/曉	陽	唐/蕩	一
上博（二）	從政（甲篇)p228	禢（虎）/號[177]	曉/匣	魚/宵	姥/豪	一
上博（二）	容成氏 p284	㒥（儇）/圜	曉/匣	元	仙/刪	三/二
上博（二）	容成氏 p262	迖（化）/禍	曉/匣	歌	禡/果	二/一
上博（五）	競建內之 p174	祂（化）/禍	曉/匣	歌	禡/果	二/一
上博（二）	容成氏 p265	虍（虍）/號	曉/匣	魚/宵	模/豪	一
上博（一）	孔子論詩 p124	虗（虍）/乎[178]	曉/匣	魚	模	一
上博（一）	孔子論詩 p123	虍（虍）/乎[179]	曉/匣	魚	模	一
上博（三）	中弓 p281	唇（虎）/乎[180]	曉/匣	魚	姥/模	一

---

[177] 「禢（虎）/號」通假字組，上博（二）從政(甲篇)p228 尚見另一例。

[178] 「虗（虍）/乎」通假字組亦分別見於上博（一）紂衣 p190、p198；上博（二）魯邦大旱 p204、p208 二處、p209 二處；上博（四）昭王毀室昭王與龔之脽p186。

[179] 「虍（虍）/乎」通假字組亦分別見於上博（一）孔子論詩 p136、p137、p142；上博（二）容成氏 p253、p256、p258、p269、p270、p276 二處、p279、p280、p282 三處、p284、p285 二處、p287；上博（三）中弓 p274；上博（五）弟子問 p268 三處、p269 二處、p272 三處、p273 二處、p274、p276 二處。

[180] 「唇（虎）/乎」通假字組亦分別見於上博（四）柬大王泊旱 p197、p213、p215，相邦之道 p237；上博（五）弟子問 p278 二處、p279、p281；上博（六）競公瘧 p178 二處、p186，孔子見季趄子 p212。

上博（三）	周易 p187	唬（虎）/號[181]	曉/匣	魚/宵	姥/豪	一
上博（五）	三德 p318	虖/乎[182]	曉/匣	魚	禡/模	二/一
上博（一）	孔子論詩 p142	虖/乎[183]	曉/匣	魚	模	一
上博（四）	曹沫之陳 p276	虖/號	曉/匣	魚/宵	模/豪	一

　　「虖/乎」一組通假字也見於中山王䰠大鼎：「而皇（況）才（在）於少君虖！」「社禝（稷）其庶虖！」、馬王堆竹簡《十問》：「王子巧（喬）問彭祖曰：人氣何是為精虖？」、傳世文獻《詩・齊風・還》：「遭我乎猱之間兮。」《漢書・地理志》引「乎」作「虖」、《史記・汲鄭列傳》：「陷主於不義乎？」《漢書・汲黯傳》「乎」作「虖」。（王輝 2008：86）

　　此外，匣、喻三與曉母通假也見於馬王堆帛書《六十四卦・餘（豫）》六三：「杅餘，悔，遲有悔。」「杅」通行本《易》作「盱」。又殷墟甲骨文《鐵》五九・二，「乎」通作「呼」；頌鼎：「王乎史虢生冊命頌。」，「乎」也通作「呼」。陝西岐山縣鳳雛村出土西周甲骨文 H 一一・二 0：「祠自蒿于壹。」陝西周原考古隊《陝西岐山鳳雛村發現周初甲骨文》說：「蒿，地名，或指鎬京。」又睡虎地秦簡《日書》乙《行行祠》：「其譹曰大常行」，「譹」讀為「號」。

----

[181] 「唬（虎）/號」通假字組亦分別見於上博（三）周易 p189、p193、p210。
[182] 「唬/乎」通假字組亦分別見於上博（五）三德 p318、p320。
[183] 「虖/乎」通假字組亦分別見於上博（一）孔子論詩 p142、p152；上博（二）民之父母 p156、p158，容成氏 p251、p254、p255、p260 二處、p269、p270、p271、p287 三處、p290、p291；上博（四）曹沫之陳 p275、p276；上博（五）季庚子問於孔子 p218；上博（六）莊王既成申公臣靈王 p245 二處、p246、p249。

（王輝 2008：85；162；163）「杅/盰」、「乎/呼」、「蒿/鎬」、「謞/
號」通假語音關係如下表所示：

通假字	中古	上古
杅	喻三虞（遇合三平）	喻三魚
盰	曉虞（遇合三平）	曉魚
乎	匣模（遇合一平）	匣魚
呼	曉模（遇合一平）	曉魚
蒿	曉豪（效開一平）	曉宵
鎬	匣皓（效開一上）	匣宵
謞	曉覺（江開二入）	曉藥
號	匣號（效開一去）	匣宵

2.8.3 匣、喻三與舌根鼻音

【楚簡匣喻三疑通假】

出處	篇名	借字/本字	上古聲	上古韻	中古韻	等第
上博（三）	周易 p155	頬（矣）/疑	喻三/疑	之	止/之	三
上博（一）	性情論 p263	憑（爲）/僞[184]	喻三/疑	歌	支/真	三
上博（二）	從政（乙篇)p233	憍（爲）/僞	喻三/疑	歌	支/真	三

---

[184] 「憑（爲）/僞」通假字組亦分別見於上博（一）性情論 p265、p275；上博（四）
曹沫之陳 p265；上博（五）三德 p289。

上博（四）	曹沫之陳 p272	矣/疑[185]	喻三/疑	之	止/之	三
上博（二）	從政（乙篇)p235	惫（矣）/疑[186]	喻三/疑	之	止/之	三
上博（一）	性情論 p265	爲/僞	喻三/疑	歌	支/真	三
郭店	緇衣簡 39~40背	于/虞	喻三/疑	魚	虞	三
郭店	緇衣簡 7~8	夏/雅	匣/疑	魚	馬	二

　　「于/虞」通假也見於杕氏壺：「杕氏福□，歲□鮮于。」「鮮于」即「鮮虞」，入戰國後改稱中山。「鮮虞」之名，數見於《春秋經》及三傳。（王輝 2008：78）

　　「夏/雅」通假也見於江蘇丹徒縣大港背山頂出土達邡編鐘銘：「我以夏以南，中鳴媞（是）好。」「以夏以南」即傳世文獻《詩·小雅·鼓鐘》：「以雅以南。」夏即華夏，南即南音。《荀子·榮辱》：「越人安越，楚人安楚，君子安雅。」《荀子·儒效》：「居楚而楚，居越而越，居夏而夏。」同爲一書之異篇而異文互見，是「夏」、「雅」相通之證。《韓非子·外儲說右上》「公子夏」，《左傳·僖公二十八年》作「公子雅」。（王輝 2008：84）

　　匣、喻三與疑母通假還見於馬王堆帛書《六十四卦·中復（孚）初九：「杅吉，有它不寧。」通行本《易》作：「虞吉，有它不燕。」「杅」通作「虞」。睡虎地秦簡《法律答問》：「可（何）謂（率）

敖？」整理小組讀「率」爲「帥」，「敖」爲「豪」。（王輝 2008：
78；163）「杅/虞」、「敖/豪」通假語音關係如下表所示：

通假字	中古	上古
杅	云虞（遇合三平）	匣魚
虞	疑虞〈遇合三平〉	疑魚
夏	匣馬（假開二上）	匣魚
雅	疑馬（假開二上）	疑魚
敖	疑豪（效開一平）	疑宵
豪	匣豪（效開一平）	匣宵

2.8.4 匣、喻三與影母

【楚簡匣喻三影通假】

出處	篇名	借字/本字	上古聲	上古韻	中古韻	等第
上博（三）	周易 p191	悥（憂）/陰	影/喻三	幽/文	尤/文	三
上博（一）	孔子論詩 p146	韋/畏	喻三/影	微	微/未	三
上博（三）	周易 p151	悥（韋）/威	喻三/影	微	微	三
上博（二）	容成氏 p271	於/乎[187]	影/匣	魚	魚/模	三/一
上博（三）	周易 p193	斛/握	匣/影	屋	屋/覺	一/二

---

[187] 「於/乎」通假字組亦見於上博（二）容成氏 p275。

　　匣、喻三與影母通假可能反映匣、喻三零聲母化的音變類型。如閩方言讀「喉後」、「榮圍」為零聲母。除了上博楚簡通假字例之外，此類通假還見於中山胤嗣好盗圓壺：「隹司馬賙訢諸戰怼（怒），不敢寧處，逮（帥）師征郾（燕），大啓邦洿，枋（方）謱（數）百里，隹邦之榦。」「洿」讀為「宇」。（王輝 2008：90）「洿/宇」通假的語音關係如下表所示：

通假字	中古	上古
洿（汙）	影模（遇合一平）	影魚
宇	喻三麌（遇合三上）	喻三魚

2.9 小結

　　本章統一的觀點在提出楚簡聲母具有音變類型的差異，這是異讀層次產生的重要原因之一。聲母的討論特別關注的是現代漢語方言具有異讀，而中古聲母四等不全者，在楚簡通假字中大多能看到它們的蹤跡，指出可能的音讀來源或音變類型差異。例如邪母字，固然存在來源不同的問題，即使同一來源，如*sdj-，也還存在音變類型與音變速度快慢的差異。又如心母字的通假關係多，表現*s-詞頭存在於楚地聲母中，最終匯為中古心母。書母通假類型顯示現代漢語方言有塞擦音的讀法，如閩、客方言「鼠」字聲母皆為tsʰ-，也在楚簡中可見。

　　楚簡的喻四字仍有*gl-一讀，但以*l-讀法為多，表現在與邪母、心母及來母的通假關係中。帶有-l-、-r-的複聲母仍然在通假

字中有所表現。照三舌尖、舌根二源已有匯流交錯的趨勢，比秦漢簡帛通假字所觀察到的照三系二源的交互通假關係還早一些（李存智 1995）。

　　清鼻音仍豐富，雙唇、舌尖、舌根三部位皆備。清流音與透、書母的關係顯示鄭張尚芳清鼻音、清邊音的改擬可行。

　　匣母字有塞音、擦音及半元音的不同音讀，與閩方言四個音讀層次相較，再檢視現今國語音系殘留的零聲母、塞音層讀法，可知楚簡匣母字也應當具有不同的音讀層次。上述種種意謂上古的聲母與韻部的研究都無法迴避異讀層次存在的事實。

第三章　上博楚簡通假字陰聲韻部關係（一）

3.0 前言

　　本章討論幽、宵、侯、魚四部之外的陰聲韻部通假關係。透過上博楚簡通假字、其他出土文獻的同類通假字與傳世詩歌押韻相互參證，並借助歷史比較法的層次分析來研究漢語的上古之、脂、支、歌、祭、微的異部通假現象。漢語音韻史的研究，特別在古韻部系統的分布不平衡、上古元音的數量與元音圖上所呈現的類型、音值的構擬、合韻、跨韻部通假、韻尾變化・・・等問題上，一直存在較多的爭議。出土文獻的通假字，反映了我們在以往的研究中也發現的問題，如跨韻部的通假，在陰聲韻部可見之幽、之魚、之脂、之歌、脂魚、脂微、脂歌、支歌、侯魚、幽侯等通假字例；陽聲韻部有真文、文元、真元、耕真、歌元、侵談、冬東、冬侵・・・等現象。這些紛繁的異部通假現象，也出現在先秦兩漢的詩歌合韻，既有的上古音系架構無法合理解釋它們頻繁接觸的語音關係。研究楚簡通假字，有助於檢測上古音系的擬測，亦有利於上古音的分時、分域研究，開展漢語方言史。

　　本章主要的發現有：異部通假與合韻應以層次異讀來解釋，一個音讀層次可能反映或時代、或地域、或演變類型的因素。從異部通假與合韻來看，上古之、脂、支韻部應有一個低元音的音讀層次，不局限於楚地；脂、微韻部的關係有別於前輩學者所提

的先秦分、兩漢合之說；發生在通假或合韻的陰陽對轉現象，陽聲韻部讀鼻化韻，入聲韻部讀喉塞韻，是有別於鼻尾韻、塞尾韻的另一個音讀層次；楚地的祭部應已獨立；魚、歌通假反映較早的低元音層次格局。

3.1 楚簡之支脂韻部相互通假現象

從本節開始，我們把楚簡的通假字組與音韻關係製成表格，並比較《詩經》、《楚辭》、兩漢詩歌的相關合韻現象，進一步解釋楚簡通假字反映的陰聲韻部關係所具有的意義。

3.1.1 之脂與之質通假

【楚簡之脂通假】

出處	篇名	借字/本字	上古韻	中古韻	開合	等第
上博(一)	孔子論詩 p124	而/尔[1]	之/脂	之/紙	開	三
上博(四)	內豊 p229	姕（子）/姉	之/脂	止/旨	開	三
上博(五)	君子爲禮 p259	戺（耳）/尼[2]	之/脂	止/脂	開	三

---

[1]「而/尔」通假尚見於上博(一) 孔子論詩 p124；上博(二) 魯邦大旱 p206；上博(四) 曹沫之陳 p247、p267。

[2]「戺（耳）/尼」通假尚見於上博(五) 君子爲禮 p261。

上博(三)	周易 p210	台/夷	之/脂	咍/脂	開	一/三
上博(三)	周易 p207	宋（矛)/釐³	脂/之	止/之	開	三
郭店	窮達以時簡6	寺/夷	之/脂	志/脂	開	三

【楚簡之質通假】

出處	篇名	借字/本字	上古韻	中古韻	開合	等第
上博(五)	三德 p293	詣《廣韻》同(誨)/計	之/質	隊/霽	合/開	一/四
上博(五)	競建內之 p176	羿（羿)/旗	質/之	霽/之	開	四/三
郭店	五行簡16	罷/一	之/質	咍/質	開	一/三
郭店	太一生水簡7	罷/一	之/質	咍/質	開	一/三
郭店	語叢四簡25-26	罷/一	之/質	咍/質	開	一/三

　　之脂與之質通假在許多楚簡篇章中出現，其中「台/夷」一組的「台」字，《廣韻》有之韻「與之切」、咍韻「土來切」二讀，等第不同，古韻歸之部。其餘通假字組均是止攝三等字。相較於這類之、脂部字互為通假字、本字的現象，未見屈宋韻語有此類合韻，但《詩經》押韻和兩漢詩歌則可見之脂合韻。之質通假每一組字例都是中古止、蟹攝字的接觸，等第關係也比之脂通假複

³ 「宋（矛)/釐」通假尚見於上博(三) 周易 p207。

雜。上博楚簡之質通假二例牽涉到脂部的去聲字，以二十二部的系統來說，可視爲之脂部通假；郭店簡三例才有入聲字涉入。再比較下列《詩經》與兩漢民歌之脂、之質合韻情形。

【詩經之脂合韻】

風雅頌	篇名	韻字	上古韻	中古韻	開合	等第
周頌	臣工之什・噫嘻	里/私	之/脂	止/脂	開	三
周頌	閔予小子之什・酌	嗣/師	之/脂	志/脂	開	三

【詩經之質合韻】

風雅頌	篇名	韻字	上古韻	中古韻	開合	等第
小雅	谷風之什・蓼莪	恃/卹	之/質	止/至術	開/開合	三
豳風	鴟鴞	子/室	之/質	止/質	開	三
大雅	文王之什・皇矣	友/季	之/質	有/至	開/合	三

【兩漢民歌之脂合韻】

出處	篇名	韻字	上古韻	中古韻	開合	等第
漢詩卷八・雜歌謠辭	蒼梧人爲陳臨歌又 p210	嗣/死	之/脂	志/旨	開	三
漢詩卷九・樂府	艷歌何嘗行 p272	來/齊	之/脂	咍/齊	開	一/四

古辭						

　　兩漢民歌〈豔歌何嘗行〉「來齊」押韻，是之部蟹攝一等咍韻
與脂部蟹攝的四等齊韻字合韻，比之同是止攝三等字的之、脂合
韻，反映了比較早期的韻部內涵。《詩經》之、質合韻部分，去、
入聲字關係密切。此外，之、脂部合韻也見於前漢枚乘、劉向、
楊雄、司馬相如、鄒陽、司馬遷及後漢王逸、皇甫規、邊讓、李
尤等人的詩賦。[4]以地域來說，枚乘是淮陰人、鄒陽是齊人、司馬
相如和楊雄都為蜀郡成都人、司馬遷河內夏陽人、王逸南郡宜城
人、劉向沛地豐邑人、皇甫規安定朝那人、邊讓陳留浚儀人、李
尤廣漢雒人。[5]楚簡所反映的之、脂與之、質部通假關係，從《詩
經》的之、脂與之、質合韻來看，出現在京畿之音和〈豳風〉；漢
以降，則在廣大的區域中都有文人或民歌的合韻用例。據此而言，
漢代之、脂韻部應有部分的字具有共同的音讀層次，在戰國時期
的楚地方音已有所反映。屈宋作品未見之、脂合韻例，可能只是
巧合，否則便難以解釋楚簡的通假現象。

3.1.2 支脂通假

---

[4] 參見羅常培、周祖謨《漢魏晉南北朝韻部演變研究》第一分冊陰聲韻合韻譜之
脂合韻與之合韻部分，該書主張漢代脂微不分。此處在脂部字下標底線，若分
脂微，則「開概懷回類萃歸內機狶衣」入微物部，即為之微或之脂微合韻。前漢
枚乘〈柳賦〉：絲遲絲之詞；劉向〈九嘆惜賢〉：開塵；楊雄〈蜀都賦〉：概代械
備、〈羽獵賦〉：狶豬靃、〈逐貧賦〉：衣胝肌遲之；司馬相如〈美人賦〉：一肌脂
懷回辭、〈子虛賦〉：類萃記計；無名氏〈鐃歌戰城南〉：思歸；鄒陽〈酒賦〉：體
駭米啓待泥啓齊禮；司馬遷〈悲士不遇賦〉：死鄙；王褒〈聖主得賢臣頌〉：備內。
後漢王逸〈機婦賦〉：時絲脂之；皇甫規〈女師箴〉：機慈思；邊讓〈章華臺賦〉：
臺階萊能；李尤〈弧矢銘〉：矢紀。
[5]參見羅常培、周祖謨《漢魏晉南北朝韻部演變研究》第一分冊兩漢詩文作家籍
貫生卒年表。

【楚簡支脂通假】

出處	篇名	借字/本字	上古韻	中古韻	開合	等第
上博(一)	紂衣 p174	眠（氏）/示	支/脂	紙/至	開	三
上博(五)	君子爲禮 p258	呧（氐）/眠《廣韻》同(低)	支/脂	紙/齊	開	三/四
上博(三)	彭祖 p306	只/臍	支/脂	紙/齊	開	三/四
上博(四)	相邦之道 p237	訰（西）/斯	脂/支	齊/支	開	四/三
曾侯乙墓	簡 123	祇/氏	脂/支	脂/紙	開	三

　　除了脂部四等齊韻字與支部三等字互相通假之外，其餘支脂通假字組均爲止攝三等字。下表《楚辭》、東漢文人、兩漢民歌支、脂合韻情形與此相似，即蟹攝四等字與止攝三等字押韻，即使再涉微部、歌部，亦爲止攝三等字。兩漢文人賦、碑、銘亦有支脂合韻用例（羅常培、周祖謨 1958：167，168）。這裡比較值得留意的是，「低」、「西」、「臍」、「涕」（弟）、「啼」、「知」、「糜」這些四等、三等的通假字（或聲符）、或韻字，在現代漢語方言（如閩南語、客語）還具有較低元音的韻母層次[6]，且被認爲是屬於比較早的音韻層次。那麼，反映在楚簡通假字，也見於早期詩文押韻

---

[6] 如客語「低」tai、「底」tai、「抵」tai、「梯」tʰoi、「弟」tʰai、「啼」tʰai、「蹄」tʰai、「糜」mɔi；閩南語「西」sai、「臍」tsai、「知」tsai等字的白讀層韻母。

的同類現象，也顯示支、脂韻部可能具有一個低元音的音讀層次。

【楚辭屈賦支脂合韻】

作者	篇名	韻字	上古韻	中古韻	開合	等第
屈原	遠遊	弭/涕	支/脂	紙/霽	開	三/四

【東漢支脂合韻】

作者	篇名	韻字	上古韻	中古韻	開合	等第
王逸	傷時	知/糜	支/脂	支/脂	開	三

【兩漢民歌支脂合韻】

出處	篇名	韻字	上古韻	中古韻	開合	等第
漢詩卷九·樂府古辭	東門行 p269	兒啼/糜	支/脂	支齊/脂	開	三四/三
漢詩卷十一·琴曲歌辭	崔少府女贈盧充詩 p324	兒脾/祇/萎/猗奇施儀	支/脂/微/歌	支/脂/支/支	開/開/合/開	三

3.1.3 之支與之錫通假

【楚簡之錫通假】

出處	篇名	借字/本字	上古韻	中古韻	開合	等第
上博(五)	競建內之 p176	烕（亥）/易	之/錫	海/昔	開	一/三

　　戰國楚簡未見之支通假，以之錫通假字組而言，通假字取「亥」字聲符，則與本字的關係爲跨攝、不同等第的通假。若以李方桂（1971）四元音的系統而言，之支（錫）二部在楚簡的關係並不密切。然而，與先秦詩之錫合韻、先秦詩之支合韻三例合韻並看，尤其〈楚狂接輿歌〉的合韻現象與楚簡通假極爲相似，又顯非偶然。因此，我們推測目前所掌握的楚簡材料尙無法反映之支關係的全貌。

【先秦詩之錫合韻】

出處	篇名	韻字	上古韻	中古韻	開合	等第
先秦詩卷二・歌下	楚狂接輿歌 p21	載/避	之/錫	代/寘	開	一/三

【先秦詩之支合韻】

出處	篇名	韻字	上古韻	中古韻	開合	等第
先秦詩卷二・歌下	楊朱歌 p23	之/知	之/支	之/支	開	三
先秦詩卷五・詩	石鼓詩右九 p61	始/是	之/支	止/紙	開	三

3.1.4 之脂支三部的例外押韻比例分析

之部例外押韻

1　周朝之初至春秋之末（西元前十一世紀中－前五世紀末）

作品	之部總數	排行	用韻情況	次數	百分比
詩經	174	1	之部獨韻	144	82.77%

		2	之職	20	11.49%
		3	之幽	5	2.87%
		4	之魚	2	1.15%
		4	之質	2	1.15%
			之蒸	1	0.57%

2　戰國之初至秦朝之末（西元前五世紀末－前三世紀初）

作品	之部總數	排行	用韻情況	次數	百分比
楚辭	71	1	之部獨韻	59	83.09%
屈宋		2	之職	6	8.45%
		3	之幽	3	4.23%
			之月	1	1.41%
			之沒	1	1.41%
			之魚	1	1.41%

3　楚漢之初至新莽之末（西元前三世紀初－一世紀）

作品	之部總數	排行	用韻情況	次數	百分比
西漢	45	1	之部獨韻	31	68.90%
文人		2	之幽	5	11.11%
		2	之職	5	11.11%
			之侯	1	2.22%
			之屋	1	2.22%
			之宵	1	2.22%
			之耕	1	2.22%

4　東漢之初至獻帝之末（西元一世紀初－三世紀初）

作品	之部總數	排行	用韻情況	次數	百分比
東漢	16	1	之部獨韻	9	56.25%
文人		2	之幽	2	12.5%
		2	之魚	2	12.5%
			之微	1	6.25%
			之職	1	6.25%
			之侯魚	1	6.25%

5　魏立之初至孫吳之末（西元三世紀初－三世紀末）

作品	之部總數	排行	用韻情況	次數	百分比
三國 詩歌	81	1	之部獨韻	47	58.05%
		2	之幽	17	20.99%
		3	之幽侯	3	3.70%
		3	之脂	3	3.70%
		3	之魚	3	3.70%
		6	之微	2	2.47%
		6	之脂微	2	2.47%
			之侯微	1	1.23%
			之支微	1	1.23%
			之支	1	1.23%
			之質	1	1.23%

支部的例外押韻

1　周朝之初至春秋之末（西元前十一世紀中－前五世紀末）

作品	支部總數	排行	用韻情況	次數	百分比
詩經	11	1	支部獨韻	8	72.73%
		2	支錫	2	18.18%
			支幽	1	9.09%

2　戰國之初至秦朝之末（西元前五世紀末－－前三世紀初）

作品	支部總數	排行	用韻情況	次數	百分比
楚辭 屈宋	3		支魚	1	*
			支脂	1	*
			支歌	1	*
			支部獨韻	0	

3　楚漢之初至新莽之末（西元前三世紀初－一世紀）

作品	支部總數	排行	用韻情況	次數	百分比
西漢 文人	5	1	支歌	4	80%
		2	支錫	1	20%
			支部獨韻	0	

4　東漢之初至獻帝之末（西元一世紀初－三世紀初）

作品	支部總數	排行	用韻情況	次數	百分比

東漢文人	6	1	支歌	4	66.66%
			支微	1	16.67%
			支脂	1	16.67%
			支部獨韻	0	

5　魏立之初至孫吳之末（西元三世紀初－三世紀末）

作品	支部總數	排行	用韻情況	次數	百分比
三國詩歌	31	1	支歌	21	67.73%
			支微歌	3	9.68%
			支部獨韻	2	6.45%
			支脂歌	2	6.45%
			支之	1	3.23%
			支之微	1	3.23%
			支脂微	1	3.23%

脂部的例外押韻

1　周朝之初至春秋之末（西元前十一世紀中－前五世紀末）

作品	脂部總數	排行	用韻情況	次數	百分比
詩經	72	1	脂微	34	47.22%
		2	脂部獨韻	32	44.44%
		3	脂質	4	5.56%
			脂元	1	1.39%
			脂真	1	1.39%

2　戰國之初至秦朝之末（西元前五世紀末－前三世紀初）

作品	脂部總數	排行	用韻情況	次數	百分比
楚辭屈末	10	1	脂微	3	30%
		1	脂部獨韻	3	30%
		3	脂質	2	20%
			脂歌	1	*
			脂支	1	*

3　楚漢之初至新莽之末（西元前三世紀初－一世紀）

作品	脂部總數	排行	用韻情況	次數	百分比
西漢	18	1	脂微	9	50%

文人		2	脂部獨韻	4	22.22%
			脂文	1	＊
			脂魚	1	＊
			脂微歌	1	＊
			脂歌	1	＊
			脂質	1	＊

4　東漢之初至獻帝之末（西元一世紀初－三世紀初）

作品	脂部總數	排行	用韻情況	次數	百分比
東漢 文人	7	1	脂微	4	57.14%
		2	脂部獨韻	1	＊
		3	脂支	1	＊
			脂微歌	1	＊

　　之、脂、支三部的關係一直以來爲音韻學者所關注，在上述
楚簡通假字組中，以次數而論，之脂通假最多，其次爲支脂，最
少的是之支，與傳世詩歌的合韻次數多寡正好平行，再一次顯示
通假與合韻具有共通的語音基礎。以之、脂、支三部的例外押韻
比例來看，之部獨韻在各時期都佔第一位，明顯高出合韻的比例，
之幽合韻總是次於之部獨韻；支部入韻的總數雖相對較少，但屈
宋楚辭的脂、支、歌關係表現了方音的特色，脂、支應有低元音
的層次；脂部獨韻的比例在各時期皆位於脂微合韻之後，兩漢時
期合韻比例略高於《詩經》時期，這也反映了脂、微二部的分合
之所以困擾研究者的一個側面。

3.2 楚簡之支脂韻部與中、高元音韻部通假現象

　　此處所指的中、高元音韻部是幽（覺）部、微（物）部，學
者在擬音的看法上有比較大的出入，但無論是幽部元音擬作 ə、

o、ou、əu、u、ɯu、iu，或微部元音擬作 ə、o、əi、ɯi、ui、ɨj、uj，[7] 均為中、高元音。本節便是討論之、支、脂部與幽、微部的通假與合韻關係。

3.2.1 之幽通假

【楚簡之幽通假】

出處	篇名	借字/本字	上古韻	中古韻	開合	等第
上博（四）	采風曲目 p169	絲/茲	幽/之	尤/之	開	三
上博（六）	競公瘧 p186	蚤/尤	幽/之	皓/尤	開	一/三
郭店	尊德義簡 28-29	蚤/郵	幽/之	皓/尤	開	一/三

　　相較於傳世詩歌的合韻用例，楚簡中之幽通假不多。郭店簡所見為幽部效攝一等字與之部三等尤韻字通假，上博（四）通假字組幽部尤韻與之部之韻同是三等字。上博（六）通假字組為幽部效攝皓韻與之部尤韻，與郭店簡情形如出一轍。

　　以下比較《詩經》、《楚辭》的合韻情形。

【詩經之幽合韻】

風雅頌	篇名	韻字	上古韻	中古韻	開合	等第
周頌	清廟之什·時邁	之/周	之/幽	之/尤	開	三
大雅	蕩之什·召旻	止/茂	之/幽	止/侯	開	三/一

---

[7] 上古元音各家的構擬可參看丁邦新（1994/1998）〈漢語上古音的元音問題〉。

大雅	文王之什·思齊	士/造	之/幽	止/皓	開	三/一
周頌	閔予小子之什·絲衣	基鼐牛紑/俅	之/幽	之之尤尤/尤	開	三
小雅	甫田之什·賓之初筵	傲郵/呦	之/幽	之尤/幽	開	三/二
大雅	蕩之什·瞻卬	有/收	之/幽	有/尤	開	三
周頌	閔予小子之什·閔予小子	疚/造	之/幽	宥/號	開	三/一

【楚辭屈賦之幽合韻】

作者	篇名	韻字	上古韻	中古韻	開合	等第
屈原	遠遊	疑/浮	之/幽	之/尤	開	三
屈原	天問	在/首守	之/幽	海/有	開	一/三
屈原	昔往日	佩/好	之/幽	隊/號	合/開	一

　　以《詩經》的之幽合韻而言，集中出現於〈周頌〉、〈大雅〉、〈小雅〉，幽部的尤侯韻字、幽部效攝字皆可與之部的止攝字、流攝字押韻。《楚辭》的之幽合韻例略有不同，〈天問〉、〈昔往日〉中，之部韻字均為蟹攝字，分別與幽部有、號韻字押韻。反映了先秦之幽合韻韻字較全面的格局，也說明之幽關係並非偶然的相涉，而應是具有相同的音讀層次。

【西漢文人之幽合韻】

作者	篇名	韻字	上古韻	中古韻	開合	等第
趙王劉友	歌 p92	之/仇	之/幽	之/尤	開	三
東方朔	哀命	尤/憂	之/幽	尤	開	三
劉向	遠逝	久/首	之/幽	有	開	三
王褒	危俊	牛/蜩州脩遊流休悠浮求憍儔怞	之/幽	尤/蕭尤尤尤尤尤尤尤尤尤尤尤	開	三/四三三三三三三三三三三三
王褒	蓄英	丘/蕭條蜩嘷留	之/幽	尤/蕭蕭蕭豪尤	開	三/四四四一三

【東漢文人之幽合韻】

作者	篇名	韻字	上古韻	中古韻	開合	等第
石買力	費鳳別碑詩 p175	紀/道	之/幽	止/皓	開	三/一
王逸	傷時	娭能萊臺/浮	之/幽	之咍咍咍/尤	開	三一一一/三

【兩漢民歌之幽合韻】

出處	篇名	韻字	上古韻	中古韻	開合	等第
漢詩卷四·鼓吹	聖人出 p160	子始海/道	之/幽	止止海/皓	開	三三一/一

曲辭						
漢詩卷十·樂府古辭	古董逃行 p297	丘/遒	之/幽	尤	開	三
漢詩卷十二·古詩	古詩十九首 p329	婦/草柳牖手守	之/幽	有/皓有有有有	開	三/一三三三三

羅常培、周祖謨（1958：45）認為漢代「之幽兩部通押的字，之部多半是之韻和尤韻的字，幽部多半是尤韻字。」在西漢文人、東漢文人、兩漢民歌之幽合韻中我們也能看到之部咍韻與幽部押韻，幽部蕭、豪韻與之部之、尤韻相押。史存直（1984：300）說：「 "謀尤罘郵不、有友婦右副負、右囿富祐、丕、否鄙宥伾洧、備母畝" 這些字固然仍在之部，但 "牛丘久疚舊龜" 這些字卻已從之部轉到幽部裡了。」「牛丘久疚」在上列之、幽合韻中確是可能與幽部字讀同韻，除此之外的之、幽交涉也不是偶然。合理的推測可能是有些地域之、幽不分，[8]或有些字可能兼具之、幽二部的音讀，因而能與本部字押韻，也能與之或幽部合韻。從聲符「又」「某」「母」「不」「九」的諧聲關係兩歧，分屬之、幽兩部來看，[9]我們認為之、幽兩部的分合，應有時間、地域、演變類型的差異。據此而論，之、幽兩部的通假或合韻，就不是為他們擬上不同的元音（ə、i、ɯː ə、o、u、əu、ou、ɯu、iu），或不同的韻尾（-g、-gʷ、-k、-kʷ）[10]能夠說得清楚。

---

[8] 史存直〈古韻 "之" "幽" 兩部之間的交涉〉指出「根據趙元任先生的調查，在現代吳語中，從長江以南，沿大運河兩岸，直到杭州為止，正是 i（ei）、ou 不分的」。（1984：302）

[9] 參見史存直（1984：307-309）。

[10] 例如李方桂之、幽兩部的元音都是央元音ə，差別在韻尾，之部為-g、-k，幽

3.2.2 之微與之物通假

【楚簡之微通假】

出處	篇名	借字/本字	上古韻	中古韻	開合	等第
上博(四)	曹沫之陳 p269	幾/忌[11]	微/之	微/志	開	三

【楚簡之物通假】

出處	篇名	借字/本字	上古韻	中古韻	開合	等第
上博(二)	民之父母 p158	勿/志	物/之	物/志	合/開	三

　　上博簡的之微通假為同一組字重複出現，為止攝字通假；之物通假是去入聲字的通假，與楚辭屈賦之物合韻的之物合韻（無入聲字，可視為之微合韻）有別。

【楚辭屈賦之物合韻】

作者	篇名	韻字	上古韻	中古韻	開合	等第
屈原	離騷	茲/沫	之/物	之/泰	開	三/一

部為-gʷ、-kʷ。董同龢以-əg、-ək：-og、-ok區別之、幽。王力以ə、u區別之、幽。史存直以i、ou區別之、幽。

[11] 「幾/忌」通假尚見於上博(四) 曹沫之陳 p270 二例、p271 二例、p272 二例、p273、p276。

【先秦詩之微合韻】

出處	篇名	韻字	上古韻	中古韻	開合	等第
先秦詩卷二·歌下	河激歌 p17	疑/維歸	之/微	之/脂微	開/合	三

【兩漢民歌之微合韻】

出處	篇名	韻字	上古韻	中古韻	開合	等第
漢詩卷八·諺語	應劭引俚語論怨禮 p236	之/悲	之/微	之/脂	開	三
漢詩卷十·樂府古辭	古詩爲焦仲卿妻作 p283	來/懷	之/微	咍/皆	開/合	一/二
漢詩卷十一·琴曲歌辭	琴引 p321	來/挨	之/微	咍/皆	開	一/二

　　先秦詩及兩漢民歌之微合韻極爲相似，都沒有跨攝的情形。止攝字和蟹攝字都分別押同攝字，揭示音韻關係已有親疏遠近，以兩漢民歌「來/懷」、「來/挨」的合韻來看，很可能是之、微兩部蟹攝字共同朝向中古蟹攝格局、具有較低元音讀法的演變類型，「來/懷」、「來/挨」（蟹攝一、二等韻）具有低元音的音讀層次，「悲」字既與低元音韻部歌部相押，也與中、高元音的韻部相押，「之/悲」均爲止攝三等韻，我們推測在此例中它們的韻母可能反映中、高元音的音讀層次。[12]

---

[12]「悲」字既與「之」押韻，亦與蟹攝字「喈湝回」押韻，如何解釋其中的矛盾。

3.2.3 支微通假

【楚簡支微通假】

出處	篇名	借字/本字	上古韻	中古韻	開合	等第
上博(三)	周易 p160	⿰目巂 (巂)/維	支/微	齊/脂	合	四/三

【東漢文人支微合韻】

作者	篇名	韻字	上古韻	中古韻	開合	等第
王逸	傷時	賣/纍	支/微	卦/至	開	二/三

【兩漢民歌支微合韻】

出處	篇名	韻字	上古韻	中古韻	開合	等第
漢詩卷四・鼓吹曲辭	上邪 p160	知/衰	支/微	支/脂	開/合	三

楚簡通假字組本字爲止攝脂韻字，借字爲蟹攝四等齊韻，爲支、微二部通假的情形。例子雖然不多，與兩漢詩文合韻並看，仍顯示其意義。整體來說，支、微關係也能讓我們思考蟹、止兩攝各韻的演變問題，如楚簡支微通假、東漢文人支微合韻是支部

從通假與合韻的關係來看，之、脂、支、微部應該各有一個低元音和中、高元音的音讀層次。「悲」字整體押韻情況清楚地呈現它不只一個音讀層次。我們將之整理成表格，附在本章之末。

蟹攝字與止攝字通假或合韻，兩漢民歌則是支部支韻與微部脂韻字合韻。兩漢支微合韻，除東漢文人、兩漢民歌二例，還見於楊雄〈羽獵賦〉、馬融〈長笛賦〉。[13]

3.2.4 脂微通假與例外押韻比例分析

脂微通假出現在上博、九店、郭店楚簡較多的篇章中，與《詩經》脂微合韻、屈宋脂微合韻、先秦詩脂微合韻一併觀察，先秦脂微二部的交涉數量極易引人注目。王力先生從《詩經》脂部和微部各自獨用的數量大於脂微合韻的比例，而提出脂、微分部的可能，以與質真、物文相配[14]。此後的上古音構擬基本上都是將脂、微二部分立，以音近解釋二者的關係。

【楚簡脂微通假】

出處	篇名	借字／本字	上古韻	中古韻	開合	等第
上博(二)	容成氏 p260	妝/美[15]	微/脂	微/旨	合/開	三
上博(三)	周易 p171	脌（腓）/脤	微/脂	微/齊	合/開	三/四
九店五十六號墓	簡 35	美/妝	脂/微	旨/微	開/合	三

---

[13] 參見羅常培、周祖謨（1958：160，161），我們將該書支脂合韻譜中屬於支微合韻者析出。微部字下加底線。楊雄〈羽獵賦〉：技帥、馬融〈長笛賦〉：崖磎危枝體。

[14] 參見〈上古韻母系統研究〉頁 117-123。

[15] 「妝/美」通假也見於上博(四) 曹沫之陳 p245。

| 九店五十六號墓 | 簡 13 上 | 媚/敊 | 脂/微 | 至/微 | 開/合 | 三 |
| 郭店 | 老子乙組簡 12 | 祇/希 | 脂/微 | 脂/微 | 開 | 三 |

【詩經脂微合韻】

風雅頌	篇名	韻字	上古韻	中古韻	開合	等第
邶風	靜女	美/煒	脂/微	旨/尾	開/合	三
周南	汝墳	邇/毀尾	脂/微	紙/紙尾	開/合	三
大雅	生民之什・生民	脂/惟	脂/微	脂	開/合	三
小雅	鹿鳴之什・四牡	遲/悲	脂/微	脂	開	三
小雅	魚藻之什・采菽	葵/維	脂/微	脂	合	三
召南	草蟲	夷/悲薇	脂/微	脂/脂微	開/開合	三
召南	采蘩	祁/歸	脂/微	脂/微	開/合	三
陳風	衡門	遲/饑	脂/微	脂/微	開	三
大雅	蕩之什・崧高	郿/歸	脂/微	脂/微	開/合	三
小雅	鹿鳴之什・采薇	騤/腓	脂/微	脂/微	合	三
小雅	鹿鳴之什・出車	夷/歸	脂/微	脂/微	開/合	三
小雅	節南山之什・節南	夷/違	脂/微	脂/微	開/合	三

	山					
小雅	谷風之什·楚茨	尸/歸	脂/微	脂/微	開/合	三
魯頌	閟宮	遲/依	脂/微	脂/微	開	三
周頌	臣工之什·有客	夷/威綏追	脂/微	脂/微脂脂	開/合合合	三
小雅	節南山之什·小旻	厎/依違哀	脂/微	旨/微微咍	開/開合開	三/三三一
小雅	鹿鳴之什·采薇	遲/悲饑哀	脂/微	脂/脂微咍	開	三/三三一
小雅	谷風之什·四月	楑/哀	脂/微	脂/咍	開	三/一
衛風	碩人	姨私妻/衣	脂/微	脂脂齊/微	開	四三三/三
大雅	蕩之什·桑柔	騤夷黎/哀	脂/微	脂脂齊/咍	合開開/開	三三四/一
商頌	長發	遲祗齊躋/違圍	脂/微	脂脂齊齊/微	開/合	三三四四/三
小雅	節南山之什·節南山	師氐/維	脂/微	脂齊/脂	開/合	三四/三
秦風	蒹葭	湄萋/晞	脂/微	脂齊/微	開	三四/三
大雅	生民之什·行葦	履泥體/葦	脂/微	旨薺薺/尾	開/合	三四四/三
大雅	蕩之什·烝民	騤齊喈/歸	脂/微	脂齊皆/微	合開開/合	三四二/三

邶風	北風	喈/霏歸	脂/微	皆/微	開/合	二/三
小雅	鹿鳴之什·杕杜	萋/悲	脂/微	齊/脂	開	四/三
小雅	鹿鳴之什·杕杜	萋/悲歸	脂/微	齊/脂微	開/開合	四/三
曹風	候人	隮/饑	脂/微	齊/微	開	四/三
小雅	鴻雁之什·斯干	躋/飛	脂/微	齊/微	開/合	四/三
小雅	谷風之什·四月	淒/腓歸	脂/微	齊/微	開/合	四/三
周南	葛覃	萋喈/飛	脂/微	齊皆/微	開/合	四二/三
小雅	鹿鳴之什·常棣	弟/韡	脂/微	薺/尾	開/合	四/三
小雅	南有嘉魚之什·蓼蕭	泥弟/豈	脂/微	薺/尾	開	四/三
小雅	谷風之什·鼓鐘	喈湝/悲回	脂/微	皆/脂灰	開/開合	二二/三一
小雅	甫田之什·大田	穊/火	脂/微	齊/果	開/合	四/一

【楚辭屈宋脂微合韻】

作者	篇名	韻字	上古韻	中古韻	開合	等第
屈原	離騷	衹/幃	脂/微	脂/微	開/合	三
屈原	九辯	棲/衰肥歸	脂/微	齊/脂微微	開/合	四/三

| 宋玉 | 九辯 | 偕/悲哀 | 脂/微 | 皆/脂咍 | 開 | 二/三一 |

【先秦詩脂微合韻】

出處	篇名	韻字	上古韻	中古韻	開合	等第
先秦詩卷一・歌上	五子歌 p5	怩/追悲依歸	脂/微	脂/脂脂微微	開/合開開合	三
先秦詩卷二・歌下	采葛婦歌 p30	遲/霏	脂/微	脂/微	開/合	三
先秦詩卷三・謠(吟誦附)	孔子誦 p42	私/衣	脂/微	脂/微	開	三
先秦詩卷一・歌上	大唐歌 p3	喈/回	脂/微	皆/灰	開/合	二/一
先秦詩卷五・詩	石鼓詩右三59	淒/歸	脂/微	齊/微	開/合	四/三

　　從先秦詩歌脂、微合韻來看，脂部從「犀」「妻」「皆」「弟」「氐」「齊」「尼」「夷」「癸」「眉」等聲符的字和微部關係特別密切；微部一等「哀」字，不論在《詩經》或《楚辭》都與脂部合韻。若據此而言，段玉裁所提「同聲必同部」的諧聲字與古韻歸部方式，還存在進一步細膩推敲的空間。

【西漢文人脂微合韻】

作者	篇名	韻字	上古韻	中古韻	開合	等第
劉向	思古	次/悲	脂/微	至/脂	開	三
司馬相	歌 p99	遲私/衰	脂/微	脂/脂脂	開/合開	三

如		悲依		微	開	
韋玄成	自劾詩 p113	師/輝	脂/微	脂/微	開/合	三
劉向	愍命	夷/衣	脂/微	脂/微	開	三
劉向	怨思	夷/迴	脂/微	脂/灰	開/合	三/一
韋玄成	戒子孫詩 p114	階/懷	脂/微	皆	開/合	二
息夫躬	絕命辭 p116	棲/機	脂/微	齊/微	開	四/三
淮南小山	招隱士	姜/歸	脂/微	齊/微	開/合	四/三
司馬相如	琴歌二首 p99	棲諧/悲誰飛妃	脂/微	齊皆/脂脂微微	開/開合合合	四二/三

【東漢文人脂微合韻】

作者	篇名	韻字	上古韻	中古韻	開合	等第
孔融	六言詩三首 p197	私祁飢/悲巍肥	脂/微	脂/脂微微	開/開合合	三
王逸	傷時	夷/嵬	脂/微	脂/灰	開/合	三/一
王逸	疾世	遲飢黎迷/悲違晞懷雷	脂/微	脂脂齊齊/脂微微皆灰	開/開合開合合	三三四四/三三三二一
王逸	怨上	西棲悽低/悲徽依霏璣懷摧	脂/微	齊/脂脂微微微皆灰	開/開開開合開合合	四/三三三三三三二一

【兩漢民歌脂微合韻】

出處	篇名	韻字	上古韻	中古韻	開合	等第
漢詩卷十二·古詩	李陵錄別詩二十一首 p336	遲/悲誰追歸輝薇飛依衣希	脂/微	脂/脂脂脂微微微微微微	開/開合合合合合開開開開	三
漢詩卷十二·古詩	李陵錄別詩二十一首 p336	飢/帷悲飛輝飛歸	脂/微	脂/脂脂微微微微	開/合開合合合合	三
漢詩卷三·謠辭	汝南鴻隙陂童謠 p127	葵/誰威	脂/微	脂/脂微	合	三
漢詩卷十一.琴曲歌辭	阪操附 p300	遲鷗/悲依歸微	脂/微	脂/脂微微微	開/開開合合合	三
漢詩卷九·樂府古辭	東門行 p269	遲/非	脂/微	脂/微	開/合	三
漢詩卷十二·古詩	李陵錄別詩二十一首 p336	飢湄肌遲泥/悲帷衰衣懷	脂/微	脂脂脂脂齊/脂脂脂微皆	開/開合合開合	三三三三四/三三三三三二
漢詩卷十·樂府古辭	古豔歌 p291	遲妻/悲飛衣機	脂/微	脂齊/脂微微微	開/開合開開	三四/三開開

漢詩卷八·諺語	京師爲袁成諺 p244	諧/開	脂/微	皆/咍	開	二/一
漢詩卷十·樂府古辭	古八變歌 p288	堦/懷回	脂/微	皆/皆灰	開/合	二/二一
漢詩卷十二·古詩	張公神碑歌 p326	棲西喈/懷徊	脂/微	齊齊皆/皆灰	開/合	四四二/二一
漢詩卷九·樂府古辭	孤兒行 p270	藜/悲纍歸菲衣	脂/微	齊/脂脂微微微	開/開合合開開	四/三
漢詩卷十二·古詩	古詩十九首 p329	齊妻階/悲稀飛徊哀	脂/微	齊齊皆/脂微微灰咍	開/開開合合開	四四二/三三三一

　　兩漢詩歌脂、微合韻用例更多，羅常培、周祖謨將脂、微合爲脂部，主張兩者無別。從我們整理的語料可以看到特定聲符的脂部字和微部合韻，與前述先秦詩歌的情形相似，因此，脂微合韻可能表示兩部之中因爲部分字共有一個音韻層次而常常合韻。而如果以上古音的幾個階段來看，則脂、微二部的分合，從周秦到兩漢，是應該考量實際的合韻比例的。請看下表：

脂部例外押韻的比例分析：

1　周朝之初至春秋之末（西元前十一世紀中－前五世紀末）

作品	脂部總數	排行	用韻情況	次數	百分比
詩經	72	1	脂微	34	47.22%
		2	脂部獨韻	32	44.44%
		3	脂質	4	5.56%
			脂元	1	1.39%

			脂真	1	1.39%

2　戰國之初至秦朝之末（西元前五世紀末－前三世紀初）

作品	脂部總數	排行	用韻情況	次數	百分比
楚辭	10	1	脂微	3	30%
屈宋		1	脂部獨韻	3	30%
		3	脂質	2	20%
			脂歌	1	＊
			脂支	1	＊

3　楚漢之初至新莽之末（西元前三世紀初－一世紀）

作品	脂部總數	排行	用韻情況	次數	百分比
西漢	18	1	脂微	9	50%
文人		2	脂部獨韻	4	22.22%
			脂文	1	＊
			脂魚	1	＊
			脂微歌	1	＊
			脂歌	1	＊
			脂質	1	＊

4　東漢之初至獻帝之末（西元一世紀初－三世紀初）

作品	脂部總數	排行	用韻情況	次數	百分比
東漢	7	1	脂微	4	57.14%
文人		2	脂部獨韻	1	＊
		3	脂支	1	＊
			脂微歌	1	＊

微部例外押韻的比例分析：

1　周朝之初至春秋之末（西元前十一世紀中－前五世紀末）

作品	微部總數	排行	用韻情況	次數	百分比
詩經	81	1	微部獨韻	44	54.32%
		2	微脂	34	41.98%
		3	微文	2	2.47%
			微元	1	1.23%
			微支	1	＊

2　戰國之初至秦朝之末（西元前五世紀末－前三世紀初）

作品	微部總數	排行	用韻情況	次數	百分比
楚辭 屈宋	15	1	微部獨韻	9	60%
		2	微脂	3	20%
		2	微歌	3	20%

3　楚漢之初至新莽之末（西元前三世紀初一一世紀）

作品	微部總數	排行	用韻情況	次數	百分比
西漢 文人	37	1	微部獨韻	19	51.33%
		2	微脂	9	24.32%
		3	微歌	5	13.51%
			脂微歌	1	2.7%
			微侯魚	1	2.7%
			微脊	1	2.7%
			微文	1	2.7%

4　東漢之初至獻帝之末（西元一世紀初－三世紀初）

作品	微部總數	排行	用韻情況	次數	百分比
東漢 文人	14	1	微部獨韻	5	35.71%
		2	微脂	4	28.57%
			微歌	1	＊
			微脂歌	1	＊
			微魚歌	1	＊
			微之	1	＊
			微支	1	＊

　　從上面的百分比來看，說先秦脂、微二部分，而兩漢脂、微二部合，都還有商榷的餘地，遑論逕以脂、微二部合，又如何說明前述相關的合韻或通假用例；並且，與此相關的中古蟹、止兩攝各韻的演變關係，也很難說得清楚了。侯、魚，真、文的分合，亦有類似情形，並非如羅常培、周祖謨兩位先生所言，只是先秦分，兩漢合的問題。我們將於第四章、第五章討論。

3.3 楚簡之脂支韻部與 a 元音韻部通假現象[16]

　　之與脂、支韻部的上古元音，學者一般擬作央元音 ə 與 i 或 e 的區別。在楚簡通假與詩歌用韻中卻屢見之、脂、支韻部與 a 元音韻部通假、合韻的例子。我們已經嘗試從齊魯地區的文獻和現代漢語方言解釋合韻與音韻層次、韻部分合的關係（李存智 2004、2009b），並且認為之、脂、支部可能具有一個 a 元音層次的讀法。現在我們觀察楚簡通假並比較傳世的詩歌合韻，以出土文獻來佐證這樣的構想。

3.3.1 之魚通假

【楚簡之魚通假】

出處	篇名	借字／本字	上古韻	中古韻	開合	等第
上博(三)	周易 p168	朱（丘）／衢	之/魚	尤/虞	開/合	三
上博(三)	周易 p155	母/毋[17]	之/魚	厚/虞	開/合	一/三
上博(五)	季庚子問於孔子 p211	者/子	魚/之	馬/止	開	三

---

[16] 此處所指 a 元音韻部乃依李方桂（1971）四元音系統，包括魚、歌、宵等韻部。

[17] 「母/毋」通假也見於上博(三) 周易 p196；上博(四) 內豊 p228；上博(四) 柬大王泊旱 p206、p208；上博(四) 昭王毀室昭王與龔之脽 p184、p189 二例。

| 上博(一) | 紂衣 p186 | 與/以[18] | 魚/之 | 語/止 | 開 | 三 |

　　戰國楚簡之魚通假「母毋」一組重複多達八次，其餘三組字上博（三）為之部尤韻與魚部虞韻通假，上博（五）為魚部馬韻與之部止韻通假，上博（一）為魚部語韻與之部止韻通假。從中可知，不論是魚部的假攝字或遇攝字，皆可與之部字通假。在此情形下，若之部字是個央元音韻部，只有一個音韻層次，就不好解釋之魚通假。

【詩經之魚合韻】

風雅頌	篇名	韻字	上古韻	中古韻	開合	等第
大雅	蕩之什・常武	士/父	之/魚	止/麌	開/合	三
小雅	節南山之什・巷伯	謀/虎	之/魚	尤/姥	開/合	三/一
鄘風	蝃蝀	母/雨	之/魚	厚/麌	開/合	一/三

【楚辭之魚合韻】

作者	篇名	韻字	上古韻	中古韻	開合	等第
	招魂	駓 騖 災	之/魚	脂 之 咍	開/合	三 三 一

---

[18] 「與/以」通假也見於虢仲盨：「虢仲以王南征，伐南淮夷。」；《易・繫辭上》：「可與酬酢。」；《說文》酉部引作：「可以醻醋。」；《國語・越語下》：「持盈者與天，定傾者與人，節事者與地。」《史記・越王句踐世家》與作以。（王輝 2008：108）

| | | 牛/都 | | 尤/模 | | 三/一 |

【東漢文人之魚合韻】

作者	篇名	韻字	上古韻	中古韻	開合	等第
班固	論功歌詩 p169	芝/圖都	之/魚	之/模	開/合	三/一
王逸	逢尤	埃/如	之/魚	哈/魚	開	一/三

【兩漢民歌之魚合韻】

出處	篇名	韻字	上古韻	中古韻	開合	等第
漢詩卷十‧樂府古辭	古詩為焦仲卿妻作 p283	婦/女許	之/魚	有/語	開	三
漢詩卷三‧諺語	時人為揚雄桓譚語 p141	財/書	之/魚	哈/魚	開	一/三

【詩經之鐸合韻】

風雅頌	篇名	韻字	上古韻	中古韻	開合	等第
豳風	七月	貍求/貉	之/鐸	之尤/鐸	開	三/一

　　除去之鐸合韻，傳世的詩歌之魚合韻，其魚部字均為遇攝字，不若楚簡魚部字還包括假攝字。至於之部，則不論止攝、流攝、蟹攝的字都能與魚部字合韻。《楚辭》中「牛」字與魚部合韻，與前述「之幽」合韻，「牛」字多出現在幽部的合韻不同，倒是與「牛」

字在漢語方言中有洪音與細音的二種類型，可相提並論，雖然《廣韻》只收錄「語求切」一讀，我們卻看到〈招魂〉「駃騃災牛/都」的合韻用例。魚部擬為a元音，學界並無太多爭議，那麼，之、魚合韻或通假（以「母」字為例，可與魚部字合韻或通假），就必須考慮之部字應有一個低元音的音讀層次。

3.3.2 之部與歌祭（月）元部通假

【楚簡之歌通假】

出處	篇名	借字/本字	上古韻	中古韻	開合	等第
上博(二)	從政（乙篇）p235	已/也	之/歌	止/馬	開	三

【楚辭屈賦之歌合韻】

作者	篇名	韻字	上古韻	中古韻	開合	等第
屈原	天問	喜/宜	之/歌	止/支	開	三

【楚辭屈賦之祭合韻】

作者	篇名	韻字	上古韻	中古韻	開合	等第
屈原	天問	佑/殺	之/祭	宥/黠	開	三/二

　　戰國楚簡之、歌通假與屈原賦之、歌合韻可一併觀察，歌部馬韻與止攝字通假、歌部支韻與之部止韻合韻。屈賦之、祭合韻提供我們思考陰陽對轉的音韻特徵，入聲字在此可能讀的是喉塞音。就如閩南語「倚岸看散活」等陰、陽、入聲的字在歌謠中以

ua、ũã、ua?入韻一般。

【兩漢民歌之歌合韻】

出處	篇名	韻字	上古韻	中古韻	開合	等第
漢詩卷九·樂府古辭	艷歌何嘗行 p272	期/離垂	之/歌	之/支	開/開合	三
漢詩卷十二·古詩	刺巴郡郡守詩 p326	期尤/爲	之/歌	之尤/支	開/合	三

　　兩漢民歌的之歌合韻均是止攝字的通押，應是反映共有的前元音層次現象。

3.3.3 支歌通假

【楚簡支歌通假】

出處	篇名	借字/本字	上古韻	中古韻	開合	等第
上博(三)	周易 p158	陵 (圭)/隨 [19]	支/歌	齊/支	合	四/三
上博(四)	昭王毀室 昭王與龔之脽 p186	逞 (沙)/徙	歌/支	麻/紙	開/開	二/三
九店楚簡五六號墓竹	簡 15 下	逞(沙)/徙	歌/支	麻/紙	開	二/三

[19] 「陵 (圭) /隨」通假還見於上博(三) 周易 p158 二例、周易 p200。

簡						

【詩經支歌合韻】

風雅頌	篇名	韻字	上古韻	中古韻	開合	等第
小雅	節南山之什・小弁	提/罹	支/歌	支	開	三

【楚辭屈賦支歌合韻】

作者	篇名	韻字	上古韻	中古韻	開合	等第
屈原	少司命	知/離	支/歌	支	開	三
屈原	離騷	纚/蕊	支/歌	紙	開/合	三

【先秦詩支歌合韻】

出處	篇名	韻字	上古韻	中古韻	開合	等第
先秦詩卷二・歌下	琴歌附 p27	雌/皮廖為	支/歌	支	開/開開合	三
先秦詩卷四・雜辭	成相雜辭 p52	徙/施禍	支/歌	紙/寘果	開/開合	三/三一
先秦詩卷二・歌下	琴歌 p27	雞/為皮	支/歌	齊/支	開/合開	四/三
先秦詩卷二・歌下	琴歌附 p27	奚谿雞柴/為皮	支/歌	齊齊齊佳/支	開/合開	四四四二/三

　　從以上四表來觀察支、歌合韻或通假，所涉及的歌部字有止攝支韻、果攝果韻、假攝麻韻。其中，「徙」字分別與歌部為韻或通假，郭錫良（1986）將「徙」字入支部，董同龢入歌部，「徙」

字在客家話還念sai，與「我」字念ŋai同韻，入歌部是可行的。若要歸入支部，則必須思考歌、支通假或合韻，可能是支部字同樣具有一個a元音的層次。下表兩漢民歌「筵」字情形亦然。

【西漢文人支歌合韻】

作者	篇名	韻字	上古韻	中古韻	開合	等第
東方朔	哀命	知/離	支/歌	支	開	三
劉向	思古	灑/離	支/歌	真	開	三
劉向	惜賢	蠡/嵯	支/歌	支/歌	開	三/一
劉向	愍命	柴/荷	支/歌	佳/歌	開	二/一

【東漢文人支歌合韻】

作者	篇名	韻字	上古韻	中古韻	開合	等第
崔駰	七言詩 p171	規/池儀	支/歌	支	合/開	三
張衡	歌 p179	枝/猗	支/歌	支	開	三
王逸	傷時	支/為	支/歌	支	開/合	三
王逸	疾世	岐/義	支/歌	支/真	開	三

【兩漢民歌支歌合韻】

出處	篇名	韻字	上古韻	中古韻	開合	等第
漢詩卷八·諺語	高誘引諺論毀譽 p239	知/為	支/歌	支	開/合	三
漢詩卷九·樂府	艷歌何嘗行 p272	知/離	支/歌	支	開	三

古辭						
漢詩卷九·樂府古辭	豔歌行 p273	筷/爲	支/歌	支	開/合	三
漢詩卷九·樂府古辭	滿歌行 p275	知/巇罹爲移	支/歌	支	開/開開合開	三
漢詩卷九.樂府古辭	滿歌行 p275	支知/巇罹移	支/歌	支	開	三
漢詩卷十·樂府古辭	古詩爲焦仲卿妻作 p283	枝/池離	支/歌	支	開	三
漢詩卷十一.琴曲歌辭	芑梁妻歌 p312	知/離隳	支/歌	支	開/開合	三
漢詩卷十一·琴曲歌辭	岐山操 p322	岐知斯/移	支/歌	支	開	三
漢詩卷十二·古詩	古詩十九首 p329	枝知涯/離	支/歌	支支佳/支	開	三三二/三
漢詩卷九·樂府古辭	豔歌行 p273	啼/離	支/歌	齊/支	開	四/三
漢詩卷四·郊廟	練時日 p147	麗/釃	支/歌	霽/紙	開	四/三

歌辭						

　　兩漢詩歌所見的支歌合韻，西漢尚可見歌部歌韻字入韻，到了東漢的支歌合韻，則主要是止、蟹攝三、四等字的合韻，朝向中古止攝格局變化的音韻趨勢明顯。

3.3.4 脂部與歌祭（月）元部通假

【楚簡脂歌通假】

出處	篇名	借字/本字	上古韻	中古韻	開合	等第
上博(二)	魯邦大旱 p206	殹(医) / 也[20]	脂/歌	霽/馬	開	四/三

【楚簡脂元通假】

出處	篇名	借字/本字	上古韻	中古韻	開合	等第
上博(三)	周易 p207	次/資	元/脂	仙/脂	開	三
上博(三)	周易 p170	見/視	元/脂	霰/至	開	四/三

【楚簡脂祭通假】

出處	篇名	借字/本字	上古韻	中古韻	開合	等第
包山二	簡 239-240	遞 (弟)/	脂/祭	薺/祭	開	四/三

---

[20] 「殹(医)/也」通假也見於上博(二)魯邦大旱 p210；上博（六）莊王既成申公臣靈王 p245。

號墓		滯				

【詩經脂元合韻】

風雅頌	篇名	韻字	上古韻	中古韻	開合	等第
邶風	新臺	瀰/鮮	脂/元	支/仙	開	三

【詩經脂祭合韻】

風雅頌	篇名	韻字	上古韻	中古韻	開合	等第
大雅	文王之什·皇矣	翳/栵	脂/祭	霽/薛	開	四/三

【楚辭屈賦脂歌合韻】

作者	篇名	韻字	上古韻	中古韻	開合	等第
屈原	遠遊	夷/蛇	脂/歌	脂/麻	開	三

　　楚簡脂歌、脂祭（月）、脂元通假都是很有啓發性的例證。脂歌通假的歌部字是假攝馬韻，屈原賦脂歌合韻情形與此相似。脂祭（月）「遞（弟)/滯」通假則反映楚簡中祭部可能是獨立的韻部，《詩經》的脂祭合韻，祭部「栵」字爲入聲則有所不同；而此處從「弟」得聲的脂部借字，極可能正讀的是 a 元音的層次，現代漢語客家方言「弟」字讀 ai 韻，應是保留了較早的音讀層次。脂元通假二組字與《詩經》〈新臺〉脂元合韻平行，我們認爲最可能的情形是元部字讀鼻化韻而押韻或通假，與閩南語歌謠押韻情形類似。

【先秦詩脂歌合韻】

出處	篇名	韻字	上古韻	中古韻	開合	等第
先秦詩卷四·雜辭	成相雜辭	師/移為儀	脂/歌	脂/支	開/開合開	三

【西漢文人脂歌合韻】

作者	篇名	韻字	上古韻	中古韻	開合	等第
東方朔	謬諫	旎/荷阿駝	脂/歌	紙/歌	開	三/一

【兩漢民歌脂歌合韻】

出處	篇名	韻字	上古韻	中古韻	開合	等第
漢詩卷十·樂府古辭	古豔歌 p292	脂飢/陂	脂/歌	脂/支	開	三

　　先秦詩與兩漢民歌脂歌合韻，入韻的都為止攝字，西漢文人脂歌合韻，其歌部字全為果攝歌韻字，推測這裡的脂部字應該讀一個低元音的層次，與楚簡通假字例相似，可一併思考。

3.4 楚簡歌部通假現象

　　之歌、支歌與脂歌通假已見 3.3 各小節，其餘歌部通假情形如下：

3.4.1 魚歌通假

【楚簡魚歌通假】

出處	篇名	借字/本字	上古韻	中古韻	開合	等第
上博(四)	柬大王泊旱 p213	瘇（且）/瘥	魚/歌	馬/歌	開	三/一
上博（六）	莊王既成申公臣靈王 p245	舿（夸）/軻[21]	魚/歌	麻/歌	合/開	二/一
上博(二)	民之父母 p154	皀/夏[22]	歌/魚	歌/禡	開	一/二
上博(五)	季庚子問於孔子 p226	膵（差）/邪	歌/魚	麻	開	二/三

【楚辭宋玉魚歌合韻】

作者	篇名	韻字	上古韻	中古韻	開合	等第
宋玉	九辯	瑕/加	魚/歌	麻	開	二

　　從楚簡魚、歌通假字組與宋玉魚、歌合韻來看，主要是歌部歌韻字與魚部假攝字通假，上博(五)一例為魚、歌兩部的麻韻字通假，與宋玉魚、歌合韻的性質相似。反映了較早的音韻格局，兩部應有共同的低元音層次。

【先秦詩魚歌合韻】

---

[21]　「舿（夸）/軻」通假又見於上博(六) 莊王既成申公臣靈王 p246。

[22]　「皀/夏」通假又見於上博(二) 民之父母 p158、p161、p164、p167。

出處	篇名	韻字	上古韻	中古韻	開合	等第
先秦詩卷二‧歌下	采葛婦歌 p30	除書舒／奇儀移疲	魚/歌	魚/支	開	三

【西漢文人鐸歌合韻】

作者	篇名	韻字	上古韻	中古韻	開合	等第
韋玄成	戒子孫詩 p114	夜/憊	鐸/歌	禡/果	開/合	三/一
韋孟	諷諫詩 p105	霸/過	鐸/歌	禡/過	開/合	二/一

【東漢文人魚歌合韻】

作者	篇名	韻字	上古韻	中古韻	開合	等第
酈炎	詩二首 p182	華/柯阿和科波嘉沙	魚/歌	麻/歌歌戈戈戈麻麻	合/開開合合合開開	二/一一一一一二二
張衡	怨詩 p179	葩/阿何嘉	魚/歌	麻/歌歌麻	開	二/一一二

【兩漢民歌魚歌合韻】

出處	篇名	韻字	上古韻	中古韻	開合	等第
漢詩卷八‧諺語	鄉里爲茨充號 p254	車/河	魚/歌	麻/歌	開	三/一
漢詩卷十一‧琴曲	列女引 p305	邪/多	魚/歌	麻/歌	開	三/一

歌辭						
漢詩卷十一·琴曲歌辭	雉朝飛操 p304	家/何阿和	魚/歌	麻/歌歌戈	開/開開合	二/一

　　西漢文人鐸、歌合韻可以看作魚（去聲字）、歌合韻，歌部入韻的是果攝字。兩漢民歌與東漢文人魚、歌合韻，基本的果攝字入韻還在，但已可見歌部麻韻字與魚部麻韻合韻，而這種發展趨勢在戰國楚地已見端倪。

3.4.2 微歌與物歌通假

【楚簡微歌通假】

出處	篇名	借字/本字	上古韻	中古韻	開合	等第
上博(五)	三德 p290	畏/危	微/歌	未/支	合	三
郭店	語叢四簡1	非/靡	微/歌	微/紙	合/開	三
上博(三)	中弓 p273	妥/綏	歌/微	果/脂	合	一/三
望山二號墓	簡9	妥/綏	歌/微	果/脂	合	一/三

【楚簡物歌通假】

出處	篇名	借字/本字	上古韻	中古韻	開合	等第

上博(五)	三德 p297	縎 (骨)/ 禍[23]	物/歌	沒/果	合	一

【楚辭屈宋微歌合韻】

作者	篇名	韻字	上古韻	中古韻	開合	等第
宋玉	九辯	毀/弛	微/歌	紙	合開	三
屈原	遠遊	妃/歌	微/歌	微/歌	合/開	三/一
屈原	東君	雷/蛇	微/歌	灰/麻	合/開	一/三

　　楚簡微、歌與物、歌通假及《楚辭》屈、宋微歌合韻，可見
歌部果攝字入韻或通假，亦可見歌部止攝字涉入，歌部麻韻字亦
與微部合韻，與前述魚歌接觸的歌部字發展相似。微部應有低元
音的音讀層次。

【西漢文人微歌合韻】

作者	篇名	韻字	上古韻	中古韻	開合	等第
劉向	遠游	巍/迻	微/歌	微/支	合/開	三
劉向	惜賢	斐/峨	微/歌	微/歌	合/開	三/一
東方朔	自悲	悲 衰 歸 頹/池	微/歌	脂 脂 微 灰/支	開 合 合 合/開	三 三 三 一/三
劉向	惜賢	開/麈	微/歌	咍/灰	開/合	一
劉向	憂苦	哀/離	微/歌	咍/支	開	一/三

【東漢文人微歌合韻】

---

[23] 「縎 (骨)/禍」通假，上博(五) 三德 p297 尚有一例；也見於上博（六）平王
問鄭壽 p256。

作者	篇名	韻字	上古韻	中古韻	開合	等第
王逸	疾世	乖/池	微/歌	皆/支	合/開	二/三

【兩漢民歌微歌合韻】

出處	篇名	韻字	上古韻	中古韻	開合	等第
漢詩卷十・樂府古辭	古詩爲焦仲卿妻作 p283	葦/移	微/歌	尾/支	合/開	三
漢詩卷十・樂府古辭	古詩爲焦仲卿妻作 p283	依歸衣/儀	微/歌	微/支	開合開/開	三
漢詩卷十一・琴曲歌辭	思親操 p309	歸/馳	微/歌	微/支	合/開	三
漢詩卷十一・琴曲歌辭	南風操 p319	悲微/儀峨歌河沙嗟	微/歌	脂微/支歌歌歌麻麻	開合/開	三/三一一一二三
漢詩卷四・郊廟歌辭	安世房中歌 p145	囘/施	微/歌	灰/支	合/開	一/三
漢詩卷九・樂府古辭	艷歌何嘗行 p272	徊/隨	微/歌	灰/支	合	一/三

　　兩漢的微、歌合韻，除了仍有歌部歌韻字入韻外，有更多的支韻字與微部合韻，而兩部所屬的蟹攝灰、咍韻字也經常合韻，

這種現象不見於楚簡通假及韻文，屬於較後起的變化。

3.4.3 歌祭（月）元部通假

【楚簡歌元通假】

出處	篇名	借字/本字	上古韻	中古韻	開合	等第
上博(五)	三　德 p295	椯/揣	元/歌	仙/紙	合	三
上博（六）	甲　日 p304	番/播	元/歌	元/過	合	三/一
上博(四)	內　豊 p228	划（戈）/賤	歌/元	戈/線	合/開	一/三
包山二號墓	簡22	偳（耑）/瑞[24]	元/歌	桓/寘	合	一/三

【楚簡歌祭通假】

出處	篇名	借字/本字	上古韻	中古韻	開合	等第
上博(三)	周易 p167	戈（戈）/衛	歌/祭	戈/祭	合	一/三

　　楚簡歌、祭通假字組，再一次印證戰國楚地有祭部字。歌、元通假之例，我們仍以為陽聲韻字在此可能讀的是鼻化韻的層次。先秦兩漢的歌元合韻也宜如此看待。

---

[24] 「偳(耑)/瑞」通假字又見於包山二號墓簡30。

【詩經歌元合韻】

風雅頌	篇名	韻字	上古韻	中古韻	開合	等第
小雅	魚藻之什·隰桑	何/難	歌/元	歌/寒	開	一
小雅	甫田之什·桑扈	邢/憲翰難	歌/元	箇/願翰翰	開	一/三一一
陳風	東門之枌	差/原	歌/元	麻/元	開/合	二/三

【先秦詩歌元合韻】

出處	篇名	韻字	上古韻	中古韻	開合	等第
先秦詩卷一·歌上	歲莫歌 p12	罷/寒	歌/元	支/寒	開	三/一

【西漢文人歌元合韻】

作者	篇名	韻字	上古韻	中古韻	開合	等第
淮南小山	招隱士	硊/骫	歌/元	紙/桓	開/合	三/一

【東漢文人歌元合韻】

作者	篇名	韻字	上古韻	中古韻	開合	等第
王逸	悼亂	蛇/猨山	歌/元	麻/元山	開/合開	三/三二

【兩漢民歌歌元合韻】

出處	篇名	韻字	上古韻	中古韻	開合	等第
漢詩卷九·樂府	滿歌行 p275	他/言安干	歌/元	歌/元寒寒	開	一/三一一

古辭						

【西漢文人歌祭合韻】

作者	篇名	韻字	上古韻	中古韻	開合	等第
劉向	遠逝	儀/濿	歌/祭	支/祭	開	三

　　西漢文人劉向的歌、祭合韻，已是祭部成立以後的格局，均是陰聲字。

3.4.4 歌部的例外押韻比例分析

1　周朝之初至春秋之末（西元前十一世紀中－前五世紀末）

作品	歌部總數	排行	用韻情況	次數	百分比
詩經	60	1	歌部獨韻	55	91.66%
		2	歌元	3	5%
			歌錫	1	1.67%
			歌藥錫	1	1.67%

2　戰國之初至秦朝之末（西元前五世紀末－前三世紀初）

作品	歌部總數	排行	用韻情況	次數	百分比
楚辭	35	1	歌部獨韻	28	80%
屈宋		2	歌微	3	8.57%
		3	歌魚	2	5.71%
			歌脂	1	2.86%
			歌支	1	2.86%

3　楚漢之初至新莽之末（西元前三世紀初－一世紀）

作品	歌部總數	排行	用韻情況	次數	百分比
西漢	31	1	歌部獨韻	16	51.60%
文人		2	歌微	5	16.13%
		3	歌支	4	12.90%

		4	歌鐸	2	6.45%
			歌元	1	3.23%
			歌月	1	3.23%
			歌脂	1	3.23%
			歌脂微	1	3.23%

4　東漢之初至獻帝之末（西元一世紀初－三世紀初）

作品	歌部總數	排行	用韻情況	次數	百分比
東漢 文人	17	1	歌部獨韻	7	41.19%
			歌支	4	23.53%
			歌魚	2	11.76%
			歌元	1	5.88%
			歌微	1	5.88%
			歌魚微	1	5.88%
			歌脂微	1	5.88%

5　魏立之初至孫吳之末（西元三世紀初－三世紀末）

作品	歌部總數	排行	用韻情況	次數	百分比
三國 詩歌	63	1	歌支	21	33.35%
		2	歌部獨韻	18	28.57%
		3	歌魚	13	20.63%
		4	歌微	3	4.76%
		4	歌支微	3	4.76%
		6	歌支脂	2	3.17%
		6	歌脂微	2	3.17%
			歌魚脂	1	1.59%

　　歌部獨韻比例從周朝之初至春秋之末爲 91.66%；到戰國之初至秦朝之末的楚辭屈宋降爲 80%，並出現歌微、歌魚、歌脂、歌支合韻，與《詩經》音有所不同；到了楚漢之初至新莽之末更降爲 51.60%，異部合韻並未超出前兩期之例；到了兩漢、三國，獨韻比例續降爲 41.19%、28.57%，歌支、歌魚的合韻比則大爲提高。

3.5 小結

　　本章以楚簡的通假字為討論基礎，結合楚地屈宋韻語，並比較傳世詩歌合韻現象，說明竹簡異部通假、詩歌的異部合韻、現代漢語方言的層次分析是可以結合研究的。如果我們認為這些音韻現象具體存在，當然必須面對它，給它合理的解釋。承認通假、異文、合韻，並不等於完全否認既有韻部分類，而是這些音韻現象存在的當下，不同韻部之間的語音關係是什麼？當之、脂、支、歌、微、魚、幽、宵各部在戰國楚地發生接觸時，我們除了從後代音韻演變的結果來看，也應解釋當時可能的具體音韻關係。我們已經知道韻書可能缺載具體的語音，漢語方言所保留的音韻事實則往往給我們啟發，有助於解釋通假、異文、合韻。

　　戰國楚簡的陰聲韻部通假關係，除了幽、宵、侯、魚四部之間的通假，將在下一章討論之外，本章共分四部分觀察：一為之、支、脂三部的通假關係；二為之、支、脂三部與中、高元音韻部通假情形；三為之、支、脂韻部與 a 元音韻部通假情形；四為歌部通假情形。通假關係顯示之、脂、支、微韻部有一個低元音的韻母層次，故能與 a 元音韻部常常通假、合韻。現代漢語方言閩語之、脂、支韻除了有高元音的韻母，白讀層亦有低元音 ai、a 的讀法，客語也有相應的例證。如果我們認為漢語方言與古代漢語具有源流關係，這種古今相互呼應的現象就應一併思考。那麼上古之、脂、支韻部內的韻母可能不止一個中元音（e、ə）或高元音（i）的音讀層次，否則又如何解釋出土和傳世文獻的音韻現象。

　　從通假字來看，楚簡應已具有獨立的祭部，後世祭部格局在楚地已然成形。魚、歌部的通假與先秦兩漢的韻文合韻相較，表現的是較早的共有低元音層次的格局。

　　而通假或合韻的陰陽對轉情形，給我們的啓示是：發生陰陽對轉而通假或合韻之際，陽聲韻可能讀的是鼻化韻，入聲韻則讀的是喉塞韻。《詩經・邶風・新臺》：「新臺有泚，河水瀰瀰（脂部）。燕婉之求，籧篨不鮮（元部）。」為「脂元」合韻，除了「脂」部可能和歌部共有一個低元音的層次之外，「元」部「鮮」字可能便讀鼻化韻，一般把《詩經・邶風》歸入中原地區的詩歌。又《爾雅・釋言》：「劑，翦，齊也。」郭璞注：「南方人呼翦刀為劑刀」，[25]「劑翦」亦為脂、元關係。這與臺灣地區為大眾所熟悉的閩南語歌謠、諺語的押韻情況類似，如「倚我；活割；山岸攤」分屬陰、入、陽聲韻，在歌謠裡以ua：uaʔ：uã押韻。[26]又如陸游《老學庵筆記》卷六記載：「秦人訛青字，則謂青為萋，謂經為稽。」，認定秦人為「訛」，當是主觀上存有洛陽「正音」的認知，而批評「四方之音有訛」。[27]事實則可能是「青經」有一鼻化韻讀音的層次，或鼻化成分也丟失，讀同陰聲的「萋稽」。綜觀東南方言閩南語的謠諺，中原地區的詩歌合韻、口語，長江流域的口語，及戰國楚地的通假字，都反映同類的音韻現象，因此，我們認為這是一個普遍存在的音讀層次；為使用者對音韻的調整與選擇，而這種做法是合於音系內部規則的，就如大家熟悉的閩南方言的文白韻母系統，並不產生混淆。[28]學者在探討層次分析時，從未懷疑閩南方

---

[25]　參周祖謨《爾雅校箋》頁 25，昆明，雲南人民出版社，2004 年。

[26]「儺」在《詩經・衛風・竹竿》：「淇水在右，泉源在左。巧笑之瑳，佩玉之儺。」與歌部字押韻，陳新雄先生在學術場合嘗提及「儺」「難」諧聲字關係，並說他的家鄉話「難」字就讀「nã」，也是陽聲韻讀鼻化韻之例。《詩經・衛風》為中原地區歌謠，陳新雄先生家鄉在長江流域，閩語位處東南，因此，陽聲韻讀鼻化韻，入聲韻讀喉塞韻，不會是囿於戰國楚地的音讀層次。

[27]《老學庵筆記》，頁 77－78，北京，中華書局，《唐宋史料筆記叢刊》，1979 年。

[28]陽聲韻讀鼻化韻，入聲韻讀喉塞韻，是與陽聲韻讀鼻尾韻，入聲韻讀塞尾韻共同存在的兩個音讀層次，就如大家熟知的閩南方言一樣，讀者若以為我們單單把上古韻部的陽聲韻擬為鼻化韻，入聲韻擬為喉塞韻，或者是楚地音韻如此，他處

言韻母層次之複雜，及其據有對立而非互補分布的文白兩套系統，更認爲「絕大多數鼻化韻所代表的讀音層次早於鼻韻尾-m、-n、-ŋ所代表的讀音層次；收喉塞音韻尾-ʔ所代表的讀音層次也早於收-p、-t、-k韻尾所代表的讀音層次」（陳忠敏 2007：146）。[29]因此，-m、-n、-ŋ與鼻化韻；-p、-t、-k與喉塞音韻尾-ʔ，可分別視爲兩個音韻層次。閩南方言韻母層次可以如此看待，我們認爲對上古音也不妨一視同仁，否則我們將無法處理異部的通假與合韻，或者解釋相關的音韻現象。一直以來，較具權威的上古音構擬，陽聲韻就是一套鼻韻尾-m、-n、-ŋ，入聲韻就是一套塞音尾-p、-t、-k（或-b、-d、-g），如果我們要爲漢字重建一個終極的形式來源，我們就得回答鼻韻尾、塞韻尾如何演變成鼻化韻、喉塞韻；如果目標放在層次來源，則有幾個層次就應有相應的幾個地域、或演變類型、或演變階段的來源。雖然我們目前的研究還無法確指鼻化韻、喉塞韻的年代，但可以肯定的是它們沒有在出土或傳世的上古材料中缺席。

不然，便是很大的誤解，遑論解釋其中的先後演變關係（ã〉aŋ、ã〉an、ã〉am）。
[29] 陳忠敏〈語音層次的定義及其鑑定的方法〉，收於丁邦新主編《歷史層次與方言研究》，頁 135－165，上海教育出版社，2007 年。

附錄：「悲」字合韻譜

說明：「悲」字屬脂部字，既與學者擬爲中、高元音的之、脂、支、
　　　微部字押韻，也與擬爲低元音的歌部字押韻，證其當有不同
　　　的音讀層次。從發展到中古的音類關係來看，齊、皆、灰、
　　　哈屬蟹攝韻；歌韻屬果攝；麻韻屬假攝；之、脂、支、微屬
　　　止攝。

出處	篇名	韻字	上古韻	中古韻	開合	等第
後人假託蔡琰	胡笳十八拍 p201	期時思/斯/飢/衰悲/隨移垂	之/支/脂/微/歌	之/支/脂脂/支	開/開/開/合開/合開合	三
後人假託蔡琰	胡笳十八拍 p201	時/知/衰悲誰/爲離虧宜	之/支/微/歌	之/支/脂/支	開/開/合開合/合開合開	三
後人假託蔡琰	胡笳十八拍 p201	時/知/遺悲歸衣騑輝歸/移	之/支/微/歌	之/支/脂脂微微微微微/支	開/開/合開合開合合合/開	三
	應劭引俚語論愆禮 p236	之/悲	之/微	之/脂	開	三
劉向	思古	次/悲	脂/微	至/脂	開	三
	鹿鳴之什·四牡	遲/悲	脂/微	脂	開	三
	李陵錄別	遲/悲誰	脂/微	脂/脂脂	開/開合	三

	詩二十一首 p336	追歸輝薇飛依衣希		脂微微微微微微微	合合合合合開開開	
司馬相如	歌 p99	遲私/衰悲依	脂/微	脂/脂脂微	開/合開開	三
	五子歌 p5	怩/追悲依歸	脂/微	脂/脂脂微微	開/合開開合	三
	李陵錄別詩二十一首 p336	飢/帷悲飛輝飛歸	脂/微	脂/脂脂微微微微	開/合開合合合合	三
	草蟲	夷/悲薇	脂/微	脂/脂微	開/開合	三
孔融	六言詩三首 p197	私祁飢/悲巍肥	脂/微	脂/脂微微	開/開合合	三
	阪操附 p300	遲鷗/悲依歸微	脂/微	脂/脂微微微	開/開開合合	三
	鹿鳴之什·采薇	遲/悲饑哀	脂/微	脂/脂微咍	開	三/三三一
	李陵錄別詩二十一首 p336	飢湄肌遲泥/悲帷衰衣懷	脂/微	脂脂脂脂齊/脂脂脂微皆	開/開合合開合	三三三三四/三三三三二
	古豔歌 p291	遲妻/悲飛衣機	脂/微	脂齊/脂微微微	開/開合開開	三四/三
	鹿鳴之什·杕杜	妻/悲	脂/微	齊/脂	開	四/三
	孤兒行	藜/悲羆	脂/微	齊/脂脂	開/開合	四/三

	p270	歸菲衣		微微微	合開開	
	鹿 鳴 之什‧杕杜	萋/悲歸	脂/微	齊/脂微	開/開合	四/三
司 馬 相如	琴歌二首p99	棲諧/悲誰飛妃	脂/微	齊皆/脂脂微微	開/開合合合	四二/三
王逸	怨上	西棲悽低/悲徽依靠璣懷摧	脂/微	齊/脂脂微微微皆灰	開/開開開合開合合	四/三三三三三二一
	古詩十九首p329	齊妻階/悲稀飛徊哀	脂/微	齊齊皆/脂微微灰咍	開/開開合合開	四四二/三三三一一
	谷 風 之什‧鼓鐘	喈湝/悲回	脂/微	皆/脂灰	開/開合	二二/三一
宋玉	九辯	偕/悲哀	脂/微	皆/脂咍	開	二/三一
	古詩爲焦仲卿妻作p283	遲/悲衣稀歸徊/移爲施	脂/微/歌	脂/脂微微微灰/支	開/開開開合合合/開合開	三/三三三三一/三
東方朔	謬諫	悲諱	微	脂未	開合	三
孔融	六言詩三首p197	衰悲微威違	微	脂脂微微微	合開合合合	三
	王 子 喬p261	衰悲晞輝歸	微	脂脂微微微	合開開合合	三
	古詩十九首p329	悲綏衣違輝歸闈飛晞	微	脂脂微微微微微微	開合開合合合合合開	三

		扉		微	合	
	七月	悲歸	微	脂微	開合	三
	蕩之什·瞻卬	悲幾	微	脂微	開	三
王逸	傷時	悲依	微	脂微	開	三
宋玉	九辯	悲歸	微	脂微	開合	三
劉向	離世	悲違	微	脂微	開合	三
劉向	怨思	悲違	微	脂微	開合	三
	素冠	悲衣歸	微	脂微微	開開合	三
	九罭	悲歸衣	微	脂微微	開合開	三
	東門行 p269	悲衣歸	微	脂微微	開開合	三
劉向	憂苦	悲/頹	微	脂/灰	開/合	三/一
屈原	遠遊	悲/懷	微	脂/皆	開/合	三/二
	東山	悲歸衣/枚	微	脂微微/灰	開合開/合	三/一
	李陵錄別詩二十一首 p336	悲依歸揮飛/乖懷徊摧哀	微	脂微微微微/皆皆灰灰咍	開開合合合/合合合開	三/二二一一一
	南風操 p319	悲微/儀峨歌河沙嗟	微/歌	脂微/支歌歌歌麻麻	開合/開	三/三一一二三
東方朔	自悲	悲衰歸頹/池	微/歌	脂脂微灰/支	開合合合/開	三三三一/三

第四章　上博楚簡通假字陰聲韻部關係（二）

4.0 前言

　　本章討論幽、宵、侯、魚四部的通假關係，並與其他出土材料與傳世文獻的通假字參照，進一步比較先秦兩漢詩歌的異部合韻狀況，實際討論之幽、幽宵、幽侯、侯魚、之魚、幽魚、宵魚等異部通假及其語音基礎。之幽、之魚通假第三章已有部分討論，本章增加其他文獻的通假用例。

4.1 楚簡幽部通假現象

4.1.1 之幽通假及其語音基礎

【楚簡之幽通假】

出處	篇名	借字/本字	上古韻	中古韻	開合	等第
上博（四）	采風曲目 p169	絲/茲	幽/之	尤/之	開	三
上博（六）	競公瘧 p186	蚤/尤	幽/之	皓/尤	開	一/三
郭店	尊德義簡 28-29	蚤/郵	幽/之	皓/尤	開	一/三

　　之、幽通假也見於馬王堆帛書《老子》甲本《道經》：「友弱勝強。」乙本作「柔弱朕（勝）強」，通行本作「柔弱勝剛強」。「友」

通作「柔」。睡虎地秦簡《爲吏之道》：「將發令，索其政（正），
毋然可異史（使）煩請。令數囚環，百姓搖（貳）乃難請。」「囚」
讀爲「究」。（王輝 2008：203；183）「友/柔」、「囚/究」通假語音
關係如下表所示：

通假字	中古	上古
友	云有（流開三上）	匣之
柔	日尤（流開三平）	日幽
囚	見有（流開三上）	見之
究	見宥（流開三去）	見幽

4.1.2 詩歌幽部的合韻情況

【詩經之幽合韻】

風雅頌	篇名	韻字	上古韻	中古韻	開合	等第
大雅	蕩之什·召旻	止/茂	之/幽	止/侯	開	三/一
大雅	文王之什·思齊	士/造	之/幽	止/皓	開	三/一
周頌	閔予小子之什·絲衣	基鼐牛紑/俅柔休觩	之/幽	之之尤尤/尤尤尤幽	開	三/三三三四
小雅	甫田之什·賓之初筵	徵郵/呶	之/幽	之尤/肴	開	三/二
大雅	蕩之什·瞻卬	有/收	之/幽	有/尤	開	三

【楚辭屈宋之幽合韻】

作者	篇名	韻字	上古韻	中古韻	開合	等第
屈原	遠遊	疑/浮	之/幽	之/尤	開	三
屈原	天問	在/首守	之/幽	海/有	開	一/三
屈原	昔往日	佩/好	之/幽	隊/号	合/開	一

【西漢文人之幽合韻】

作者	篇名	韻字	上古韻	中古韻	開合	等第
趙王劉友	歌 p92	之/仇	之/幽	之/尤	開	三
東方朔	哀命	尤/憂	之/幽	尤	開	三
劉向	遠逝	久首	之/幽	有	開	三
王褒	危俊	牛/蜩州 脩遊流 休悠浮 求懤儔 怞	之/幽	尤/簫尤 尤尤尤 尤尤尤 尤尤尤 尤	開	三/四三 三三三 三三三 三三三 三
王褒	蓄英	丘/簫脩 蜩嗥留	之/幽	尤/簫簫 簫豪尤	開	三/四四 四一三

【東漢文人之幽合韻】

作者	篇名	韻字	上古韻	中古韻	開合	等第
石 買力	費鳳別碑詩 p175	紀/道	之/幽	止/皓	開	三/一
王逸	傷時	娭能萊 臺/浮	之/幽	之哈哈 哈/尤	開	三一一 一/三

【兩漢民間之幽合韻】

作者	篇名	韻字	上古韻	中古韻	開合	等第
	聖人出 p160	子始海/道	之/幽	止止海/皓	開	三三一/一
	古董逃行 p297	丘/遒	之/幽	尤	開	三
	古詩十九首 p329	婦/草柳牖手守	之/幽	有/皓有有有有	開	三/一三三三三

【詩經幽支合韻】

風雅頌	篇名	韻字	上古韻	中古韻	開合	等第
小雅	南有嘉魚之什・車攻	調/柴	幽/支	簫/佳	開	四/二

先秦兩漢詩歌可見的合韻只有之幽與幽支兩類。

4.1.3 幽部與異部合韻的比例分析

1　周朝之初至春秋之末（西元前十一世紀中－前五世紀末）

作品	幽部總數	排行	用韻情況	次數	百分比
詩經	130	1	幽部獨韻	110	84.60%
		2	幽覺	6	4.62%
		2	幽宵	6	4.62%
		4	幽之	5	3.85%
			幽緝	1	0.77%
			幽侯	1	0.77%
			幽支	1	0.77%

2　戰國之初至秦朝之末（西元前五世紀末－前三世紀初）

作品	幽部總數	排行	用韻情況	次數	百分比
楚辭	33	1	幽部獨韻	23	69.70%
屈末		2	幽之	3	9.09%
		3	幽覺	2	6.06%
			幽東	1	3.03%
			幽侯	1	3.03%
			幽宵	1	3.03%
			幽陽	1	3.03%
			幽質	1	3.03%

3　楚漢之初至新莽之末（西元前三世紀初－一世紀）

作品	幽部總數	排行	用韻情況	次數	百分比
西漢	27	1	幽部獨韻	18	66.67%
文人		2	幽之	5	18.52%
		3	幽侯	2	7.41%
			幽宵	1	3.70%
			幽東	1	3.70%

4　東漢之初至獻帝之末（西元一世紀初－三世紀初）

作品	幽部總數	排行	用韻情況	次數	百分比

東漢 文人	16	1	幽部獨韻	8	50%
		2	幽之	2	12.5%
		2	幽宵侯	2	12.5%
			幽冬宵	1	6.25%
			幽侯	1	6.25%
			幽宵	1	6.25%
			幽魚	1	6.25%

5　魏立之初至孫吳之末（西元三世紀初－三世紀末）

作品	幽部總數	排行	用韻情況	次數	百分比
三國 詩歌	61	1	幽部獨韻	36	59.01%
		2	幽之	17	27.87%
		3	幽之侯	3	4.92%
		4	幽宵	2	3.28%
			幽侯	1	1.64%
			幽侯魚	1	1.64%
			幽魚	1	1.64%

　　幽部獨韻，從《詩經》的 84.60%，下降到《楚辭》屈宋的 69.70
%、西漢文人的 66.67%以及東漢文人的 50%，顯示幽部與其它韻
部的例外押韻漸趨頻繁。之幽合韻佔幽部押韻的百分比，從五個
時期來看，有 3.85% →9.09%→18.52%→12.5%的變化，直到三
國詩歌，才大幅提升到 27.87%，顯示三國才是幽之兩部頻繁接觸
的時期。《詩經》時期，之幽合韻位於幽覺、幽宵之後；《楚辭》
屈宋、兩漢文人、三國詩歌則之幽合韻皆位於幽部獨韻之後，居
於幽部押韻總數的第二位。

　　之幽通假與合韻的語音基礎為何？從合韻來看，前人的研究
多從音變互通、或音近合韻、或逕以方言現象視之。這裡的討論
實際上已透露合韻表示異讀層次存在的事實。

　　羅常培、周祖謨在《漢魏晉南北朝韻部演變研究》第一分冊
中，提到兩漢的之幽合韻有「之轉入幽部」與「幽轉入之部」者。

「之轉入幽」者，如之部尤韻「牛、丘、久、疢、舊」和之部脂韻「龜」字。（1958：16）「幽轉入之」者，如幽部的「軌」字。（1958：16；17）從學界目前對之、幽兩部的構擬來看，李方桂四元音的系統中之、幽二部皆爲*ə元音，只有韻尾圓唇與否的區別，亦即幽部元音是ə、iə與之部相同，之部是*-k、*-g韻尾輔音，而幽部是圓唇的舌根韻尾輔音*-kʷ、*-gʷ。主張之部的主元音爲*ɯ，幽部的主元音爲*u者，認爲發ɯ時把唇一圓就會讀成u，因此是之部往幽部演變而合韻。（黃典誠 2003：10）史存直（1984）則主張之幽合韻是一種方言現象：[1]

> 就方言之間的關係來看，有時祇有少數字自甲部轉入乙部，那就祇會造成偶爾的「合韻」；而有時卻是甲乙兩部整個相混或大部相混，那就必然會在韻文中造成大量的合韻，在文字的諧聲關係上造成大量的兩韻混諧。就古音之幽兩部之間有大量合韻來看，我們不妨推測在古代方言中，有的方言根本之幽不分或基本不分。（史存直 2002：141）

　　金慶淑研究《廣韻》的又音字，承襲李方桂的構擬，認爲幽部字變之部字可能性比較大，也就是*-əgʷ的韻尾圓唇成分脫落，變入*-əg。（1993：23）這與黃典誠的說法正好背道而馳。若以幽部字丟失圓唇韻尾來說，即是幽部字變讀爲之部音。那麼「牛丘久疢舊」等之部尤韻字，就不該轉入幽部。

　　依照羅常培、周祖謨的作法就是把經常合韻的「牛、丘、久、

---

[1] 史存直〈古韻「之、幽」兩部之間的交涉〉，亦收錄於《漢語音韻學論文集》，上海：華東師範大學出版社，2002 年。

疛、舊、龜」從之部移到幽部；把「軌」字從幽部移到之部，解
釋之幽合韻。然而，在兩漢韻文中「牛、久、舊」等字未必全與
幽部字相押；「軌」字也未必全與之部相押，請看下表：

作者	篇名	韻字	上古韻	中古韻	韻攝
不詳	西門行	之時茲／牛	之	之／尤	止／流
不詳	古詩為焦仲卿妻作	婦友久母	之	有有有厚	流
韋玄成	戒子孫詩	事／舊	之	志／宥	止／流

作者	篇名	韻字	上古韻	中古韻	韻攝
王逸	遭厄	軌／造道	幽	旨／晧	止／效

因此，調整韻字的歸屬還是無法真正解釋之幽合韻。而史存直、
金慶淑都以方言現象說明之幽合韻，但從詩人里籍來看，分布廣
及山東、江蘇、湖北、四川，並無法確證是哪一區域的方言。

詩人	籍貫	詩名	韻字（之／幽）
東方朔	平原厭次	哀命	尤／憂
趙王劉友	沛豐邑中陽里人	歌	之／仇
劉向	沛豐邑中陽里人	遠逝	久／首
王褒	蜀郡資中	危俊	牛／蜩州脩遊流休悠浮求情儔怞
		蓄英	丘／蕭條蜩嗥留

| 石買力 | 甘陵人 | 費鳳別碑詩 | 紀／道 |
| 王逸 | 南郡 宜城 | 傷時 | 娛能萊臺／浮 |

　　總而言之，上述幾種構想都無法全面解釋所有的之幽合韻例。「尤、久、牛」雖與「幽部流攝字」合韻，在某些區域有之部的讀法，因此產生所謂的之幽合韻，但也仍有之部獨韻的用例。《廣韻》記錄了之、幽部字的又音，最能說明異讀層次的存在事實。

4.1.4 幽部與入聲韻的關係

　　幽部與入聲字的通假在上博楚竹書中未錄及。然可在其他出土文獻的通假中看到。如：一九八六年河南伊川縣城關西府店發現的戰國銅戈銘：「十一年佫著大命（令）少斤夜，工帀（師）郐（徐）喜，冶午。」《集韻》：「佫或作𡓉。」佫、皋通假。又馬王堆帛書《老子》甲本《道經》：「六親不合，案（安）有畜茲」，「絕仁棄義，民復畜茲。」「畜茲」乙本作「孝茲」，通行本作「孝慈」。（王輝 2008：182；189）「佫／皋」、「畜／孝」通假語音關係如下表所示：

通假字	中古	上古
佫	見鐸（宕開一入）	見鐸
皋	見豪（效開一平）	見幽
畜	曉屋（通合三入）	曉覺
孝	曉效（效開二去）	曉幽

　　以下為詩歌合韻幽部字與入聲韻的關係。計有幽覺與幽緝合韻兩類。幽、覺是對轉的韻部，在二十二部的系統中並未被獨立出來。緝部，一般都擬之為*ə元音的雙脣塞音尾韻。若幽、覺、

緝部要合韻，入聲字可能是讀喉塞尾韻，否則*-k、　*-g（或*-kʷ、
-gʷ）很難與-p尾韻相押。

【詩經幽覺合韻】

風雅頌	篇名	韻字	上古韻	中古韻	開合	等第
大雅	蕩之什・蕩	究/祝	幽/覺	屋	開	三
周頌	清廟之什・維天之命	收/篤	幽/覺	尤/沃	開/合	三/一
王風	中穀有蓷	嘯脩/淑	幽/覺	嘯尤/屋	開/合	四三/三
唐風	揚之水	皓憂/鵠繡	幽/覺	皓尤/沃宥	開/合	一三/一三
鄭風	清人	陶好抽/軸	幽/覺	豪号尤/屋	開/合	一一三/三
王風	兔爰	罦造憂/覺	幽/覺	虞皓尤/覺	合開開/開	三一三/二

【楚辭屈宋幽覺合韻】

作者	篇名	韻字	上古韻	中古韻	開合	等第
屈原	天問	救/告	幽/覺	宥/号	開	三/一
屈原	抽思	救/告	幽/覺	宥/号	開	三/一

【兩漢民間幽覺合韻】

作者	篇名	韻字	上古韻	中古韻	開合	等第
	李陵錄別詩二十一首 p336	秋悠酬愁/繆	幽/覺	尤	開	三

【詩經幽緝合韻】

風雅頌	篇名	韻字	上古韻	中古韻	開合	等第
小雅	節南山之什・小旻	道猶咎/集	幽/緝	皓尤有/緝	開	一三三/三

4.1.5 覺部與異部合韻的比例分析

1　周朝之初至春秋之末（西元前十一世紀中－前五世紀末）

作品	覺部總數	排行	用韻情況	次數	百分比
詩經	25	1	覺部獨韻	14	56%
		2	覺幽	6	24%
		3	覺職	4	16%
			覺屋	1	4%

2　戰國之初至秦朝之末（西元前五世紀末－前三世紀初）

作品	覺部總數	排行	用韻情況	次數	百分比
楚辭	6	1	覺部獨韻	3	50%
屈宋		2	覺幽	2	33.33%
			覺職	1	16.67%

3　楚漢之初至新莽之末（西元前三世紀初－一世紀）

作品	覺部總數	排行	用韻情況	次數	百分比
西漢	4	1	覺部獨韻	3	75%
文人			覺職	1	25%

4　東漢之初至獻帝之末（西元一世紀初－三世紀初）

作品	覺部總數	排行	用韻情況	次數	百分比
東漢	7	1	覺屋	3	42.86%
文人		2	覺部獨韻	2	28.57%
			覺侯	1	14.29%
			覺侯屋	1	14.29%

5　魏立之初至孫吳之末（西元三世紀初－三世紀末）

作品	覺部總數	排行	用韻情況	次數	百分比
三國	5		覺微	1	
詩歌			覺鐸	1	
			覺屋	1	
			覺職	1	
			覺職屋物	1	
			覺部獨韻	0	

從異部合韻比例來看，從西漢文人開始，幽、覺（陰入相押）兩部不再押韻。陰聲韻與入聲韻應已經各自發展。

4.1.6 幽部與舌尖尾韻部的關係

幽部被歸為收舌根輔音尾的韻部，但在楚簡通假與詩歌押韻可見與舌尖尾韻部的接觸關係，如幽/質、幽/歌、幽/元、幽/微、幽/文等。

【楚簡幽質通假】

出處	篇名	借字/本字	上古韻	中古韻	開合	等第
上博(七)	凡物流形(甲本)p236	頁/首	質/幽	屑/有	開	四/三
上博(七)	凡物流形(乙本)p276	頁/首	質/幽	屑/有	開	四/三

【楚辭屈宋幽質合韻】

作者	篇名	韻字	上古韻	中古韻	開合	等第
屈原	天問	飽/繼	幽/質	巧/霽	開	二/四

【楚簡幽元通假】

出處	篇名	借字/本字	上古韻	中古韻	開合	等第
上博(四)	曹沫之陳 p281	戰（戰）/守	元/幽	線/有	開	三
上博(七)	鄭子家喪	獸/戰	幽/元	宥/線	開	三

	(乙本)p184					
郭店	窮達以時簡4~5	戰/守	幽/元	線/有	開	三

　　幽、元通假還見於河南新鄭出土韓國兵器銘文屢見的「端戟」一詞,「端」讀作「彤」。望山墓四八號遣策「一耑戈」,「耑」亦讀作「彤」。《國語・晉語三》:「穆公衡彤戈出見使者。」雕、彤通用,耑、端得讀爲彤。又隨縣楚簡一七六:「端轂。」,即雕轂。(王輝2008:192)其通假語音關係如下表所示:

通假字	中古	上古
端耑	端桓（山合一平）	端元
彤雕	端蕭（效開四平）	端幽

【兩漢民間幽歌合韻】

作者	篇名	韻字	上古韻	中古韻	開合	等第
	滿歌行p275	愁憂周秋/犧	幽/歌	尤/支	開	三

　　幽歌合韻、幽元通假是平行的關係,我們推想幽部可能有一個較低元音的讀法,就如現代閩南方言把幽部字「九流劉留臭」讀爲-au韻。與*a元音的歌、元部字通假或合韻。

【楚簡幽微通假】

作者	篇名	韻字	上古韻	中古韻	開合	等第
上博（一）	孔子論詩p139	遗（帚）/歸[2]	幽/微	有/微	開/合	三

---

[2]　「遗（帚）/歸」通假尙見於上博（一）孔子論詩p141;上博（三）周易p141、p203;上博（五）鮑叔牙與隰朋之諫p189;上博（六）平王問鄭壽p257。

　　幽、微通假還見於《古璽彙編》二七六七：「君鬼月」，二九三四「弧鬼月」，「鬼」讀爲九，與同書〇四六二「王五月」、一六一三「曹五月」相類，乃以出生月份爲名。《禮記・明堂位》：「脯鬼侯。」《史記・周本紀》「鬼侯」作「九侯」，「鬼/九」通假。又者減鐘：「自作椎鐘。」「椎鐘」一詞又見《呂氏春秋・古樂》：「有倕作爲鼙鼓鐘磬，吹苓管壎箎，鞀椎鐘。」從者減鐘銘判斷，「椎鐘」應是鐘名，即「雕鐘」。「雕鐘」是有刻畫紋飾的鐘，與信陽竹簡將繪有紋飾的鼓稱爲「彫鼓」情況相同。（王輝 2008：182；192）「鬼/九」、「椎/雕」的通假關係語音如下表所示：

通假字	中古	上古
鬼	見尾（止合三上）	見微
九	見有（流開三上）	見幽
椎	澄脂（止合三平）	定微
彫	端蕭（效開四平）	端幽

【楚簡幽文通假】

出處	篇名	借字/本字	上古韻	中古韻	開合	等第
上博(三)	周易 p191	惥（憂）/隕	幽/文	尤/文	開/合	三

　　幽微、幽文通假是平行的關係，在李方桂的四元音系統裡擬作*ə元音，三部互相通假應是音近關係。

4.2 楚簡宵部通假

4.2.1 幽宵通假及其語音基礎

【楚簡幽宵通假】

出處	篇名	借字/本字	上古韻	中古韻	開合	等第
上博（二）	性情論 p250	詠（啾）嘺	幽/宵	尤/宵	開	三
上博（二）	容成氏 p251	酥（秀）/繇	幽/宵	宥/宵	開	三
上博（二）	容成氏 p279	柔（柔）/瑤	幽/宵	尤/宵	開	三
上博（三）	周易 p170	繇/由[3]	宵/幽	宵/尤	開	三
郭店	性自命出簡 34	猷/搖	幽/宵	尤/宵	開	三
郭店	尊德義簡 3	繇（繇）/由	宵/幽	宵/尤	開	三
長沙子彈庫	戰國楚帛書甲篇	繇（繇、繇）/咎	宵/幽	宵/有	開	三
郭店	唐虞之道簡 12	采（秀）/繇	幽/宵	宥/宵	開	三
郭店	唐虞之道簡 12	繇/陶	宵/幽	宵/豪	開	三

　　幽、宵通假還見於彔伯
\(\)
\(\)敦：「王若曰：彔伯
\(\)
\(\)！繇自乃且考有聞于周邦。」「繇」為嘆詞。亦即《大誥》：「王若曰：猷！大誥爾多邦越爾御事。」《多士》：「王曰：猷！告爾多士。」之「猷」，也作嘆詞。又馬王堆帛書《老子》甲本卷後古佚書《五行》引《詩》曰：「繇才繇才，婐橾反廁。」毛詩《周南·關雎》三章作「悠哉悠哉，輾轉反側」。《漢書·韋賢傳》：「犬馬繇繇。」顏師古注：「繇與悠同。繇、繇古同字。」鄂君啟舟節「濌」通作「油」。又銀雀

---

[3] 「繇/由」通假字組還見於上博（四）曹沫之陳 p270；上博（五）季庚子問於孔子 p221。郭店楚簡〈成之聞之〉簡 12，〈尊德義〉簡 3，〈六德〉簡 7，〈語叢一〉簡 1。

林·釋囮》認為「許囮」即「許由」，王輝認為「囮」即「繇」字，《漢書·循吏傳敘》:「及至孝宣，繇仄陋而登至尊。」顏師古注:「繇與由同。」又殷墟甲骨文習語「囮凡业（有）疒」，「囮凡」即「盤遊」，傳世文獻《尚書·五子之歌》:「（太康）乃盤遊無度，畋于有洛之表，十旬弗反。」

馬王堆帛書《春秋事語·衛獻公出亡章》「公子浮」，《左傳·襄公十四年》作「公孫剽」，《漢書·古今人表》作:「衛殤公焱（焱為猋之訛）」。古孚聲字多與票聲字通，傳世文獻《尚書·武成》:「血流漂杵。」《論衡·恢國》引作「血流浮杵」。《詩·召南·摽有梅》:「摽有梅。」《孟子·梁惠王上》趙岐注引「摽」作「莩」。

又馬王堆帛書《六十四卦·困》初六:「入於要浴（谷）。」通行本《易》作:「入于幽谷。」傳世文獻《詩·豳風·七月》:「四月秀葽。」《大戴禮·夏小正》作:「四月秀幽。」。馬王堆帛書《老子》甲本卷後古佚書《五行》引《詩》曰:「茭芍〔淑女，寤〕眛（寐）求之。」毛詩《周南·關雎》作:「窈窕淑女，寤寐求之。」「茭/窈」通假。

中山胤嗣奸盗圓壺:「茅蒐狃（畋）獵」，「茅」讀作「苗」。戰國燕方足布面文「榦刀」即「韓皋」，「刀」讀作「皋」。

綜上所述，出土或傳世文獻的幽、宵通假極為常見，顯示兩部應具共同的音讀層次。比較可能是幽部字具有低元音。「繇（繇）/猷」、「繇（繇）/悠」、「瀀/油」、「囮（繇）/由」、「囮（繇）/遊」、「要/幽」、「浮剽焱漂摽莩」、「茭/窈」、「茅/苗」、「刀/皋」、「咎/高」的通假語音關係如下表所示:（王輝 2008:205;206;178;177;176;181;158）。

通假字	中古	上古
繇（䌛）	喻四宵（效開三平）	喻四宵
猷	喻四尤（流開三平）	喻四幽
繇（䌛）	喻四宵（效開三平）	喻四宵
悠	喻四尤（流開三平）	喻四幽
滧	喻四宵（效開三平）	喻四宵
油	喻四尤（流開三平）	喻四幽
囚（䌛）	喻四宵（效開三平）	喻四宵
由	喻四尤（流開三平）	喻四幽
遊	喻四尤（流開三平）	喻四幽
要	影宵（效開三平）	影宵
幽	影尤（流開三平）	影幽
勡	滂笑（效開三去）	滂宵
猋	幫宵（效開三平）	幫幽
漂	滂宵（效開三平）	滂宵
摽	滂小（效開三上）	滂宵
莩	並小（效開三上）	並幽
茭	見肴（效開二平）	見宵
窈	影篠（效開四上）	影幽
茅	明肴（效開二平）	明幽
苗	明宵（效開三平）	明宵
刀	端豪（效開一平）	端宵
皋	見豪（效開一平）	見幽
咎	群有（流開三上）	群幽
高	見豪（效開一平）	見宵

4.2.2 詩歌宵部的合韻情況

宵部的合韻情況有幽宵、之宵、之幽宵三種類型。與通假相較，明顯以幽宵合韻居多。《詩經》幽宵合韻的韻字僅有〈月出〉，「糾」字屬流攝字，其餘皆效攝字。以从「丩」聲的「叫」字的今讀推測，幽部字理應有一個低元音層次的讀法；《楚辭》入韻的「流」字在閩南方言讀lau24 也類似；先秦詩「導」字亦有低元音的今讀；兩漢時期入韻的幽部字也有平行的現象。

【詩經幽宵合韻】

風雅頌	篇名	韻字	上古韻	中古韻	開合	等第
陳風	月出	糾/皎僚悄	幽/宵	黝/篠小小	開	三/四三三
大雅	文王之什·思齊	保/廟	幽/宵	皓/笑	開	一/三
王風	君子陽陽	陶翿/敖	幽/宵	豪	開	一
齊風	載驅	滔/儦敖	幽/宵	豪/宵豪	開	一/三一
豳風	七月	蜩/葽	幽/宵	蕭/宵	開	四/三
豳風	鴟鴞	翛/嘵譙翹搖	幽/宵	蕭/蕭宵宵宵	開	四/四三三三

【楚辭屈宋幽宵合韻】

作者	篇名	韻字	上古韻	中古韻	開合	等第
屈原	昔往日	流幽/聊昭	幽/宵	尤幽/蕭宵	開	三四/四三

【先秦詩幽宵合韻】

作者	篇名	韻字	上古韻	中古韻	開合	等第
	右八 p60	導/杲	幽/宵	皓/号	開	一一

【西漢文人幽宵合韻】

作者	篇名	韻字	上古韻	中古韻	開合	等第
淮南小山	招隱士	幽/繚	幽/宵	幽/蕭	開	三/四

【東漢文人幽宵合韻】

作者	篇名	韻字	上古韻	中古韻	開合	等第
王逸	守志	條/嶢遙 鴞佋	幽/宵	蕭/蕭宵 宵宵	開	四/四三 三三

【兩漢民間幽宵合韻】

作者	篇名	韻字	上古韻	中古韻	開合	等第
	古詩三首 p335	草抱道/ 橋	幽/宵	皓	開	一

　　之宵合韻與之宵通假、之幽宵合韻可並看。從「采」聲之字、「來」都是後來入蟹攝的一等字，我們認爲之部字存在一個低元音的層次。

【楚簡之宵通假】

出處	篇名	借字/本字	上古韻	中古韻	開合	等第
上博（五）	君子爲禮 p258	敉（采）/ 搖（搖）	之/宵	海/宵	開	一/三

之/宵
【西漢文人之宵合韻】

作者	篇名	韻字	上古韻	中古韻	開合	等第
韋孟	在鄒詩 p107	舊/朝	之/宵	宥/宵	開	三

之/幽/宵
【兩漢民間之幽宵合韻】

作者	篇名	韻字	上古韻	中古韻	開合	等第
	折楊柳行 p268	來/條/庥	之/幽/宵	咍/蕭/豪	開	一/四/一

4.2.3 宵部與異部合韻的比例分析

1　周朝之初至春秋之末（西元前十一世紀中－前五世紀末）

作品	宵部總數	排行	用韻情況	次數	百分比

詩經	58	1	宵部獨韻	40	68.97%
		2	宵藥	11	18.97%
		2	宵幽	6	10.34%
			宵侵	1	1.72%

2　戰國之初至秦朝之末（西元前五世紀末－前三世紀初）

作品	宵部總數	排行	用韻情況	次數	百分比
楚辭 屈宋	8	1	宵藥	4	50%
		2	宵部獨韻	3	37.50%
			宵幽	1	12.50%

3　楚漢之初至新莽之末（西元前三世紀初－一世紀）

作品	宵部總數	排行	用韻情況	次數	百分比
西漢 文人	10	1	宵侯	3	30%
			宵部獨韻	1	10%
			宵之	1	10%
			宵幽	1	10%
			宵耕	1	10%
			宵微	1	10%
			宵藥	1	10%
			宵鐸	1	10%

4　東漢之初至獻帝之末（西元一世紀初－三世紀初）

作品	宵部總數	排行	用韻情況	次數	百分比
東漢 文人	10	1	宵魚	3	30%
			宵部獨韻	2	20%
			宵幽侯	2	20%
			宵侵	1	10%
			宵幽	1	10%
			宵幽冬	1	10%

5　魏立之初至孫吳之末（西元三世紀初－三世紀末）

作品	宵部總數	排行	用韻情況	次數	百分比
三國 詩歌	6	1	宵部獨韻	4	66.67%
		2	宵幽	2	33.33%

宵部獨韻，從《詩經》的 68.97%，下降到《楚辭》屈宋的 37.5%、西漢文人的 10%以及東漢文人的 20%，顯示宵部的例外押韻漸趨頻繁。不過三國詩歌中宵部獨韻又迅速回升到 66.67%，從先秦、兩漢民間詩歌觀察，宵部獨韻仍維持在 66.67%，和《楚辭》屈宋的 37.5%，以及西漢文人的 10%、東漢文人的 20%有極大的出入，可能是韻段太少影響統計結果。

4.2.4 宵部與入聲韻的關係

【楚簡宵藥通假】

出處	篇名	借字/本字	上古韻	中古韻	開合	等第
上博（一）	性情論 p236	寷（苗）/貌	宵/藥	宵/效	開	三/二
上博（一）	性情論 p270	趙/躁	藥/宵	覺/号	開	二/一
上博（六）	競公瘧 p180	約/要	藥/宵	藥/笑	開	三
郭店	五行簡32	佼（爻）/貌	宵/藥	肴/效	開	二
郭店	語叢四 簡22-23	鈔/削	宵/藥	肴/藥	開	二/三
包山二號墓	簡263	鈔/削	宵/藥	肴/藥	開	二/三
郭店	老子甲簡8	溺/眇	藥/宵	錫/小	開	四/三

睡虎地秦簡《法律答問》：「耐以爲鬼薪而鋈足。」「鋈」讀爲「夭」。馬王堆帛書《老子》甲本卷後古佚書《五行》引《詩》曰：「茭芍[淑女，寤] 昧（寐）求之。」毛詩《周南·關雎》「茭芍」作「窈窕」。馬王堆帛書《戰國縱橫家書》中趙、魏、韓之「趙」多作「勺」。（王輝 2008：155；166）「鋈/夭」、「芍/窕」、「趙/勺」

通假語音關係如下表所示：

通假字	中古	上古
鋈	影沃（通合一入）	影藥
夭	影宵（效開三平）	影宵
芍	禪藥（宕開三入）	禪藥
窕	定篠（效開四上）	定宵
勺	禪藥（宕開三入）	禪藥
趙	澄小（效開三上）	定宵

覺/宵
【楚簡宵覺通假】

出處	篇名	借字/本字	上古韻	中古韻	開合	等第
上博（一）	紂衣 p177	㑊（弔）/淑[4]	宵/覺	嘯/屋	開/合	四/三
上博（六）	用曰 p302	弔/淑[5]	宵/覺	嘯/屋	開/合	四/三

　　宵、覺通假還見於馬王堆帛書《老子》甲：「吾將以爲學父。」
「學」通行本作「教」。伯晨鼎「學」讀作「較」。（王輝 2008：157）

通假字	中古	上古
學	匣覺（江開二入）	匣覺
教	見宵（效開二平）	見宵

以下觀察藥部的用韻情況，以與通假情形作比較。

---

[4] 「㑊（弔）/淑」通假尚見於上博（一）紂衣 p192；上博（五）競建內之 p166、p171、p172、p175；上博（五）鮑叔牙與隰朋之諫 p188、p190。
[5] 「弔/淑」通假尚見於上博（六）用曰 p306。

【詩經宵藥合韻】

風雅頌	篇名	韻字	上古韻	中古韻	開合	等第
魯頌	泮水	昭藻/驕	宵/藥	宵皓/宵	開	三一/三
衛風	氓	笑/暴悼	宵/藥	笑/号	開	三一
邶風	終風	笑 敖/暴悼	宵/藥	笑豪/号	開	三一一
檜風	羔裘	膏/曜悼	宵/藥	豪/笑号	開	一/三一
小雅	節南山之什‧巧言	盜/暴	宵/藥	号	開	一
周南	關雎	芼/樂	宵/藥	号/效	開	一二
大雅	蕩之什‧韓奕	到/樂	宵/藥	号/效	開	一二
大雅	蕩之什‧抑	耄/藐虐	宵/藥	号/覺藥	開	一二三
大雅	蕩之什‧抑	昭/樂	宵/藥	宵/鐸	開	三一
小雅	節南山之什‧正月	炤殽/虐樂	宵/藥	笑肴/藥鐸	開	三二/三一
大雅	文王之什‧靈臺	沼/翯濯躍	宵/藥	小/沃覺藥	開/合開開	三/一二三

【楚辭屈宋宵藥合韻】

作者	篇名	韻字	上古韻	中古韻	開合	等第
宋玉	九辯	效/約	宵/藥	效/笑	開	二/三
屈原	遠遊	驚/曜	宵/藥	号/笑	開	一/三
屈原	遠遊	撟/樂	宵/藥	宵/覺	開	三/二
宋玉	九辯	教高/樂	宵/藥	肴豪/鐸	開	二一/一

【西漢文人宵藥合韻】

作者	篇名	韻字	上古韻	中古韻	開合	等第
東方朔	哀命	到/樂	宵/藥	号/效	開	一/二

【兩漢民間宵藥合韻】

作者	篇名	韻字	上古韻	中古韻	開合	等第
	桓譚引關東鄙語 p143	笑/樂嚼	宵/藥	笑/覺藥	開	三/二三
	桓帝末京	鐃/嚼	宵/藥	肴/藥	開	二/三

	都 童 謠 p221					

　　若排除郭錫良（1986）歸入入聲韻部的去聲字，真正的宵藥合韻其實並不多。我們認爲陰入相押的情況常是入聲韻讀喉塞尾韻的層次。

4.2.5 藥部與異部合韻的比例分析

1　周朝之初至春秋之末（西元前十一·世紀中－前五世紀末）

作品	藥部總數	排行	用韻情況	次數	百分比
詩經	23	1	藥部獨韻	11	47.83%
		1	藥宵	11	47.83%
			藥錫歌	1	4.34%

2　戰國之初至秦朝之末（西元前五世紀末－前三世紀初）

作品	藥部總數	排行	用韻情況	次數	百分比
楚辭	5	1	藥宵	4	80%
屈宋			藥部獨韻	1	20%

3　楚漢之初至新莽之末（西元前三世紀初－一世紀）

作品	藥部總數	排行	用韻情況	次數	百分比
西漢	2		藥宵	1	
文人			藥鐸	1	

4　東漢之初至獻帝之末（西元一世紀初－三世紀初）

作品	藥部總數	排行	用韻情況	次數	百分比
東漢	2		藥屋	1	
文人			藥葉	1	

5　魏立之初至孫吳之末（西元三世紀初－三世紀末）

作品	藥部總數	排行	用韻情況	次數	百分比

| 三國
詩歌 | 2 | | 藥部獨韻 | 1 | |
| 藥鐸 | 1 | |

　　宵藥（陰入相押）在《詩經》僅佔所有宵部韻段的 18.97%，
《楚辭》屈宋則達到 50%，反映的是南北方音不同？還是韻段太
少影響統計？我們傾向是後者，到了西漢文人中降回 10%，東漢
開始不再押韻。

4.2.6 宵部與舌尖尾韻部的關係

【楚簡宵歌通假】

出處	篇名	借字/本字	上古韻	中古韻	開合	等第
上博（三）	周易 p138	壿（少）/ 沙	宵/歌	小/麻	開	三/二

宵/月

【楚簡宵月通假】

出處	篇名	借字/本字	上古韻	中古韻	開合	等第
上博（二）	子羔 p184	竄（毳）/ 磽	月/宵	祭/肴	合/開	三/二

　　宵歌通假、宵月（祭）通假二例，反映的是 a 元音韻部之間
的接觸，在楚地它們應該具有共通的韻母層次。「壿（少）/沙」
並且具有諧聲關係。

　　從「毳」之「竄」字韻書記錄了三個讀音：祭韻，此芮切、
楚稅切及線韻，尺絹切。因此，若是視之為祭韻字，則歸入去聲
祭月部，此例通假便可視作宵祭之關係；若以之為線韻字，則入
元部，此處便是元宵通假，與龔煌城先生（2005：77）主張之「稟」
與「稈」、「蹻」與「健」、「駁犖」與「斑斕」為同源詞的現象相
應。從《廣韻》所記錄的從「毳」系列漢字來看，宵韻，起囂切，

有「橇」字；祭韻，此芮切，有「毳膬竁」字，同韻楚稅切有「毳
竁」字；線韻，尺絹切，有「竁」字；薛韻，七絕切，有「膬」
字。以中古反切投影於上古，則從「毳」之字，當有平聲（起囂
切）、去聲（陰聲韻此芮切、楚稅切；陽聲韻尺絹切）、入聲（七
絕切）的來源。以今讀來看，[6]則陽聲韻tʂʰuan、入聲韻tɕʰye的音
讀類型沒有反映在國語音系中。

宵/微
【西漢文人宵微合韻】

作者	篇名	韻字	上古韻	中古韻	開合	等第
東方朔	怨世	夭/依	宵/微	宵/微	開	三

4.3 楚簡侯部通假情形

4.3.1 幽侯通假及其語音基礎

【楚簡幽侯通假】

出處	篇名	借字/本字	上古韻	中古韻	開合	等第
上博（五）	姑成家父 p248	敂/糾	侯/幽	厚/尤	開	一/三
上博（五）	季庚子問於孔子 p200	矞（矛）/務[7]	幽/侯	尤/遇	開/合	三
上博（三）	彭祖 p307	悆（矛）/務	幽/侯	尤/遇	開/合	三
上博（二）	從政（甲篇)p223	矛/務[8]	幽/侯	尤/遇	開/合	三
上博（一）	性情論 p273	悆（矛）/侮[9]	幽/侯	尤/麌	開/合	三

---

[6] 「膬橇竁毳」讀tsʰuei51；「橇撬」讀tɕʰiau51 或tɕʰiau55 兩音。

[7] 「矞（矛）/務」通假尚見於上博（五）季庚子問於孔子 p202。

[8] 「矛/務」通假尚見於上博（二）從政（乙篇)p233。

[9] 「悆（矛）/侮」通假尚見於上博（二）容成氏 p292

| 上博（五） | 季庚子問於孔子 p206 | 汈（矛）/侮 | 幽/侯 | 尤/囊 | 開/合 | 三 |
| 郭店 | 老子丙組簡1 | 灾/侮 | 幽/侯 | 尤/囊 | 開/合 | 三 |

　　幽、侯通假還見於峋嶁碑：「唯王二年六月丁酉，承嗣越臣朱句。」「朱」讀作「州」。（王輝 2008：200）其通假語音關係如下表所示：

通假字	中古	上古
朱	章虞（遇合三平）	章侯
州	章尤（流開三平）	章幽

【楚簡之侯通假】

出處	篇名	借字/本字	上古韻	中古韻	開合	等第
上博（四）	曹沫之陳 p273	𢼄（又）/厚	之/侯	宥/厚	開	三/一
上博（五）	弟子問 p271	豈（住）/[10] 矣	侯/之	遇/止	合/開	三
上博（三）	中弓 p266	豈/矣[11]	侯/之	遇/止	合/開	三

　　之、侯通假還見於馬王堆帛書《老子》甲、乙本《道經》：「大（太）上下知有之，其次親譽之，其次畏之，其下母之。」通行本《老子》第十七章「母」作「侮」。又馬王堆帛書《春秋事語·魯文公卒章》：「……其宰公襄目人曰……」事見《左傳·文公十八年》及《史記·魯世家》。宰名《左傳》作「公冉務人」。又帛書下文作「公襄負人」，「目務負」互相通假。（王輝 2008：153）

---

[10] 「豈（住）/矣」通假尚見於上博（五）弟子問 p273。
[11] 「豈/矣」通假尚見於上博（三）中弓 p269、p271、p274。

其通假語音關係如下表所示：

通假字	中古	上古
母	明厚（流開一上）	明之
侮	明麌（遇合三上）	明侯
務	明遇（遇合三去）	明侯
負	奉有（流開三上）	並之
目	明屋（通合三入）	明覺

4.3.2 詩歌侯部的合韻情況

除了侯魚合韻在魚部討論之外，本節觀察侯部的異部合韻有之侯、之侯魚、幽侯、宵侯、幽宵侯幾種類型。

【西漢文人之侯合韻】

作者	篇名	韻字	上古韻	中古韻	開合	等第
劉向	怨思	醢/詬	之/侯	海/厚	開	一

之/侯/魚
【東漢文人之侯魚合韻】

作者	篇名	韻字	上古韻	中古韻	開合	等第
白狼王唐菆	遠夷慕德歌 p164	里有部母/主厚/雨	之/侯/魚	止有厚厚/麌厚/麌	開/合開/合	三三一一/三一三

【兩漢民間之侯魚合韻】

作者	篇名	韻字	上古韻	中古韻	開合	等第
	隴西行 p267	不/隅俱榆雛殊愉鄃/居疏扶趺御	之/侯/魚	尤/虞虞虞虞虞虞模/魚魚虞虞御	開/合/開開合合開	三

篇名	韻字	上古韻	中古韻	開合	等第
古詩爲焦仲卿妻作 p283	母/取府/語許怒戶	之/侯/魚	厚/霙/語 語姥姥	開/合/開 開合合	一/三/三 三一一
陌上桑 p259	不/隅珠襦鬏蹋姝愚駒趣殊樓鉤頭鋤餘居敷夫	之/侯/魚	尤/虞虞 虞虞虞 虞虞虞 虞虞侯 侯侯/魚 魚魚霙霙	開/合合 合合合 合合合 合合合 合合開 開開/遇	三/三三 三三三 三三三 三三一 ——/三

　　之侯合韻、之侯魚合韻的之部字不完全是脣音字,「里有醯」分別是止、流、蟹攝非脣音字,是較早期的之部格局。

【詩經幽侯合韻】

風雅頌	篇名	韻字	上古韻	中古韻	開合	等第
大雅	文王之什·棫樸	槱/趣	幽/侯	有/遇	開/合	三

【楚辭屈宋幽侯合韻】

作者	篇名	韻字	上古韻	中古韻	開合	等第
屈原	昔往日	由/廚	幽/侯	尤/虞	開/合	三

【西漢文人幽侯合韻】

作者	篇名	韻字	上古韻	中古韻	開合	等第
息夫躬	絕命辭 p116	留/須	幽/侯	尤/虞	開/合	三
劉向	遠游	浮/霧	幽/侯	尤/遇	開	三

【東漢文人幽侯合韻】

作者	篇名	韻字	上古韻	中古韻	開合	等第
梁鴻	適吳詩 p166	流浮休/隅	幽/侯	尤/虞	開/合	三

【兩漢民間幽侯合韻】

作者	篇名	韻字	上古韻	中古韻	開合	等第
	時人爲三	流周憂	幽/侯	尤/侯	開	三/一

	茅君謠 p229	遊/頭				
	諸儒爲賈逵語 p251	休/頭	幽/侯	尤/侯	開	三/一
	豔歌行 p273	流/頭	幽/侯	尤/侯	開	三/一
	三輔爲張氏何氏語 p142	瘦/鈎	幽/侯	宥/侯	開	三/一

　　幽、侯合韻主要是兩部流攝字押韻，較早的《詩經》、《楚辭》時期亦有侯部遇攝字入韻。

【西漢文人宵侯合韻】

作者	篇名	韻字	上古韻	中古韻	開合	等第
韋孟	諷諫詩 p105	苗/媮	宵/侯	宵/侯	開	三/一
韋孟	在鄒詩 p107	朝/陋	宵/侯	宵/侯	開	三/一
劉向	遠逝	旄/珠	宵/侯	豪/虞	開/合	一/三

【東漢文人幽宵侯合韻】

作者	篇名	韻字	上古韻	中古韻	開合	等第
王逸	逢尤	由/朝/劬	幽/宵/侯	尤/宵/虞	開/開/合	三
王逸	怨上	悠憂/昭/樞	幽/宵/侯	尤/宵/虞	開/開/合	三

　　宵侯、幽宵侯合韻反映的是侯部字具有低元音的層次，閩南方言宵、侯部字具有相同的音讀-au，可能是這種合韻關係的體現。
　　在江陵鳳凰山六八墓遺策：「逗枳」應即「桃枝」。（王輝 2008：166）「逗/桃」通假，其語音關係如下表所示：

通假字	中古	上古
逗	定候（流開一去）	定侯
桃	定豪（效開一平）	定宵

4.3.3 侯部與異部合韻的比例分析

1　周朝之初至春秋之末（西元前十一世紀中－前五世紀末）

作品	侯部總數	排行	用韻情況	次數	百分比
詩經	37	1	侯部獨韻	29	78.38%
		2	侯屋	5	13.51%
			侯幽	1	2.7%
			侯東	1	2.7%
			侯冬	1	2.7%

2　戰國之初至秦朝之末（西元前五世紀末－前三世紀初）

作品	侯部總數	排行	用韻情況	次數	百分比
楚辭	5	1	侯部獨韻	2	＊
屈宋		1	侯屋	2	＊
		3	侯幽	1	＊

3　楚漢之初至新莽之末（西元前三世紀初－一世紀）

作品	侯部總數	排行	用韻情況	次數	百分比
西漢	15	1	侯部獨韻	4	26.67%
文人		2	侯魚	3	20%
		2	侯宵	3	20%
		4	侯幽	2	13.33%
			侯之	1	6.67%
			侯鐸	1	6.67%
			侯魚微	1	6.67%

4　東漢之初至獻帝之末（西元一世紀初－三世紀初）

作品	侯部總數	排行	用韻情況	次數	百分比
東漢	19	1	侯魚	8	42.11%
文人		2	侯部獨韻	4	21.05%
		3	侯幽宵	2	10.53%
			侯屋	1	5.26%
			侯幽	1	5.26%
			侯覺	1	5.26%

			侯之魚	1	5.26%
			侯覺屋	1	5.26%

5　魏立之初至孫吳之末（西元三世紀初－三世紀末）

作品	侯部總數	排行	用韻情況	次數	百分比
三國	40	1	侯魚	26	65%
詩歌		2	侯部獨韻	6	15%
		3	侯之幽	3	7.5%
		4	侯魚鐸	2	5%
			侯幽	1	2.5%
			侯幽魚	1	2.5%
			侯之微	1	2.5%

　　侯部獨韻，從《詩經》的 78.38%，下降到《楚辭》屈宋的 40%、西漢文人的 26.67% 以及東漢文人的 21.05%，顯示侯部與其它韻部的例外押韻漸趨頻繁。

侯幽合韻，從《詩經》的 2.7%，上升到《楚辭》屈宋的 20% 以及西漢文人的 13.33%，東漢文人雖下降到 5.26%，若加上 10.53% 的侯幽宵合韻，則達到 15.79%，侯幽部分字應有共同的音讀層次。

侯魚合韻，從《詩經》、《楚辭》屈宋的 0%，上升到西漢文人的 20%，再上升到東漢文人的 42.12%，甚至超越侯部獨韻，成為侯部比例最高的用韻模式。

4.3.4 侯部與入聲韻的關係

【楚簡侯屋通假】

出處	篇名	借字/本字	上古韻	中古韻	開合	等第
上博（三）	中弓 P291	厓（主）/濁	侯/屋	寘/覺	合/開	三/二
上博（一）	性情論 p275	速/數	屋/侯	屋/遇	合	一/三
郭店	老子甲組簡 2	豆/屬	侯/屋	侯/燭	開/合	一/三

包山二號墓	簡 15-16	詎/屬	侯/屋	侯/燭	開/合	一/三

侯、屋合韻見於《詩經》、《楚辭》，少見於兩漢詩歌，顯示陰聲韻、入聲韻分流發展的趨勢。

【詩經侯屋合韻】

風雅頌	篇名	韻字	上古韻	中古韻	開合	等第
小雅	谷風之什·楚茨	奏/祿	侯/屋	侯/屋	開/合	一
大雅	蕩之什·桑柔	垢/穀谷	侯/屋	厚/屋	開/合	一
小雅	魚藻之什·角弓	愈/裕	侯/屋	麌/遇	合	三
小雅	魚藻之什·角弓	附/木屬	侯/屋	麌/屋燭	合	三/一三
秦風	小戎	驅/轂續畀	侯/屋	遇/屋燭遇	合	三/一三三

【楚辭屈宋侯屋合韻】

作者	篇名	韻字	上古韻	中古韻	開合	等第
屈原	天問	數/屬	侯/屋	覺/燭	開/合	二/三
屈原	離騷	具/屬	侯/屋	遇/燭	合	三

【東漢文人覺侯屋合韻】

作者	篇名	韻字	上古韻	中古韻	開合	等第
秦嘉	贈婦詩三首 p186	陸/數/祿獨谷穀足曲躅屬	覺/侯/屋	屋/覺/屋屋屋燭燭燭燭燭	合/開/合	三/二/一一一一三三三三

4.3.5 屋部與異部合韻的比例分析

1　周朝之初至春秋之末（西元前十一世紀中－前五世紀末）

作品	屋部總數	排行	用韻情況	次數	百分比
詩經	31	1	屋部獨韻	24	77.41%

		2	屋侯	5	16.13%
			屋錫	1	3.23%
			屋覺	1	3.23%

2　戰國之初至秦朝之末（西元前五世紀末－前三世紀初）

作品	屋部總數	排行	用韻情況	次數	百分比
楚辭	5	1	屋部獨韻	3	60%
屈宋		2	屋侯	2	40%

3　楚漢之初至新莽之末（西元前三世紀初－一世紀）

作品	屋部總數	排行	用韻情況	次數	百分比
西漢	5	1	屋部獨韻	3	60%
文人			屋之	1	20%
			屋質	1	20%

4　東漢之初至獻帝之末（西元一世紀初－三世紀初）

作品	屋部總數	排行	用韻情況	次數	百分比
東漢	15	1	屋部獨韻	6	39.99%
文人		2	屋覺	3	20%
		3	屋鐸	2	13.33%
			屋藥	1	6.67%
			屋質	1	6.67%
			屋侯	1	6.67%
			屋覺侯	1	6.67%

5　魏立之初至孫吳之末（西元三世紀初－三世紀末）

作品	屋部總數	排行	用韻情況	次數	百分比
三國	9		屋部獨韻	7	77.78%
詩歌			屋覺	1	11.11%
			屋職覺物	1	11.11%

　　五個時期中，屋部獨韻皆居首位，《詩經》時期佔屋部總數的77.41%、《楚辭》佔60%。漢以後侯屋就極少押韻。

4.3.6 侯部與舌尖尾韻部的關係

侯部與舌尖尾韻部的通假不見於上博楚簡，但見於包山二號墓簡 22 和包山二號墓簡 24，[12]「逗/瑞」的語音關係如下：

【楚簡侯歌通假】

出處	篇名	借字/本字	上古韻	中古韻	開合	等第
包 山 二 號墓	簡 22、24	逗/瑞	侯/歌	侯/寘	開合	一/三

〈上古音對談錄〉（梅祖麟、龔煌城 1992：672）所舉「豆短」一組同源詞，與此處侯歌通假可並看。「短」字擬爲 **tung＞*tun＞tuan（元部合口）；「豆」字擬爲 **dug；簡言之，擬音關係表明「短」字原來應讀東部音，音變之後才入元部，形成所謂的侯、元關係的「豆短」同源詞。楚簡从「豆」聲之「逗」與从「耑」之「瑞」通假，只是又多了一重歌元對轉的關係。

4.4 楚簡魚部通假現象

4.4.1 侯魚、之魚、宵魚通假及其語音基礎

之魚通假已見第三章討論。此處討論侯魚、宵魚通假。

【楚簡侯魚通假】

---

[12]包山二號墓簡 22：「八月己巳之日，邵司馬之州加公?瑞、里公陸得受期」包山二號墓簡 24：「八月辛未之日，邵司馬豫之州加公?逗、里公陸得受期」。

出處	篇名	借字/本字	上古韻	中古韻	開合	等第
上博（六）	競公瘧 p178	堣/訏	侯/魚	虞	合	三
上博（五）	季庚子問於孔子 p232	予/誅	魚/侯	語/虞	開/合	三
上博（六）	用曰 p302	茅/務	魚/侯	語/遇	開/合	三
上博（四）	曹沫之陳 p272	專/附	魚/侯	襄/遇	合	三
上博（二）	從政甲	敔侮[13]	魚/侯	御/襄	開/合	三
包山	簡34	佛/扶	侯/魚	遇/虞	合	三
九店五十六號墓	簡45	遇/宇	侯/魚	遇/襄	合	三

　　侯、魚通假還見於馬王堆漢墓竹簡《十問》：「巫成招」讀作「務成昭」，傳說為舜之師。傳世文獻《荀子‧大略》記載：「堯學於君疇，舜學於務成昭，禹學於西王國。」《漢書‧藝文志》有《務成子陰道》三十六卷。伯仲父毁：「白（伯）中（仲）父夙夜事走考」「走考」即「祖考」。銀雀山竹簡《守法》：「守城之法，客四面蛾（蟻）傅之。」與《墨子‧備城門》：「客馮面而蛾傅之」文字相近。「傅」讀作「附」。（王輝2008：153；113；152）各組通假字的語音關係如下表所示：

通假字	中古	上古
巫	明虞（遇合三平）	明魚
務	明遇（遇合三去）	明侯
走	精厚（流開一上）	精侯
祖	精姥（遇合一上）	精魚

---

[13]　參見王輝（2008：154）。

傅	幫遇（遇合三去）	幫魚
附	幫麌（遇合三上）	幫侯

【楚簡魚宵通假】

出處	篇名	借字/本字	上古韻	中古韻	開合	等第
上博（四）	曹沫之陳 p276	虖/號	魚/宵	模/豪	合/開	一
上博（二）	容成氏 p265	唬（虎）/號[14]	魚/宵	姥/豪	合/開	一

　　此處侯魚通假都是兩部所屬的中古遇攝三等字，已是兩漢侯魚關係的類型；魚宵通假都是从虎的字通作「號」字，聲母為曉匣關係。

4.4.2 詩歌魚部的合韻情況

　　之魚合韻已見第三章，本節討論幽魚、宵魚、侯魚、之侯魚、幽侯魚合韻。

【東漢文人幽魚合韻】

作者	篇名	韻字	上古韻	中古韻	開合	等第
王逸	悼亂	囚/居	幽/魚	尤/魚	開	三

【兩漢民間幽魚合韻】

作者	篇名	韻字	上古韻	中古韻	開合	等第
	猗蘭操 p300	老/處所 雨者野	幽/魚	皓/語語 麌馬馬	開/開合 合開開	一/三

【東漢文人宵魚合韻】

作者	篇名	韻字	上古韻	中古韻	開合	等第
王逸	遭厄	倒/鼓	宵/魚	皓/姥	開/合	一

---

[14] 「唬（虎）/號」通假尚見於上博（三）周易 P187、p189、p193、p210。

王逸	遭厄	杳/雨	宵/魚	篠/麌	開/合	四/三
王逸	逢尤	眇/蹒譅圖塗華	宵/魚	小/魚模模模麻	開/開合合合合	三/三一一一二

　　幽魚合韻二例類型不同，前者是魚部遇攝字入韻，後者則包括魚部馬韻字，可能具有音讀差異，比較宵魚合韻之例的內涵，我們推想應是〈猗蘭操〉一例的韻母元音較低。

【先秦詩侯魚合韻】

作者	篇名	韻字	上古韻	中古韻	開合	等第
	離別相去辭 p31	歿貙/夫蘇俎屠都乎	侯/魚	虞/虞模模模模模模	合	三/三一一一一
	秦始皇時民歌 p32	拄/舉脯下	侯/魚	麌/語麌馬	合/開合開	三/三三二

【西漢文人侯魚合韻】

作者	篇名	韻字	上古韻	中古韻	開合	等第
韋孟	諷諫詩 p105	後/緒	侯/魚	厚/語	開	一/三
莊忌	哀時命	後耦垢/與渚處雨宇者野	侯/魚	厚/語語語麌麌馬馬	開/開開開合合開開	一/三
韋孟	諷諫詩 p105	驅/娛	侯/魚	虞	合	三

【東漢文人侯魚合韻】

作者	篇名	韻字	上古韻	中古韻	開合	等第
王逸	疾世	讙/余	侯/魚	侯/魚	開	一/三
王逸	遭厄	耦/宇	侯/魚	厚/麌	開/合	一/三
趙壹	魯生歌 p190	珠芻愚驅/夫	侯/魚	虞	合	三
辛延年	羽林郎詩 p198	襦珠躕驅踰區/餘廬魚裾無夫都胡壚	侯/魚	虞/魚魚魚魚虞虞模模模模	合/開開開開合合合合合合	三/三三三三三一一一一一

		壺				
王逸	逢尤	愚隅/虛蘇	侯/魚	虞/魚模	合/開合	三/三一
張衡	四愁詩 p180	褕珠躕/紆	侯/魚	遇	合	三
蔡琰	悲憤詩 p199	腐聚/拒女阻語汝虜罵下	侯/魚	麌/語語語語語姥馬馬	合/開開開開開合開開	三/三三三三三一二二
王逸	疾世	取耦/睹	侯/魚	麌厚/姥	合開/合	三一/一

【兩漢民間侯魚合韻】

作者	篇名	韻字	上古韻	中古韻	開合	等第
	陬操附 p300	鄹/魚廬且都辜	侯/魚	尤/魚魚魚模模	開/開開開合合	三/三三三一一
	龍蛇歌附 p311	口/所處	侯/魚	厚/語	開/合開	一/三
	鄭白渠歌 p121	口後斗/黍釜雨	侯/魚	厚/語麌麌	開/合	一/三
	滿歌行 p275	須驅愚/無	侯/魚	虞	合	三
	滿歌行 p275	須驅愚/無	侯/魚	虞	合	三
	折楊柳行 p268	驅趨/胥余墟廬	侯/魚	虞/魚	合/開	三
	李陵錄別詩二十一首 p336	俱隅軀/與廬居衢	侯/魚	虞/魚魚魚虞	合/開開開合	三
	豔歌 p289	飲/魚琚與衢竽壺	侯/魚	虞/魚魚魚虞虞模	合/開開開合合合	三/三三三三三一
	古詩五首 p334	姝/如夫	侯/魚	虞/魚虞	合/開合	三
	長安為王吉語 p137	樹/去	侯/魚	遇/御	合/開	三
	益都民為王忳謠 p218	遇/語	侯/魚	遇/御	合/開	三
	傷三貞詩	樹/齟	侯/魚	麌	合	三

	p325					

【東漢文人之侯魚合韻】

作者	篇名	韻字	上古韻	中古韻	開合	等第
白狼王唐菆	遠夷慕德歌 p164	里有部母/主厚/雨	之/侯/魚	止有厚厚/麌厚/麌	開/合開/合	三三一一/三一/三

【兩漢民間之侯魚合韻】

作者	篇名	韻字	上古韻	中古韻	開合	等第
	隴西行 p267	不/隅俱榆雛殊愉毹/居疏扶趺御	之/侯/魚	尤/虞虞虞虞虞虞模/魚魚虞虞御	開/合/開開合合開	三
	古詩爲焦仲卿妻作 p283	母/取府/語許怒戶	之/侯/魚	厚/麌/語語姥姥	開/合/開開合合	一/三/三三一一
	陌上桑 p259	不/隅珠襦鬚躕姝愚駒趨殊樓鉤頭/鋤餘居敷夫	之/侯/魚	尤/虞虞虞虞虞虞虞虞虞虞侯侯侯/魚魚魚麌麌	開/合合合合合合合合合合開開/開開/遇	三/三三三三三三三三三一/一一一/三

【兩漢民間幽侯魚合韻】

作者	篇名	韻字	上古韻	中古韻	開合	等第
	隴西行 p267	留/廚趨樞/如夫	幽/侯/魚	尤/虞/魚虞	開/合/開合	三

　　侯魚合韻不見於《詩經》與《楚辭》，但有先秦民歌二例。與前述楚簡侯魚通假頗有不同。依歌、魚部的入韻情形來看，魚部麻韻字在兩漢尚未完全與歌部歌戈麻合併。而侯部的侯厚韻在兩漢也尚未完全併入幽部。在上古詩韻，有部分侯部侯厚韻字與魚部魚虞模韻字接觸，《廣韻》又音也可旁證幽侯合韻是侯部侯厚韻

讀同幽部韻，另一個層次則反映在侯魚合韻。羅常培、周祖謨以西漢時期，侯魚兩部合用極其普遍，合魚、侯為一部：

> 在《詩經》音裏魚與侯是分用的，到西漢時期，魚侯合用極其普遍，所以我們把魚侯合為一部。但入聲鐸屋兩部並不相混，所以仍然分為兩部。魚本與鐸相承，侯本與屋相承，現在把魚侯合為一部，這樣在陰入相承的關係上就顯得很不整齊了。如果我們從魚侯與入聲鐸屋的押韻情形來看，也可以了解魚侯的確關係很密‧‧‧‧‧‧魚部去聲字也可以跟屋部字相押，侯部去聲字也可以跟鐸部字相押．足見魚部侯部是可以合為一部的．魚部去聲與鐸屋兩部押韻的例子當中沒有麻韻字。（1958：49-50）

　　我們已經可以從漢語音韻史的整體觀察知道這樣合二為一的作法是不妥的。韻部的內涵就如漢語方言的音韻層次問題一般，總是千絲萬縷經常糾葛的。例如到了東漢，魚部麻韻字轉與歌部字押韻，就是魚部並非單一內容的證明。

　　此外，從詩人籍貫來看，侯魚合韻普遍存在於兩漢各區域：

詩人	籍貫	詩名	韻字（侯部／魚部）
韋孟	魯國鄒人	諷諫詩	後／緒
莊忌	會稽郡吳縣人	哀時命	後耦垢／與渚處雨宇者野
王逸	南郡宜城人	疾世	取耦／睹
			謢／余
		遭厄	耦／宇
		逢尤	愚隅／虛蘇

趙壹	漢陽西縣人	魯生歌	珠豽愚驅／夫
張衡	南陽西鄂人	四愁詩	襦珠躇／紆
蔡琰	陳留圉人	悲憤詩	腐聚／拒女阻語汝虜罵下
辛延年	不詳	羽林郎詩	襦珠躇軀踰區／餘盧魚裾無夫都胡壚壺

　　魯國在今山東；會稽郡在浙江；南郡宜城在湖北；漢陽西縣在甘肅；南陽西鄂、陳留圉在河南，遍佈範圍之廣，難以證成方言現象的推論。東漢侯魚合韻佔 42.12%遠超過侯部獨韻的 21.05%，可見侯魚合韻是普遍存在的音變類型問題，而不是一時一地的方言現象。

4.4.3 魚部與異部合韻的比例分析

1　周朝之初至春秋之末（西元前十一世紀－前五世紀中）

作品	魚部總數	排行	用韻情況	次數	百分比
詩經	184	1	魚部獨韻	162	88.04%
		2	魚鐸	19	10.33%
		3	魚之	2	1.09%
		4	魚緝	1	0.54%

2　戰國之初至秦朝之末（西元前五世紀中－前三世紀）

作品	魚部總數	排行	用韻情況	次數	百分比
楚辭屈宋	75	1	魚部獨韻	52	69.33%
		2	魚鐸	16	21.33%
		3	魚陽	3	4%
		4	魚歌	2	2.67%
			魚之	1	1.33%
			魚支	1	1.33%

3　楚漢之初至新莽之末（西元前三世紀－一世紀）

作品	魚部總數	排行	用韻情況	次數	百分比
西漢 文人	41	1	魚部獨韻	27	65.85%
		2	魚鐸	8	19.51%
		3	魚侯	3	7.32%
			魚陽	1	2.44%
			魚脂	1	2.44%
			魚侯微	1	2.44%

4　東漢之初至獻帝之末（西元一世紀－二世紀）

作品	魚部總數	排行	用韻情況	次數	百分比
東漢 文人	36	1	魚部獨韻	17	47.22%
		2	魚侯	8	22.22%
		3	魚宵	3	8.33%
		4	魚歌	2	5.56%
		4	之魚	2	5.56%
			魚陽	1	2.78%
			魚幽	1	2.78%
			魚之侯	1	2.78%
			魚微歌	1	2.78%

作品	魚部總數	排行	用韻情況	次數	百分比
三國 文人	40	1	侯魚	26	65%
		2	侯部獨韻	6	15%
		3	侯之幽	3	7.5%
		4	侯魚鐸	2	5%
			侯之微	1	2.5%
			侯幽	1	2.5%
			侯幽魚	1	2.5%

　　魚部獨韻，從《詩經》的 88.04%，下降到《楚辭》屈宋的 69.33%、西漢文人的 65.85% 以及東漢文人的 47.22%，顯示魚部與其它韻部的例外押韻漸趨頻繁。

　　魚侯合韻，從《詩經》、《楚辭》屈宋的 0%，上升到西漢文人的 7.32%，及東漢文人的 22.22%，從周秦到兩漢，魚部獨韻漸漸

不具優勢，反而與侯部的關係越趨密切。魚宵合韻，佔了東漢文人魚部韻段的 8.33%，排第 3 位；以宵部入韻情形看宵魚合韻，更佔了東漢文人宵部韻段的 30%，排第 1 位，顯見魚宵兩部，應有共通的語音基礎，可能就是a元音的層次。

4.4.4 魚部與入聲韻的關係

　　楚簡魚部與入聲韻的通假有魚鐸、魚藥兩類。兩類通假中的入聲字有可能讀的是喉塞尾的層次。若「礜/夜」、「夜/舍」、「夜/處」、「庶/遮」、「夜/豫」等字組，則都是因郭錫良（1986）把去聲歸入入聲韻部所致，可視爲陰聲韻字相押。

【楚簡魚鐸通假】

出處	篇名	借字/本字	上古韻	中古韻	開合	等第
上博（二）	魯邦大旱 p206	女/若[15]	魚/鐸	語/藥	開	三
上博（二）	魯邦大旱 p209	沽/涸[16]	魚/鐸	模/鐸	合/開	一
上博（三）	周易 P187	礜/夜	魚/鐸	魚/禡	開	三
上博（三）	中弓 P297	夜/舍	鐸/魚	禡	開	三
上博（五）	季庚子問於孔子 p230	夜/處[17]	鐸/魚	禡/御	開	三
上博（四）	柬大王泊旱 p196	庶/遮	鐸/魚	御/麻	開	三
郭店	五行簡 37	尃/博	魚/鐸	虞/鐸	合/開	三/一
郭店	老子甲組簡 2	索/素	鐸/魚	鐸/暮	開/合	一
郭店	老子甲組簡 45	如/諾	魚/鐸	魚/鐸	開	三/一

---

[15] 「女/若」通假尚見於上博（二）魯邦大旱 p206。

[16] 「沽/涸」通假尚見於上博（六）用曰 p291。

[17] 「夜/處」通假尚見於上博（五）季庚子問於孔子 p230。

| 郭店 | 老子甲組簡 8 | 夜/豫 | 鐸/魚 | 祷/御 | 開 | 三 |
| 郭店 | 五行簡 43 | 疋/索 | 魚/鐸 | 馬/鐸 | 開 | 二/一 |

【楚簡魚藥通假】

出處	篇名	借字/本字	上古韻	中古韻	開合	等第
上博（五）	競建內之 p172	虖（虍）/虐	魚/藥	模/藥	合/開	一/三
上博（二）	容成氏 p278	虖（虍）/虐	魚/藥	模/藥	合/開	一/三

鐸部的用韻情況有魚鐸、屋魚鐸、魚鐸歌、侯鐸、宵鐸幾類。

【詩經魚鐸合韻】

風雅頌	篇名	韻字	上古韻	中古韻	開合	等第
小雅	鹿鳴之什・天保	除固/庶	魚/鐸	御暮/御	開合/開	三一/三
鄭風	遵大路	袪故/惡	魚/鐸	魚暮/暮	開合/開	三一/一
大雅	蕩之什・抑	虞/度	魚/鐸	虞/暮	合	三/一
邶風	式微	故/露	魚/鐸	暮	合	一
大雅	文王之什・皇矣	固/路	魚/鐸	暮	合	一
大雅	生民之什・生民	訏/路	魚/鐸	寞/暮	合	三/一
大雅	蕩之什・雲漢	去虞故怒/莫	魚/鐸	御虞暮暮/鐸	開合合合/開	三三一一/一一
唐風	蟋蟀	居除瞿/莫	魚/鐸	魚御虞/鐸	開開合/開	三/一
大雅	蕩之什・烝民	賦/若	魚/鐸	遇/藥	合/開	三
鄭風	大叔于田	御/射	魚/鐸	御/祷	開	三
大雅	文王之什・皇矣	椐/柘	魚/鐸	御/祷	開	三
唐風	葛生	居/夜	魚/鐸	魚/祷	開	三
大雅	蕩之什・蕩	呼/夜	魚/鐸	模/祷	合/開	一/三

周頌	臣工之什·振鷺	嚳/夜惡斁	魚/鐸	御/禡鐸昔	開	三/三一三
小雅	南有嘉魚之什·六月	茹/獲	魚/鐸	魚/麥	開/合	三/二
魏風	汾沮洳	洳/度路莫	魚/鐸	御/暮暮鐸	開/合合開	三/一
大雅	生民之什·行葦	御罞/酢席	魚/鐸	御馬/鐸昔	開	三二/一三
魯頌	駉	魚徂駵邪/繹	魚/鐸	魚模麻麻/昔	開合開開/開	三一二三/三
小雅	谷風之什·小明	除顧怒暇/庶莫	魚/鐸	御暮暮禡/御鐸	開合合開/開	三一一二/三一

【楚辭屈宋魚鐸合韻】

作者	篇名	韻字	上古韻	中古韻	開合	等第
屈原	離騷	女/慕	魚/鐸	御/暮	開/合	一/三
屈原	懷沙	懼/錯	魚/鐸	遇/暮	合	三/一
屈原	離騷	序/暮	魚/鐸	語/暮	開/合	三/一
屈原	離騷	女宇/惡	魚/鐸	語麌/暮	開合/合	三/一
屈原	離騷	圄/暮	魚/鐸	暮	合	一
屈原	離騷	固/惡	魚/鐸	暮	合	一
屈原	涉江	圄顧/璐	魚/鐸	暮	合	一
屈原	懷沙	故/慕	魚/鐸	暮	合	一
屈原	懷沙	故/暮	魚/鐸	暮	合	一
屈原	思美人	故/暮度	魚/鐸	暮	合	一
屈原	遠遊	顧/路	魚/鐸	暮	合	一
宋玉	九辯	固/錯	魚/鐸	暮	合	一
	招魂	居呼/絡	魚/鐸	魚模/鐸	開合/開	三一/一
屈原	離騷	妒/索	魚/鐸	暮/鐸	合/開	一
屈原	離騷	御/夜	魚/鐸	御/禡	開	三
屈原	離騷	故舍/路	魚/鐸	暮禡/暮	合開/合	一三/一

【先秦詩魚鐸合韻】

作者	篇名	韻字	上古韻	中古韻	開合	等第
	徐人歌 p23	故/墓	魚/鐸	暮	合	一
	成相雜辭 p52	途故/惡度	魚/鐸	模暮/鐸	合/開	一

【西漢文人魚鐸合韻】

作者	篇名	韻字	上古韻	中古韻	開合	等第
東方朔	哀命	舍/路	魚/鐸	禡/暮	開/合	三/一
劉向	愍命	語/愬	魚/鐸	御/暮	開/合	三/一
東方朔	哀命	去/路	魚/鐸	御/暮	開/合	三/一
趙王劉友	歌 p92	寤/惡	魚/鐸	暮	合	一
韋孟	在鄒詩 p107	顧/路	魚/鐸	暮	合	一
劉向	離世	故/慕	魚/鐸	暮	合	一
東方朔	謬諫	固/涸	魚/鐸	暮/鐸	合/開	一
李陵	歌 p109	奴/漠	魚/鐸	模/鐸	合/開	一

【兩漢民間魚鐸合韻】

作者	篇名	韻字	上古韻	中古韻	開合	等第
	通博南歌 p209	堵袴/度暮	魚/鐸	姥暮/暮	合	一
	鄉人爲秦護歌 p211	袴/護	魚/鐸	暮	合	一
	古詩十九首 p329	寤固/墓路暮露度誤素	魚/鐸	暮	合	一
	李陵錄別詩二十一首 p336	素固故/路祚暮步厝度慕	魚/鐸	暮	合/合合合合開合合	一
	將進酒 p158	苦/索作搏	魚/鐸	姥/鐸鐸鐸	合/開	一

【先秦詩屋魚鐸合韻】

作者	篇名	韻字	上古韻	中古韻	開合	等第
	右三 59	鏃/如車寫/庶若博碩	屋/魚/鐸	屋/魚麻馬/御藥鐸昔	合/開/開	一/三/三三一三

【先秦詩魚鐸歌合韻】

作者	篇名	韻字	上古韻	中古韻	開合	等第

| | 申包胥歌 p28 | 下/澤/蛇 | 魚/鐸/歌 | 馬/陌/麻 | 開 | 二/二/三 |

【先秦詩覺魚鐸合韻】

作者	篇名	韻字	上古韻	中古韻	開合	等第
	右二 p58	陸迪/兔寫/庶射洛澤	覺/魚/鐸	屋錫/暮馬/御禡鐸陌	合開/合開/開	三四/一三/三三一二

【西漢文人侯鐸合韻】

作者	篇名	韻字	上古韻	中古韻	開合	等第
廣陵王劉胥	歌 p111	臾/路	侯/鐸	至/暮	合	三/一

【西漢文人宵鐸合韻】

作者	篇名	韻字	上古韻	中古韻	開合	等第
劉向	逢紛	髦/露	宵/鐸	号/暮	開/合	一

　　魚、鐸部的合韻若排除歸入聲的去聲字，真正是陰、入相押的其實不多，與通假的情形類似。表示陰聲字、入聲字已朝不同的發展方向前進。侯鐸、宵鐸合韻其實是陰聲字入韻，可看作侯魚、宵魚合韻。《楚辭》魚鐸合韻中，所謂的鐸部字則幾乎都是去聲字。

4.4.5 鐸部與異部合韻的比例分析

1　周朝之初至春秋之末（西元前十一世紀－前五世紀中）

作品	鐸部總數	排行	用韻情況	次數	百分比
詩經	56	1	鐸部獨韻	37	66.07%
		2	鐸魚	19	33.93%

2　戰國之初至秦朝之末（西元前五世紀中－前三世紀）

作品	鐸部總數	排行	用韻情況	次數	百分比
楚辭	37	1	鐸部獨韻	20	54.06%

屈宋		2	鐸魚	16	43.24%
			鐸耕	1	2.70%

3　楚漢之初至新莽之末（西元前三世紀－一世紀）

作品	鐸部總數	排行	用韻情況	次數	百分比
西漢文人	23	1	鐸部獨韻	10	43.47%
		2	鐸魚	8	34.78%
		3	鐸歌	2	8.70%
			鐸宵	1	4.35%
			鐸藥	1	4.35%
			鐸侯	1	4.35%

4　東漢之初至獻帝之末（西元一世紀－二世紀）

作品	鐸部總數	排行	用韻情況	次數	百分比
東漢文人	6	1	鐸部獨韻	3	50%
		2	鐸屋	2	33.33%
			鐸錫質	1	16.67%

三國

作品	鐸部總數	排行	用韻情況	次數	百分比
三國詩歌	17	1	鐸部獨韻	8	47.08%
		2	鐸魚	2	11.76%
		2	鐸侯魚	2	11.76%
			鐸質	1	5.88%
			鐸藥	1	5.88%
			鐸覺	1	5.88%
			鐸錫	1	5.88%
			鐸質物月	1	5.88%

　　魚、鐸陰入相押，在《詩經》、《楚辭》屈宋，以及西漢文人的作品中，都維持三、四成的比例，到了東漢不再押韻，顯示魚部的陰、入關係在東漢已經分離。

4.4.6 魚部與舌尖尾韻部的關係

　　上博楚簡魚歌通假已見第三章歌部通假討論。本節主要討論脂魚、魚微通假。

【楚簡脂魚通假】

出處	篇名	借字/本字	上古韻	中古韻	開合	等第
上博（二）	容成氏 p254	尻（凥）/處[18]	脂/魚	旨/御	開	三
上博（三）	周易 P171	尻（凥）/居[19]	脂/魚	旨/魚	開	三
上博（六）	孔子見季趄子 p212	仉（凥）/居	脂/魚	旨/魚	開	三
上博（一）	性情論 p260	仉/處[20]	脂/魚	旨/語	開	三
上博（二）	容成氏 p268	尻（凥）/序	脂/魚	旨/語	開	三

　　脂、魚通假還見於《史記・匈奴列傳》:「黃金胥紕一。」集解:「徐廣曰:或作犀毗。」（王輝 2008:116）我們認為脂、魚通假反映的是脂部字具有a元音層次的韻母所致，與閩南方言的脂部字有-ai韻同類型（李存智 2009b），「犀/胥」的通假語音關係如下表所示:

通假字	中古	上古
犀	心齊（蟹開四平）	心脂

----

[18] 「尻（凥）/處」通假字組還見於上博（二）容成氏 p269 二處、p270 二處、p271 二處。

[19] 「尻（凥）/居」通假字組還見於上博（三）周易 P158;上博（五）季庚子問於孔子 p214。

[20] 「仉/處」通假字組還見於上博（四）曹沫之陳 p252、p258;上博（六）慎子曰恭儉 p278。

胥	心魚（遇開三平）	心魚

　　我們可進一步觀察魚歌通假的其他文獻通假用例，以與脂魚、魚月、鐸歌的關係互相參照，說明這幾類通假關係都與低元音a相關。

　　馬王堆帛書《老子》乙本卷前古佚書《十六經・正亂》：「以其民作而自戲也，吾或（又）使之自靡也。」影本注：「戲，讀為豦，謂相執不解。」郭店楚簡《緇衣》簡四四：「好恖（仁）不督（堅），而亞（惡）亞（惡）不紸也。」「紸」，今本《禮記・緇衣》作「著」。長沙子彈庫戰國楚帛書乙篇：「曰故（古）□能（黃熊）包虘，出自□霊。」「包虘」即「伏戲」，見《荀子・成相》；《易・繫辭》作「包犧」；《管子・輕重戊》、《漢書・司馬遷傳》亦作「虙戲」。（王輝 2008：76；93；86）「戲/豦」、「紸/著」、「虘/戲/犧」的通假語音關係如下表所示：

通假字	中古	上古
戲	曉寘（止開三去）	曉歌
豦	見御（遇開三去）	見魚
紸（紵）	定歌（果開一平）	定歌
著	知御（遇開三去）	端魚
虘	從歌（果開一平）	從魚
戲	曉寘（止開三去）	曉歌
犧	曉寘（止開三平）	曉歌

【阜陽漢簡詩經魚月通假】

出處	篇名	阜/毛	上古韻	中古韻	開合	等第

阜陽漢簡詩經	衛風 碩人	會/瓠	月/魚	泰/模	合	一

　　「會/瓠」通假可視作魚、祭通假，關涉去聲字獨立的問題。魚、月通假見於湖北隨縣曾侯乙墓出土材料，甬鐘銘文多見音律名「割蕐」，「割蕐」即文獻之「姑洗」。《禮記‧月令》季春之月：「其音角，律中姑洗。」又史牆盤：「害屖文考乙公。」王孫遺者鐘：「余朢（溫）龏趢屖。」「害屖」、「趢屖」文獻作「舒遲（遲）」。《禮記‧玉藻》：「君子之容舒遲。」（王輝 2008：68；109）「割/姑」、「趢（害）/舒」的通假語音關係如下表所示，後者亦可視作魚、祭通假。

通假字	中古	上古
割	見曷（山開一入）	見月
姑	見模（遇合一平）	見魚
趢（害）	匣泰（蟹開一去）	匣月
舒	書魚（遇開三平）	書魚

【阜陽漢簡詩經鐸歌通假】

出處	篇名	阜/毛	上古韻	中古韻	開合	等第
阜陽漢簡詩經	秦風 小戎	驛/騧	鐸/歌	昔/麻	開/合	三/二

【西漢文人鐸歌合韻】

作者	篇名	韻字	上古韻	中古韻	開合	等第
韋玄成	戒子孫詩 p114	夜/惰	鐸/歌	禡/果	開/合	三/一
韋孟	諷諫詩 p105	霸/過	鐸/歌	禡/過	開/合	二/一

　　鐸、歌通假與合韻中，「驛」字可能讀的是喉塞尾韻的層次，

「夜罷」則是去聲字，二例可視作魚歌合韻。

【楚簡魚微通假】

出處	篇名	借字/本字	上古韻	中古韻	開合	等第
上博（三）	周易 P181	佤（乖）/ 孤	微/魚	皆/模	合	二/一

【東漢文人魚微歌合韻】

作者	篇名	韻字	上古韻	中古韻	開合	等第
仲長統 山陽高 平人	見志詩二 首 p204	寡下雅 冶/火/可 我左柁 瑣	魚/微/歌	馬/果/哿 哿哿哿 果	合開開 開/合/開 開開開 合	二二二 三/一/一

【西漢文人侯魚微合韻】

作者	篇名	韻字	上古韻	中古韻	開合	等第
賈誼	惜誓	濡/虛輿 車壚/骿	侯/魚/微	虞/魚/微	合/開/合	三

微部「火」字與魚、歌部合韻，顯見「火」字具有低元音的層次。

4.5 小結

本章討論了幽宵侯魚四部的通假、合韻語音關係，也與上博楚簡之外的文獻材料有所參照。若以邵榮芬（1982a；1982b；1983）對侯魚幽宵的分析為依據，可得如下的關係表：

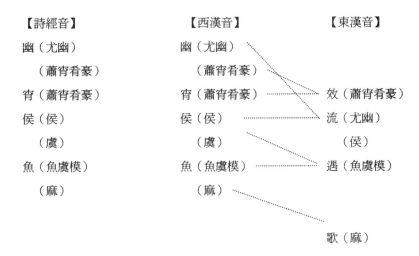

　　然而若說侯魚合韻屬於魚虞模一系合流的類型，則仍嫌過於簡化，一旦把侯魚關係圈限於魚虞模韻合流，侯部流攝侯厚韻字與魚部魚虞模押韻的例子就不好解釋；幽部尤韻與侯部虞韻押韻也有類似的窘境。遑論還有幽魚、之侯、之侯魚、之魚、宵魚、魚歌、魚微、脂魚‧‧‧‧‧‧等合韻或通假必須解釋。因此，我們可以說合流演變的腳步快或慢是一個重要的因素，音韻演變的類型更不可忽略，如幽宵侯魚四部字與a元音韻母層次的關係即是。

　　我們也再一次證明陰聲韻與入聲韻的關係並不是那麼密切，若拿去被郭錫良（1986）歸入入聲韻部的去聲字，其陰入之間的語音接觸比例就更低了。

第五章　上博楚簡通假字陽聲韻部關係

5.0 前言

　　本章討論上博楚簡諸篇陽聲韻部通假字組的音韻關係，並與漢以前傳世詩歌文獻的合韻現象相互參證，對異部通假的音韻條件提出我們的看法。具體討論真文、文元、真元、耕真、耕陽、東陽、冬東、冬侵、蒸侵、侵談‧‧‧等跨韻部的通假。陽聲韻部的跨韻部通假，有與對轉的陰聲韻平行者，例如：陰聲有脂微，陽聲有真文；陰聲有微歌，陽聲有文元；陰聲有支脂，陽聲有耕真；陰聲有侯魚，陽聲有東陽。也有不與對轉的陰聲韻平行者，例如：耕陽、蒸侵、侵談、冬侵‧‧‧等。

　　主要結論有：相異韻部的通假與合韻現象反映韻部的異讀層次；單一音系的上古音構擬無法解釋紛繁的異部通假或合韻；真元、文元、冬陽、蒸陽、侵談的通假或合韻，凸顯真、文、冬、蒸、侵應該具有低元音的音讀層次，與中、高元音的音讀層次共存於上古漢語；-m、-n、-ŋ鼻音韻尾韻部間的通假，顯示上古音存在鼻化韻的音讀層次，與陰陽對轉的陽聲韻情形相同。

5.1 舌尖鼻音韻尾韻部通假現象

5.1.1 楚簡真文通假

5.1.1.1 真文通假的語音基礎

【楚簡真文通假】

出處	篇名	借字/本字	上古韻	中古韻	開合	等第
上博（二）	容成氏 p250	斳（訢）/神	文/真	欣/真	開	三
上博（二）	從政（甲篇）p218	斳（訢）/慎[1]	文/真	欣/震	開	三
上博（一）	孔子論詩 p158	慭（訢）/慎[2]	文/真	欣/震	開	三
上博（一）	紂衣 p192	斳（訢）/慎[3]	文/真	欣/震	開	三
上博（六）	慎子曰恭儉 p276	訢/慎[4]	文/真	欣/震	開	三
上博（五）	季庚子問於孔子 p204	辴（辰）/慎	文/真	真/震	開	三
上博（二）	容成氏 p279	昏/岷	文/真	魂/真	合/開	一/三
上博（三）	周易 p154	笿（客）/鄰[5]	文/真	震/真	開	三
上博（二）	從政（甲篇)p218	㖡（客）/鄰[6]	文/真	震/真	開	三

---

[1] 「斳（訢）/慎」通假尚見於上博（二）從政(甲篇)p218，容成氏 p280；上博（三）中弓 p277、280 二例、中弓 p281；上博（三）彭祖 p305；上博（五）弟子問 p274；上博（六）孔子見季趄子 p219，用曰 p293、298。

[2] 「慭（訢）/慎」通假尚見於上博（四）曹沫之陳 p275、282；上博（五）p296、p302、p303。

[3] 「斳（訢）/慎」通假尚見於上博（一）紂衣 p192，性情論 p243；上博（五）季庚子問於孔子 p228。

[4] 「訢/慎」通假尚見於上博（六）慎子曰恭儉 p279。

[5] 「笿（客）/鄰」通假尚見於上博（三）周易 p212 二例。

[6] 「㖡（客）/鄰」通假尚見於上博（四）曹沫之陳 p247；上博（六）莊王既成申公臣靈王 p244。

上博（四）	內豊 p224	愍（吝）/憐[7]	文/真	震/先	開	三/四
上博（三）	中弓 p292	宊（天）/殄	真/文	先/銑	開	四
上博（二）	子羔 p195	軟（申）/吞	真/文	真/痕	開	三/一
上博（二）	容成氏 p279	閏（閏）/門	真/文	稕/魂	合	三/一
上博（一）	孔子論詩 p125	紳/壖	真/文	真/元	開/合	三

　　李方桂上古音系真、文韻部分別擬作 i、ə元音，以i元音分裂解釋兩部的押韻關係。羅常培、周祖謨以為先秦真、文分，漢代真、文不分。若以楚簡的真、文與文、真互為通假字的數量之多，以及兩部都分別與元部通假，真部又與耕部通假來看，則最直接的判斷是它們個別都具有不止一個音讀層次。從真部字「趁陳鱗」閩南語白讀都讀 -an 韻，「陳」字亦有-in 層次來看，真、文應是具有一個共同的層次而通假。

5.1.1.2 詩歌真文合韻與真文聲訓觀察

【詩經真文合韻】

風雅頌	篇名	韻字	上古韻	中古韻	開合	等第
衛風	碩人	倩/盼	真/文	霰/襇	開	四/二
大雅	生民之什·既醉	胤/壼	真/文	震/混	開/合	三/一
召南	何彼襛	緡/孫	真/文	真/魂	開／合	三／一

【楚辭屈、宋真文合韻】

作者	篇名	韻字	上古韻	中古韻	開合	等第
屈原	天問	竇/墳	真/文	先/文	開/合	四/三
屈原	天問	陳/分	真/文	真/文	開/合	三
屈原	大司命	塵/雲門	真/文	真/文魂	開/合	三/三一
屈原	天問	親/鰥	真/文	真/山	開/合	三/二

---

[7] 「愍（吝）/憐」通假尚見於上博（四）曹沫之陳 p246。

	招魂	陳/紛分先	真/文	真/文文先	開/合合開	三/三三四
屈原	遠遊	鄰天/聞	真/文	真先/文	開/合	三四/三

【先秦詩真文合韻】

作者	篇名	韻字	上古韻	中古韻	開合	等第
	成相雜辭	陳/銀分門	真/文	真/真文魂	開/開合合	三/三三一

【西漢文人真文合韻】

作者	篇名	韻字	上古韻	中古韻	開合	等第
王褒	昭世	憐/紛門	真/文	先/文魂	開/合	四/三一
劉向	遠游	淵/辰	真/文	先/真	合/開	四/三
韋孟	諷諫詩	親/聞	真/文	真/文	開/合	三
劉向	離世	神/聞	真/文	真/文	開/合	三
王褒	昭世	真臻/芬昏	真/文	真臻/文魂	開/合	三/三一
劉向	離世	均純	真/文	諄	合	三
韋孟	諷諫詩	信/俊	真/文	震/稕	開/合	三
王褒	思忠	神憐/晨紛雲	真/文	真先/真文文	開/開合合	三四/三

【東漢文人真文合韻】

作者	篇名	韻字	上古韻	中古韻	開合	等第
蔡邕	答卜元嗣詩	人/文	真/文	真/魂	開/合	三/一

【兩漢民歌真文合韻】

作者	篇名	韻字	上古韻	中古韻	開合	等第
不詳	朝隴首（白麟歌）	麟/垠	真/文	真	開	三
不詳	李陵錄別詩二十一首	因人身秦新賓親/辰	真/文	真	開	三
不詳	五神	鄰/雲	真/文	真/文	開/合	三
不詳	順陽吏民	民/君	真/文	真/文	開/合	三

	爲劉陶歌					
不詳	宜城爲封使君語	民/君	真/文	真/文	開/合	三
不詳	古詩十九首	親 薪 人因/墳	真/文	真/文	開/合	三
不詳	元帝時童謠	烟/門	真/文	真/魂	開/合	三/一
不詳	桓譚引諺論巧拙	神/門	真/文	真/魂	開/合	三/一
不詳	上郡吏民爲馮氏兄弟歌	民鈞/循君	真/文	真諄/諄文	開合/合	三
不詳	壽春鄉里爲召馴語	恂/春	真/文	諄	合	三
不詳	張公神碑歌	民貧雲	真/文	真/真文	開/開合	三/三
不詳	董逃行	璘烟/紛	真/文	真先/文	開/合	三四/三

【真文聲訓】

篇名	被訓字/訓字	上古聲	上古韻	中古聲	中古韻	開合	等第	聲調
釋天	辰/伸	禪/書	文/真	禪/書	真	開	三	平
釋天	晨/伸	禪/書	文/真	禪/書	真	開	三	平
釋典藝	典/鎮	端	文/真	端/知	銑/震	開	四/三	上/去
釋長幼	洗/齔	心/初	文/真	心/初	薺/震	開	四/三	上/去
釋言語	仁/忍	日	真/文	日	真/軫	開	三	平/上
釋樂器	筍/峻	心	真/文	心	準/稕	合	三	上/去
釋形體	囟/峻	心	真/文	心	震/稕	開/合	三	去
釋天	電/殄	定	真/文	定	霰/銑	開	四	去/上

　　從《詩經》、屈宋《楚辭》、兩漢文人詩歌與民歌的合韻來看，合韻的次數由先秦至兩漢呈遞增趨勢，真文聲訓所見之例也多。

顯示兩部之間應有共通的語音條件。下面我們將進行合韻的百分比分析。

5.1.1.3 真部與異部合韻的比例分析

1　周朝之初至春秋之末（西元前十一世紀中－前五世紀末）

作品	真部總數	排行	用韻情況	次數	百分比
詩經	71	1	真部獨韻	65	91.54%
		2	真文	2	2.82%
		2	真冬	2	2.82%
			真沒	1	1.41%
			真脂	1	1.41%

2　戰國之初至秦朝之末（西元前五世紀末－前三世紀初）

作品	真部總數	排行	用韻情況	次數	百分比
楚辭	22	1	真部獨韻	6	27.27%
屈末		1	真耕	6	27.27%
		1	真文	6	27.27%
		4	真元	2	9.09%
			真耕文	1	4.55%
			真陽	1	4.55%

3　楚漢之初至新莽之末（西元前三世紀初－一世紀）

作品	真部總數	排行	用韻情況	次數	百分比
西漢	21	1	真文	8	38.1%
文人		2	真部獨韻	6	28.57%
		3	真元	4	19.05%
		4	真耕	2	9.52%
			真侵	1	4.76%

4　東漢之初至獻帝之末（西元一世紀初－三世紀初）

作品	真部總數	排行	用韻情況	次數	百分比
東漢	19	1	真耕	5	26.32%
文人		1	真文元	5	26.32%

		3	真部獨韻	3	15.79%
		4	真文	2	10.53%
			真元	1	5.26%
			真元談	1	5.26%
			真東耕	1	5.26%
			真侵	1	5.26%

5　魏立之初至孫吳之末（西元三世紀初－三世紀末）

作品	真部總數	排行	用韻情況	次數	百分比
三國詩歌	100	1	真文	27	27%
		2	真元	24	24%
		3	真部獨韻	23	23%
		4	真文元	12	12%
		5	真耕	6	6%
		6	真耕脂文元	2	2%
			真脂文元	1	1%
			真陽文元	1	1%
			真陽耕	1	1%
			真元侵	1	1%
			真多東陽耕	1	1%
			真東耕	1	1%

　　真、文合韻佔真部押韻例總數的百分比，從第一期周朝之初至春秋之末，第二期戰國之初至秦朝之末，第三期楚漢之初至新莽之末，第四期東漢之初至獻帝之末、三國詩歌的變化來看，其比例是 2.82%→27.27%→38.1%→10.53→27%。第一期真部獨韻為首，佔 91.54%，第二期的楚地音韻，真部獨韻、真耕合韻、真文合韻平分秋色，均為 27.27%，東漢之初至獻帝之末，真文合韻不及真耕合韻，然三國詩歌卻又躍居第一位。這個趨勢要證明真部、文部的分或合是有困難的。

5.1.1.4 文部與異部合韻的比例分析

1　周朝之初至春秋之末（西元前十一世紀中－前五世紀末）

作品	文部總數	排行	用韻情況	次數	百分比

詩經	35	1	文部獨韻	27	77.15%
		2	文元	2	5.71%
		2	文微	2	5.71%
		2	文真	2	5.71%
			文物	1	2.86%
			文耕	1	2.86%

2　戰國之初至秦朝之末（西元前五世紀末－前三世紀初）

作品	文部總數	排行	用韻情況	次數	百分比
楚辭	24	1	文部獨韻	8	33.32%
屈宋		2	文真	6	25%
		2	文元	6	25%
			文耕真	1	4.17%
			文陽	1	4.17%
			文蒸	1	4.17%
			文質	1	4.17%

3　楚漢之初至新莽之末（西元前三世紀初－一世紀）

作品	文部總數	排行	用韻情況	次數	百分比
西漢	15	1	文真	8	53.32%
文人		2	文元	3	20%
			文部獨韻	1	6.67%
			文物	1	6.67%
			文脂	1	6.67%
			文微	1	6.67%

4　東漢之初至獻帝之末（西元一世紀初－三世紀初）

作品	文部總數	排行	用韻情況	次數	百分比
東漢	16	1	文部獨韻	6	37.5%
文人		2	文真元	5	31.25%
		3	文元	2	12.50%
		3	文真	2	12.50%
			文侵	1	6.25%

5　魏立之初至孫吳之末（西元三世紀初－三世紀末）

作品	文部總數	排行	用韻情況	次數	百分比

三國	56	1	文真	27	48.20%
詩歌		2	文真元	12	21.43%
		3	文部獨韻	10	17.86%
		4	文元	3	5.36%
		5	文耕脂真元	2	3.57%
			文脂真元	1	1.79%
			文陽真元	1	1.79%

　　真、文合韻佔文部押韻例總數的百分比，從第一期周朝之初至春秋之末，第二期戰國之初至秦朝之末，第三期楚漢之初至新莽之末，第四期東漢之初至獻帝之末、三國詩歌的變化來看，其比例是 5.71%→25%→53.32%→12.5%→48.2%。第一期文部獨韻為首，佔 77.15%，第二期的楚地音韻，文部獨韻降為 33.32%，文元合韻、真文合韻平分秋色，均為 25%，第三期真文合韻佔文部押韻總數的 53.32%躍居首位，東漢之初至獻帝之末，真文合韻不及文部獨韻、真文元合韻，然三國詩歌卻又躍居第一位。這樣的起落趨勢要證明它們的分或合也是有困難的。

　　自從段玉裁把真、文分部以來，並不是每位學者都同意他的主張，孔廣森、戴震的古韻分部即不分真文。羅常培、周祖謨（1958：36）認為周秦的真文分成兩部，到了西漢，陽聲真文與陰聲脂微、入聲質術都合流為一部。從上列真文兩部的例外押韻比例來看，真、文在《詩經》音系分成兩部是毫無疑問的，到了西漢的關係雖更為密切，不過並非兩部完全合流。

　　《詩經》、《楚辭》屈宋、先秦民歌、西漢文人、東漢文人、兩漢民間、三國詩歌的真文合韻，主要是中古臻攝字合流，而非完全合併。較為突出的是真部山攝字「真天憐淵烟」與文部臻攝字相押。這些字從上古真部，在十六攝中歸入山攝，這表示在不同的地區，應有不同的音讀層次，韻書也同時收錄山攝、臻攝的音讀。如「憐」字，除了山攝（《廣韻》落賢切）讀法，《集韻》又錄離珍切，音鄰；「淵」字，《廣韻》烏玄切，《集韻》又讀一均切；「烟」字，《廣韻》烏前切，又讀於真切。文部山攝字「鰥先」

與真部真韻「親陳」相押，从先得聲的「詵」、「侁」、「駪」、「姺」
在《廣韻》是所臻切，可以和楚簡真文通假相佐證，證明真文通
假或合韻、聲訓，反映異讀層次的存在。

5.1.2 楚簡文元通假

5.1.2.1 楚簡文元通假的語音基礎

【楚簡文元通假】

出處	篇名	借字/本字	上古韻	中古韻	開合	等第
上博（二）	子羔 p192	甾（川）/畎	文/元	仙/銑	合	三/四

　　江有誥說：「段氏之分真文，孔氏之分東冬，有誥初亦不信。
細細繹之，真與耕通用爲多，文與元合用較廣，此真文之界限也。
東每與陽通，冬每與蒸侵通，此東冬之界限也。」我們已從真文
合韻佔真部、文部的比例得知真、文二部可分，但若要說真文的
界限在「真與耕通用爲多，文與元合用較廣」卻又不然。文、元
二部以主元音來看，李方桂擬作ə、a之別。已知微、歌二部也每
每通假、合韻，[8]我們因此認爲應是文部具有一個低元音的音讀層
次，所以文、元得以通假。合併下文真元通假例「旬/畎」同看，
「甾（川）」「旬」同與「畎」字通假，可見真、文韻部皆有低元
音的韻母層次。

5.1.2.2 詩歌文元合韻與文元聲訓觀察

【詩經文元合韻】

風雅頌	篇名	韻字	上古韻	中古韻	開合	等第
秦風	小戎	群錞/苑	文/元	文諄/阮	合	三
小雅	谷風之什·楚茨	孫/怨	文/元	魂/仙	合/開	一/三

---

[8] 參見李存智（2008）〈郭店與上博楚簡諸篇陰聲韻部通假關係試探〉，《臺大中
文學報》第 29 期。

【楚辭屈、宋文元合韻】

作者	篇名	韻字	上古韻	中古韻	開合	等第
	招魂	先/還	文/元	先/刪	開合	四二
屈原	悲回風	雯/媛	文/元	文/元	合	三
屈原	悲回風	聞/還	文/元	文/刪	合	三/二
宋玉	九辯	垠春溫/餐	文/元	真諄魂/元	開合合/開	三三一/三
屈原	抽思	聞/愈	文/元	問/諫	合	三/二
屈原	遠遊	垠存門先/傳然	文/元	真魂魂先/仙	開合合開/合開	三一一四/三

【先秦詩文元合韻】

作者	篇名	韻字	上古韻	中古韻	開合	等第
	忼慨歌	貧/錢	文/元	真/仙	開	三

【西漢文人文元合韻】

作者	篇名	韻字	上古韻	中古韻	開合	等第
王褒	尊嘉	欣門根/難	文/元	欣魂痕/寒	開合開/開	三一一/一
劉向	逢紛	運/漫	文/元	問/換	合	三/一
劉向	離世	奔/轅	文/元	魂/元	合	一/三

【東漢文人文元合韻】

作者	篇名	韻字	上古韻	中古韻	開合	等第
張衡	四愁詩	艱/翰山	文/元	山/寒山	開	二/一二
劉蒼	武德舞歌詩	文/山	文/元	文/山	合/開	三/二

【兩漢民歌文元合韻】

作者	篇名	韻字	上古韻	中古韻	開合	等第
不詳	拘幽操	分/煩	文/元	文/元	合	三
不詳	豫章行	斤/燔端山間泉捐連	文/元	欣/元桓山山仙仙仙	開/合合開開合合開	三/三一二二三三三
不詳	拘幽操	勤昆/患	文/元	欣魂/諫	開合/合	三一/二
不詳	信立退怨	汝分芸/	文/元	真文文/	開合合/	三

	歌	冤		元	合	
不詳	古詩爲焦仲卿妻作	珍輪雲婚門/幡鞍穿	文/元	真諄文魂魂/元寒仙	開合合合合/合開合	三三三一一/三一三
不詳	刺巴郡郡守詩	門/喧錢	文/元	魂/元仙	合/合開	一/三
不詳	淮南王	尊/連	文/元	魂/仙	合/開	一/三
不詳	象載瑜（赤雁歌）	文員/泉	文/元	文仙/仙	合	三

【文元聲訓】

篇名	被訓字/訓字	上古聲	上古韻	中古聲	中古韻	開合	等第	聲調
釋用器	鐫/鐏（尊）	精	元/文	精	仙/魂	合	三/一	平
釋船	船/循	船/邪	元/文	船/邪	仙/諄	合	三	平
釋疾病	酸/遜	心	元/文	心	桓/慁	合	一	平/去
釋言語	亂/渾	來/匣	元/文	來/匣	換/魂	合	一	去/平
釋疾病	疝/詵	山	元/文	山	諫/臻	開	二/三	去/平
釋衣服	褌（軍）/貫	見	文/元	見	文/換	合	三/一	平/去
釋水	川/穿	昌	文/元	昌	仙	合	三	平
釋飲食	䐼（員）/饡（贊）	匣/精	文/元	云/精	仙/翰	合/開	三/一	平/去
釋形	吻/免	明	文/元	明	吻/獮	合/開	三	上

體								
釋宮室	困/綣	溪	文/元	溪	真/阮	合	三	平/上
釋天	矕/捲	匣/見	文/元	匣/見	問/獮	開	三	去/上
釋首飾	袞/卷	見/群	文/元	見/群	混/仙	合	一/三	上/平
釋疾病	胗/展	章/端	文/元	章/知	軫/獮	開	三	上
釋飲食	飧/散	心	文/元	心	魂/旱	合/開	一	平/上
釋親屬	昆/貫	見	文/元	見	魂/換	合	一	平/去
釋姿容	奔/變	幫	文/元	幫	魂/線	合/開	一/三	平/去
釋形體	脣/緣	船/余	文/元	船/余	諄/仙	合	三	平
釋天	震/戰	章	文/元	章	震/線	開	三	去
續釋名	洗/鮮	心	文/元	心	薺/仙	開	四/三	上/平

　　從《詩經》、屈宋《楚辭》、兩漢文人詩歌與民歌的合韻來看，文部的臻攝字與山攝字，如「員艱先」，都能與元部合韻。而「先」字出現在《楚辭》屈、宋押韻的文元合韻，也出現在真文合韻，由此可見「先」字應具有不同的音讀層次，既可與真部押韻，也與元部押韻。「分」字在此與元部字押韻，《錢典》一五四方足布

面文「分布」，張頷說「分」讀爲「半」，[9]可見「分」字有低元音
的音讀層次。文元聲訓也證成文部應有低元音的音讀。下面我們
進行元部押韻百分比分析。

5.1.2.3　元部與異部合韻的比例分析

1　周朝之初至春秋之末（西元前十一世紀中－前五世紀末）

作品	元部總數	排行	用韻情況	次數	百分比
詩經	82	1	元部獨韻	72	87.80%
		2	元歌	3	3.66%
		3	元文	2	2.44%
			元東	1	1.22%
			元脂	1	1.22%
			元陽	1	1.22%
			元微	1	1.22%
			元質	1	1.22%

2　戰國之初至秦朝之末（西元前五世紀末－前三世紀初）

作品	元部總數	排行	用韻情況	次數	百分比
楚辭	29	1	元部獨韻	20	68.96%
屈宋		2	元文	6	20.69%
		3	元真	2	6.90%
			元陽	1	3.45%

3　楚漢之初至新莽之末（西元前三世紀初－一世紀）

作品	元部總數	排行	用韻情況	次數	百分比
西漢	35	1	元部獨韻	26	74.28%
文人		2	元真	4	11.43%
		3	元文	3	8.57%
			元歌	1	2.86%
			元月	1	2.86%

[9] 王輝：《古文字通假釋例》，（臺北：藝文印書館，1993 年），頁 881。

4　東漢之初至獻帝之末（西元一世紀初－三世紀初）

作品	元部總數	排行	用韻情況	次數	百分比
東漢文人	21	1	元部獨韻	11	52.39%
		2	元真文	5	23.81%
		3	元文	2	9.52%
			元真	1	4.76%
			元真談	1	4.76%
			元歌	1	4.76%

5　魏立之初至孫吳之末（西元三世紀初－三世紀末）

作品	元部總數	排行	用韻情況	次數	百分比
三國詩歌	94	1	元部獨韻	51	54.27%
		2	元真	24	25.53%
		3	元真文	11	11.70%
		4	元文	3	3.19%
		5	元耕脂真文	2	2.13%
			元真侵	1	1.06%
			元脂真文	1	1.06%
			元陽真文	1	1.06%

　　文、元合韻佔元部押韻例總數的百分比，從第一期周朝之初至春秋之末，第二期戰國之初至秦朝之末，第三期楚漢之初至新莽之末，第四期東漢之初至獻帝之末三國詩歌的變化來看，其比例是 2.44%→20.69%→8.57%→9.52%→3.19%。第一期元部獨韻為首，佔 87.80%，第二期的楚地音韻，元部獨韻降為 68.96%，文元合韻增為 20.69%，第三期元部獨韻佔 74.28%，文元合韻不及真元合韻，東漢之初至獻帝之末，仍是元部獨韻為首，真文元合韻佔 23.81%，三國詩歌文元合韻已少見。這說明文部的低元音層次已居語言競爭弱勢。

　　就個別韻字來看，元部山攝字同時有文部異讀、文部臻攝字同時有元部異讀，可證異部合韻應是共有一個音讀層次。例如：《詩經・小戎》中的「苑」；阮瑀〈琴歌〉中的「怨」；宋玉〈九辯〉中的「餐」，都是元部山攝字，因具有與文部相同的音讀層次，因此造成文元合韻。同樣從「夗」得聲的「鴛」，《廣韻》又讀烏渾

切、《集韻》讀烏昆切。意謂从「夗」得聲之字不只元部的音讀，在某些地區亦有文部讀法，因此和文部臻攝字相押。「餐」古通「先」，《集韻》蘇昆切，音「孫」、同「飧」，證明「餐」在上古同時也存在文部的讀法。再如：「孫雰貧分聞門垠根存運奔文汝芸雲尊欣斤」都是文部臻攝字，在某些地區應存在低元音的音讀層次，因此得與低元音韻部押韻，造成所謂的「文元合韻」。從「孫」得聲的「蓀」字，《集韻》也作「荃」；「雰」、「貧」、「分」皆从「分」得聲，从「分」得聲之「頒」字，《廣韻》有符分、布還兩切，「扮」字有府文、晡幻兩切，韻書記錄了分屬文、元兩部的音讀。「盼」《廣韻》作匹莧切，亦有元部音讀。「聞」、「門」皆从「門」聲，从「門」得聲之「閩」字，《集韻》作謨官切，音瞞，今閩南語正讀ban24。「垠」、「根」从「艮」聲，「垠」字在《字彙》作魚軒切，音言；「艱」字，《廣韻》古閑切；「狠」字，《廣韻》又讀五閑切；「限」字，《廣韻》胡簡切，這些都是从「艮」得聲之字具有低元音的音讀層次。從「存」得聲的「荐」字，《廣韻》讀在甸切、《集韻》讀才甸切，又寫作元部之「薦」。「運」字，从「軍」聲。从「軍」聲的「輝」字，《集韻》許元切，又呼願切。「文」、「汝」皆从「文」聲，从「文」聲的「虔」字，《廣韻》渠焉切，韻書記錄了低元音的元部讀法。「芸」、「雲」皆从「云」聲，从「云」聲的「園」字，《集韻》作于元切。從「尊」得聲的「鐏」字，《集韻》祖管切。「欣」、「斤」从「斤」聲，从「斤」聲之「斷」字，《集韻》牛閑切，又音忍善切，又音語蹇切，都是低元音的音讀層次。

　　在閩南語的白讀層中，「元部山攝」的「飯軟勸酸管穿」與「文部臻攝」的「頓門問」有一個共同的音讀層次「-ŋ」韻，如：「飼子無論飯，飼父母就算頓。」的諺語，即押分屬元、文二部的「飯

「頓」二字。結合前述文部臻攝字「閩」字讀「-an」韻，從閩南語
的白讀層來看，文、元二部字可以因為具有共同的語音層次，或
為-an，或為-ŋ而押韻。然則上古音的文、元通假或合韻，韻書的
文、元又音，諧聲字的兩歧發展，也可因此獲得啟發。

5.1.3 楚簡真元通假

5.1.3.1 真元通假的語音基礎

【楚簡真元通假】

出處	篇名	借字/本字	上古韻	中古韻	開合	等第
上博（二）	容成氏 p260	旬/畎	真/元	諄/銑	合	三/四

　　如前所述，真部有一個低元音的層次，因此能與低元音的元
部通假。從「旬」得聲的「絢眴姰」，中古入山攝，《廣韻》「絢
眴」同為霰韻許縣切，「眴」字有諄韻相倫、如勻二切、稕韻舒
閏切及霰韻黃練切的又音，「姰」字有霰韻黃練切、諄韻相倫切
二音，亦可證真部字應具有與元部字相同的音讀層次。銀雀山竹
簡[10]《奇正》：「死而不笱踵，孟賁之所難也。」「未見死道（蹈）
白刃而不苟踵」，「笱苟」皆讀為「旋」，與此處戰國楚竹書通假
字例皆以真部字通假元部字。

　　馬王堆帛書《老子》甲本《道經》：「是以吉事上左，喪事上
右；是以偏將軍居左，上將軍居右，言以喪禮居之也。」「偏」
字乙本及通行本作「偏」。《論語・季氏》「友便佞」，《說文》言

---

[10] 以下通假字例見李存智（1995）。

部引「便」作「諞」，真、元二部字互為通假、異文。「偏諞」並
與下列韻字「翩偏篇徧」同為从「扁」聲之諧聲系列。

5.1.3.2 詩歌真元合韻與真元聲訓觀察

【楚辭屈、宋真元合韻】

作者	篇名	韻字	上古韻	中古韻	開合	等第
屈原	湘君	翩/間	真/元	仙/山	開	三/二
屈原	抽思	進/願	真/元	震/願	開/合	三

【先秦詩真元合韻】

作者	篇名	韻字	上古韻	中古韻	開合	等第
不詳	烏鵲歌	年天翩/還間懸鳶	真/元	先先仙/刪山先仙	開/合開合開	四四三/二二四三

【西漢文人真元合韻】

作者	篇名	韻字	上古韻	中古韻	開合	等第
劉向	惜賢	淵/山	真/元	先/山	合/開	四/二
劉向	愍命	賢/悁	真/元	先/仙	開	四/三
劉向	愍命	淵/遷	真/元	先/仙	合/開	四/三
劉向	遠逝	身/前	真/元	真/先	開	三/四

【東漢文人真元合韻】

作者	篇名	韻字	上古韻	中古韻	開合	等第
趙壹	秦客詩	賢/邊錢延	真/元	先/先仙仙	開	四/四三三

【兩漢民歌真元合韻】

作者	篇名	韻字	上古韻	中古韻	開合	等第
不詳	履雙操	偏/言冤寒肝悁	真/元	仙/元元寒寒仙	開/開合開開開	三/三三一一三
不詳	婦病行	翩/言寒	真/元	仙/元寒	開	三/三一
不詳	時人為揚雄桓譚語	篇/官	真/元	仙/桓	開/合	三/一

不詳	順帝末京都童謠	弦/邊	真/元	先	開	四
不詳	古詩二首	天/山	真/元	先/山	開	四/二
不詳	江南	田/間蓮	真/元	先/山先	開	四/二四
不詳	君子行	賢/餐難冠間肩	真/元	先/元寒桓山先	開/開開合開開	四/三一一二四
不詳	時人爲郭況語	千/錢	真/元	先/仙	開	四/三
不詳	古諺	年/錢	真/元	先/仙	開	四/三
不詳	豔歌行	眄/綻組見縣	真/元	霰/襇襇霰霰	開/開開開合	四/二二四四
不詳	張公神碑歌	/建萬難爛畔見	真/元	嘯/願願翰翰換霰	開/開合開開合開	四/三三一一一四
不詳	信立退怨歌	身/言	真/元	真/元	開	三

【真元聲訓】

篇名	被訓字/訓字	上古聲	上古韻	中古聲	中古韻	開合	等第	聲調
釋采帛	絹/絹（臣）	見/禪	元/真	見/禪	線/真	合/開	三	去/平
釋兵	剪/進	精	元/真	精	獮/震	開	三	上/去
釋天	天/坦	透	真/元	透	先/旱	開	四/一	平/上
釋兵	淵/宛	影	真/元	影	先/阮	合	四/三	平/上
釋天	天/顯	透/曉	真/元	透/曉	先/銑	開	四	平/上
釋天	玄/縣	匣	真/元	匣	先/霰	合	四	平/去
釋親屬	玄/縣	匣	真/元	匣	先/霰	合	四	平/去
釋州	鄰/連	來	真/元	來	真/仙	開	三	平

國								
釋車	眠（民）/縣	明	真/元	明	真/仙	開	三	平
釋天	寅/演	余	真/元	余	真/獮	開	三	平/上
釋姿容	引/演	余	真/元	余	軫/獮	開	三	上
釋疾病	眩/縣	匣	真/元	匣	霰	合	四	去

　　綜合真文、文元、真元的關係來看，我們認為爭議真、文該分或該合？對於兩部呈現在文獻或方言上的糾葛，實際上並沒有提供具體的解決方案。真文、真元、文元的聲訓用例與合韻、通假平行，意謂這是在先秦兩漢的廣大地區都發生的現象。若以真*in（*en）、文*ən、元*an的擬音解釋這種錯綜關係，只能以元音一時的裂變來求解。但若以真、文具有*a元音層次的音讀，便能為真元、文元的頻繁接觸關係找到語音依據。我們並不反對以獨韻作為區分韻部的基礎，實際上我們也一直先以詩韻、諧聲的分部基礎來看上古的韻部架構，正是因為看到異部接觸的現象屢屢與中古的反切又讀直接連繫，所以認為上古應該也存在異讀層次，這樣才能解釋許多反切又音與文獻上的異部接觸。將這種理念付諸實踐，處理文獻或方言材料，正是想對許多音韻層次研究的難題，提出可能的解釋，不以元音裂變解釋異部接觸為滿足。[11]

　　真元合韻不見於《詩經》，但先秦民歌則可見。從屈宋《楚辭》、

---

[11]從古韻部成系統的研究開始，自顧炎武十部到超過三十部的主張，都為後繼研究者打下堅實的研究基礎。我們是以脂與微、真與文分或合的爭議作例子，說明執著在分或合，而不討論實際上既可分亦可合的音韻內涵，對於歷來的爭議並不具解釋現象的實質意義，而非區分韻部的研究方法不具意義。

先秦民歌、兩漢文人詩歌與民歌的合韻來看，真部的臻攝字「進身」與山攝字「翩年天淵賢偏篇弦田千畇」，都能與元部合韻。比較閩南方言真部字有低元音-an 的層次，則可推測真元合韻當是共有相同的音讀層次而押韻。

　　真元兩部的合韻關係，羅常培、周祖謨曾說：「漢人用韻真文合爲一部，但是真文與元並沒有完全混爲一談。」並以爲真元是音近通叶[12]。何以兩漢時期真元音近？語音實際如何？羅、周書中未有進一步分析。從語料來看：從《楚辭》屈宋到三國詩歌，「真元合韻」基本上反映的是山攝字合流的趨勢。然而，「進」字又通作「薦」；西南夷「身毒國」的「身」字，《史記》司馬貞索隱曰：「身，音捐」。據此而言，真部的臻攝字「進身」極可能本來就有一個低元音的音讀層次，故而能與元部字押韻。

5.1.4 詩歌真文元合韻觀察

5.1.4.1 真文元合韻的語音基礎

【東漢文人真文元合韻】

作者	篇名	韻字	上古韻	中古韻	開合	等第
劉辯	悲歌	玄/艱/蕃延	真/文/元	先/山/元仙	合/開/合開	四/二/三
桓麟	答客詩	賢年/倫/言	真/文/元	先/諄/元	開/合/開	四/三/三
王逸	哀歲	陳/沄/干攢延蝶	真/文/元	真/文/寒緩仙仙	開/合/開合開開	三/三/一一三三
蔡邕	初平詩	臣親神人/震勳/衾	真/文/元	真/震文/寒	開/開合/開	三/三/一

---

[12]羅常培、周祖謨：《漢魏晉南北朝韻部演變研究》第一分冊，（北京：科學出版社，1958 年），頁 36-37。

作者	篇名	韻字	上古韻	中古韻	開合	等第
王逸	守志	神堅憐/珍氛雲勳分婚存/歎端姦鞭泉	真/文/元	真先先/真文文文文魂魂/翰桓刪仙仙	開/開合合合合合/開合開開合	三四四/三三三三三一一/一一二三三

【兩漢民歌真文元合韻】

作者	篇名	韻字	上古韻	中古韻	開合	等第
不詳	張公神碑歌	陳田/芬/錢	真/文/元	真先/文/仙	開/合/開	三四/三/三
不詳	古詩爲焦仲卿妻作	神年/論門/言寒蘭間遷泉然全單	真/文/元	真先/諄魂/元寒寒山仙仙仙仙仙	開/合/開開開開合開合開	三四/三一/三一一二三三三三

　　真、文、元通假與合韻的語音基礎爲何？經過真文、文元、真元、真文元四類的通假與合韻的觀察，可以確認這三個韻部因爲都有一個低元音的音韻層次，因此經常接觸。楚地真、文韻部的低元音音讀層次頗爲突出。除此之外，真、文兩韻部應還有中、高元音的韻母層次，此即兩部被誤爲在漢代已合而爲一的主要原因。論者以爲若據李方桂的四元音系統以推，則真、文、元各皆非有**-i-、**-ə-、**-a-三個音韻層次不可，以此質疑本文未顧及其間的矛盾，並有過度推論的風險。本文以爲若以較無爭議的元部來看，其擬音或爲**-a、或**-ar、或**-al、或**-ai，主要元音均爲-a-，那麼真元、文元、真文元的合韻或通假，必須有個解釋，而當諧聲字、聲訓、方言的白讀層、韻書所錄的又音也都有真、文讀低元音的相應表現時，本文即使尚無法指實其時間、地域的層次，推測它們具有低元音的音讀層次仍比避而不予處理，或逕以語音一時發生裂變視之要有意義得多。[13]

---

[13]我們已經多處指出同諧聲偏旁，在諧聲字系列中往往有歧出的表現，正因爲如

5.2 舌根鼻音韻尾韻部通假現象

5.2.1 楚簡東陽通假

5.2.1.1 東陽通假的語音基礎

【楚簡東陽通假】

出處	篇名	借字/本字	上古韻	中古韻	開合	等第
上博（一）	孔子論詩 p124	衙（行）/巷	陽/東	庚/絳	開	二
上博（一）	紂衣 p174	衙（行）/巷	陽/東	庚/絳	開	二
上博（二）	魯邦大旱 p206	衙（行）/巷	陽/東	庚/絳	開	二

　　李方桂擬東部爲 u 元音，陽部爲 a 元音，並以 u 元音破裂爲複元音 ua，作爲東陽合韻的語音基礎。然而閩南方言東部東、鍾、江韻字，如「公功通東同/重/雙」多半有-aŋ的白讀，文讀爲-oŋ或-ɔŋ，陽部字的白讀層則是-ŋ̍、-iũ，文讀層爲-oŋ或-ɔŋ，因此東陽的接觸並非 u 元音破裂爲複元音 ua 所能解釋；再從陰聲韻的魚侯兩部關係來看，主要是魚部魚虞模韻 a 元音後化、高化而與侯部接觸。魚、侯兩部與東、陽兩部合韻或通假的語音關係還可再斟酌。

此，所以嘗試從音讀層次解釋各種平行的語音現象。漢語運用破讀構詞，問題在爲何要破讀成某某，而非其他音？究其根柢，還是得回到語音系統本身，不能逕以語音一時發生裂變等閒視之。

5.2.1.2 詩歌東陽合韻觀察

【詩經東陽合韻】

風雅頌	篇名	韻字	上古韻	中古韻	開合	等第
周頌	清 廟 之 什·維清	公功邦/疆皇	東/陽	東東江/陽唐	合合開/開合	一一二/三一

【楚辭屈、宋東陽合韻】

作者	篇名	韻字	上古韻	中古韻	開合	等第
	招魂	從/陽	東/陽	鍾/陽	合/開	三

【先秦詩東陽合韻】

作者	篇名	韻字	上古韻	中古韻	開合	等第
不詳	塗山歌	龐/昌	東/陽	江/陽	開	二/三
不詳	鄰民歌	公/梁旁	東/陽	東/陽唐	合/開	一/三一

【西漢文人東陽合韻】

作者	篇名	韻字	上古韻	中古韻	開合	等第
東方朔	自悲	蒙/湯	東/陽	東/唐	合/開	一
東方朔	謬諫	公/堂	東/陽	東/唐	合/開	一
賈誼	惜誓	功/狂長	東/陽	東/陽	合/合開	一/三
東方朔	沈江	功公矇/央	東/陽	東/陽	合/開	一/三
東方朔	謬諫	通/揚	東/陽	東/陽	合/開	一/三
東方朔	沈江	蓬 東 凶 容 重 壅/望	東/陽	東 東 鍾 鍾 鍾 鍾/陽	合	一 一 三 三 三 三/三
劉向	憂苦	茸/章行藏	東/陽	鍾/陽唐唐	合/開	三/三一一

【東漢文人東陽合韻】

作者	篇名	韻字	上古韻	中古韻	開合	等第
王逸	哀歲	蟲/穰章 房 陽 傷 涼 愴 唐 光 荒 螂 朗	東/陽	鍾/陽陽 陽 陽 陽 陽 漾 唐 唐 唐 唐 蕩	合/開開 合 開 開 開 開 開 合 合 開 開	三/三三 三 三 三 三 三 一 一 一 一 一

| 王逸 | 守志 | 功龍雙/
衡 | 東/陽 | 東鍾江/
庚 | 合合開/
開 | 一三二/
二 |

【兩漢民歌東陽合韻】

作者	篇名	韻字	上古韻	中古韻	開合	等第
不詳	長歌	幢/長箱 疆	東/陽	江/陽	開	二/三
不詳	張公神 碑歌	公/陽方 鄉觴央 旁	東/陽	東/陽陽 陽陽陽 唐	合/開合 開開開 開	一/三三 三三三 一
不詳	信立退 怨歌	同鍾/傷 彰	東/陽	東鍾/陽	合/開	一三/三
不詳	古詩為 焦仲卿 妻作	桐通/鶩 忘傍徨 更	東/陽	東/陽陽 唐唐庚	合/開合 開合開	一/三三 一一二
不詳	信立退 怨歌	功/王明	東/陽	東/陽庚	合/合開	一/三

　　已知《呂氏春秋》的韻語中，東陽合韻高居該書異部合韻用例次數的第五位（第四為耕陽合韻）（何科根 1996），可見得東陽合韻不只見於楚地。下面將從東部、陽部與異部合韻的比例加以分析。

5.2.1.3 東部與異部合韻比例分析

1　周朝之初至春秋之末（西元前十一世紀中－前五世紀末）

作品	東部總數	排行	用韻情況	次數	百分比
詩經	51	1	東部獨韻	48	94.12%
			東元	1	1.96%
			東陽	1	1.96%
			東侯	1	1.96%

2　戰國之初至秦朝之末（西元前五世紀末－前三世紀初）

作品	東部總數	排行	用韻情況	次數	百分比
楚辭	16	1	東部獨韻	11	68.75%

屈宋			東侵	1	6.25%
			東陽	1	6.25%
			東幽	1	6.25%
			東冬	1	6.25%
			冬東侵	1	6.25%

3　楚漢之初至新莽之末（西元前三世紀初－一世紀）

作品	東部總數	排行	用韻情況	次數	百分比
西漢文人	25	1	東部獨韻	10	40%
		2	東陽	7	28%
		3	東冬	3	12%
			東幽	1	4%
			東談	1	4%
			東陽侵	1	4%
			東蒸陽	1	4%
			東侵	1	4%

4　東漢之初至獻帝之末（西元一世紀初－三世紀初）

作品	東部總數	排行	用韻情況	次數	百分比
東漢文人	7	1	東部獨韻	3	42.85%
		2	東陽	2	28.57%
			東耕	1	14.29%
			東冬	1	14.29%

5　魏立之初至孫吳之末（西元三世紀初－三世紀末）

作品	東部總數	排行	用韻情況	次數	百分比
三國文人	26	1	東部獨韻	16	61.54%
		2	東陽	2	7.69%
		2	東蒸陽	2	7.69%
			東耕	1	3.85%
			東陽耕	1	3.85%
			東冬陽	1	3.85%
			東蒸	1	3.85%
			東冬	1	3.85%
			東冬陽耕真	1	3.85%

東、陽合韻佔東部押韻例總數的百分比，從第一期周朝之初

至春秋之末，第二期戰國之初至秦朝之末，第三期楚漢之初至新莽之末，第四期東漢之初至獻帝之末三國詩歌的變化來看，其比例是 1.96%→6.25%→28%→28.57%→7.69%。四期中的東部押韻狀況，都是東部獨韻居首，表現舌根音韻尾韻部相對穩定的特色。就合韻比例而言，東陽合韻在兩漢時期的詩韻明顯居多，但東陽合韻是否爲楚地方音特色，還須佐證。

5.2.1.4 陽部與異部合韻比例分析

1　周朝之初至春秋之末（西元前十一世紀中－前五世紀末）

作品	陽部總數	排行	用韻情況	次數	百分比
詩經	166	1	陽部獨韻	162	97.59%
		2	陽談	2	1.20%
			陽東	1	0.60%
			陽元	1	0.60%

2　戰國之初至秦朝之末（西元前五世紀末－前三世紀初）

作品	陽部總數	排行	用韻情況	次數	百分比
楚辭	73	1	陽部獨韻	59	80.82%
屈宋		2	陽魚	3	4.11%
		3	陽多	2	2.74%
			陽東	1	1.37%
			陽談	1	1.37%
			陽耕	1	1.37%
			陽真	1	1.37%
			陽文	1	1.37%
			陽蒸	1	1.37%
			陽職	1	1.37%
			陽幽	1	1.37%
			陽元	1	1.37%

3　楚漢之初至新莽之末（西元前三世紀初－一世紀）

作品	陽部總數	排行	用韻情況	次數	百分比
西漢	53	1	陽部獨韻	37	69.81%
文人		2	陽東	7	13.21%
		3	陽耕	4	7.55%

		4	陽冬	2	3.77%
			陽魚	1	1.89%
			陽東侵	1	1.89%
			陽蒸東	1	1.89%

4　東漢之初至獻帝之末（西元一世紀初－三世紀初）

作品	陽部總數	排行	用韻情況	次數	百分比
東漢 文人	21	1	陽部獨韻	15	71.43%
		2	陽耕	3	14.29%
		3	陽東	2	9.52%
			陽魚	1	4.76%

5　魏立之初至孫吳之末（西元三世紀初－三世紀末）

作品	陽部總數	排行	用韻情況	次數	百分比
三國 文人	107	1	陽部獨韻	86	80.37%
		2	陽耕	13	12.15%
		3	陽東	2	1.87%
		3	陽蒸東	2	1.87%
			陽東耕	1	0.93%
			陽冬東	1	0.93%
			陽冬東耕真	1	0.93%
			陽真文元	1	0.93%

　　東、陽合韻佔陽部押韻例總數的百分比，從第一期周朝之初至春秋之末，第二期戰國之初至秦朝之末，第三期楚漢之初至新莽之末，第四期東漢之初至獻帝之末三國詩歌的變化來看，其比例是 0.6%→1.37%→13.21%→9.52%→1.87%。四期中的陽部押韻狀況，都是陽部獨韻居首，其比例是 97.59%→80.82%→69.81%→71.43%→80.37%，表現比東部獨韻更穩定，亦無法證明東陽合韻為楚地方音特色。

　　江有誥《音學十書》提及「東每與陽通」「冬每與蒸侵合」來回應孔廣森分別東冬二部，東陽兩部的合韻關係因此而被注意。上述東、陽合韻佔東部、陽部押韻例總數的百分比都不高，古音學家分東、陽二部少有爭議，可見其間自有界限。至於現代學者，

或以為東陽合韻是音變現象，如陸志韋、王力，[14]或以為東陽合韻
是方音特色，如羅常培、周祖謨、董同龢、李方桂。[15]以後者來說，
羅、周（1958：81）認為陽東相押、耕真相押都是楚方言的特點，
並猜想陽東兩部，耕真兩部的元音一定很相近。董同龢從《老子》、
《楚辭》用韻的共同性，推論東陽、之幽、侯魚、真耕四類合韻
關係為楚方音特色。李方桂《上古音研究》則指出：

> 東部有*u 元音而陽部有*a 元音似乎難以解釋東陽通協的
> 狀況。這個大概是個古代方言現象。《詩經》裏東陽互押
> 的例子很少見，到了《老子》裏漸多起來，到了漢朝的韻
> 文裏就更多起來，尤其《淮南子》、《陸賈新語》等書，因
> 此有人以為這是楚語的特點。我以為上古的*i，*u 元音都
> 有分裂為複合元音的傾向，有些方言*u 變成*uǎ後來變成
> a（如閩南語的東韻字）。[16]

　　李氏以為東陽合韻是某種方言的東部*u 元音破裂成*ua，因此
與*a 元音的陽部字相押。[17]

　　從詩歌押韻來看，東、陽兩部較為頻繁接觸從西漢開始，東
陽合韻在西漢佔東部押韻例的 28%，在東漢為 28.57%；東陽合韻
在西漢佔陽部押韻例的 13.21%，在東漢為 9.52%。上古陽部包括

---

[14] 陸志韋：《陸志韋語言學著作集（一）》，（北京：中華書局，1999 年），頁 111。
王力：《漢語史稿》，（北京：中華書局，2003 年），頁 93。
[15] 參見羅常培、周祖謨《漢魏晉南北朝韻部演變研究》第一分冊，（北京：科學出
版社，1958 年），頁 51。董同龢〈與高本漢先生商榷「自由押韻說」兼論上古楚
方音特色〉，《董同龢先生語言學論文選集》，（臺北：食貨出版社，1974 年），頁
1-11。李方桂《上古音研究》，（北京：商務印書館，1980 年），頁 73。
[16] 李方桂：《上古音研究》，（北京：商務印書館，1980 年），頁 73。
[17] 與東陽相承的侯魚合韻，是魚部魚虞模*a 後化、高化而與侯部（*u 或擬成*ɔ）
虞合流，而非侯部*u 元音破裂成*ua 的方言現象。

陽唐與庚耕，東漢陽部庚韻轉入耕部；西漢時陽部陽唐韻與東部
東鍾韻合韻，在劉向（沛縣）、東方朔（平原厭次）、賈誼（洛陽）
等人的作品中可見；東漢時，東陽合韻僅見於王逸（南郡宜城）
作品。[18]以詩人籍貫而言，沛縣、平原厭次、洛陽、南郡宜城分別
在今之江蘇、山東、河南、湖北境內，並不全屬楚地，惟詩歌形
式上，這些東陽合韻的作品多帶有《楚辭》體慣用的「兮」字句。
學者多根據《老子》東陽合韻較多，證其為楚方言的特色，然而
楚國屈原、宋玉的作品不見東陽合韻，其間歧異的關鍵可能在於
散文韻與詩韻寬嚴不一。「《老子》全書用韻總計 426 處，其中各
部獨用 245 處（同字相押者 81 處），通韻 41 處，合韻 140 處。」[19]
共有高達 42.49％的例外押韻，可為輔證。

5.2.2 楚簡東冬通假

5.2.2.1 楚簡東冬通假的語音基礎

【楚簡東冬通假】

出處	篇名	借字/本字	上古韻	中古韻	開合	等第
上博（一）	性情論 p245	龍/隆	東/冬	鍾/東	合	三
上博（一）	性情論 p245	龍/隆	東/冬	鍾/東	合	三

　　江有誥說：「孔氏之分東冬，有誥初亦不信。細細繹之，……
東每與陽通，冬每與蒸侵通，此東冬之界限也。」清儒的目的在
以部與部之間的關係消除例外韻腳的障礙。李方桂擬東部為 u 元
音，冬部為ə元音，無法解釋兩部通假。從通假字組的開合、等第、

---

[18]我們調查兩漢五十六位文士的詩歌用韻，東陽合韻集中在賈誼、東方朔、劉向、
王逸四人，其中又以東方朔的作品最多，可視作少數人所使用的方言現象。
[19]孫雍長：〈老子韻讀研究〉，《廣州大學學報（社會科學版）》，2002 年 1 期。

中古韻類來看，「隆」從降得聲，我們認為在楚地「龍隆」兩字應是讀同音。

5.2.2.2 詩歌東冬合韻觀察

【楚辭屈、宋東冬合韻】

作者	篇名	韻字	上古韻	中古韻	開合	等第
屈原	離騷	降/庸	冬/東	江/鍾	開/合	二/三

【先秦詩東冬合韻】

作者	篇名	韻字	上古韻	中古韻	開合	等第
	成相雜辭	衷/從凶江	冬/東	東/鍾鍾江	合/合合開	三/三三二

【西漢文人東冬合韻】

作者	篇名	韻字	上古韻	中古韻	開合	等第
劉向	逢紛	降/洶	冬/東	江/鍾	開/合	二/三
莊忌	哀時命	忠 宮 窮 忡/容凶匈	冬/東	東/鍾	合	三
王褒	匡機	宮 豐 窮 中/從	冬/東	東/鐘	合	三

【東漢文人東冬合韻】

作者	篇名	韻字	上古韻	中古韻	開合	等第
王逸	守志	忠/聰	冬/東	東	合	三/一

　　東冬合韻不見於《詩經》，從整個先秦兩漢詩歌來看，所能見的合韻例都不多。以下可從押韻比例見端倪。

5.2.2.3 冬部與異部合韻比例分析

1　周朝之初至春秋之末（西元前十一世紀中－前五世紀末）

作品	冬部總數	排行	用韻情況	次數	百分比
詩經	20	1	冬部獨韻	12	60%

		2	冬侵	5	25%
		3	冬真	2	10%
			冬侯	1	5%

2　戰國之初至秦朝之末（西元前五世紀末－前三世紀初）

作品	冬部總數	排行	用韻情況	次數	百分比
楚辭	8	1	冬部獨韻	4	50%
屈宋		2	冬陽	2	25%
			冬東	1	12.5%
			冬東侵	1	12.5%

3　楚漢之初至新莽之末（西元前三世紀初－一世紀）

作品	冬部總數	排行	用韻情況	次數	百分比
西漢	6	1	冬東	3	50%
文人		2	冬部獨韻	2	33.33%
			冬陽	1	16.67%

4　東漢之初至獻帝之末（西元一世紀初－三世紀初）

作品	冬部總數	排行	用韻情況	次數	百分比
東漢	4		冬侵	1	20%
文人			冬蒸	1	20%
			冬東	1	20%
			冬幽宵	1	20%
			冬部獨韻	0	0%

5　魏立之初至孫吳之末（西元三世紀初－三世紀末）

作品	冬部總數	排行	用韻情況	次數	百分比
三國	13	1	冬部獨韻	5	38.47%
詩歌		2	冬蒸侵	3	23.08%
			冬侵	1	7.69%
			冬蒸	1	7.69%
			冬東	1	7.69%
			冬東陽	1	7.69%
			冬東陽耕真	1	7.69%

　　東、多合韻佔多部押韻例總數的百分比,從第一期周朝之初至春秋之末,第二期戰國之初至秦朝之末,第三期楚漢之初至新莽之末,第四期東漢之初至獻帝之末三國詩歌的變化來看,其比例是 0%→12.5%→50%→20%→7.69%。先秦《詩經》韻未見東、多合韻,楚地增爲 12.5%。四期中的多部押韻狀況,《詩經》多部獨韻居首,佔 60%,其後獨韻比例不高,分別是 50%→33.33%→0%→38.47%,第四期東漢文人詩歌未見東、多合韻。王力《詩經》音無多部,戰國韻部系統有多部,從上列表格多部的整體押韻來看,《詩經》音多部 60% 獨用,高於第二期,與王力的分法明顯有別。

　　自孔廣森把多東分成兩部以來,多數學者都贊成他的主張。江有誥的「東每與陽通,冬每與蒸侵合,此東冬之界限也」更說明了清儒以例外押韻分析古韻部關係,主張多、東應該分成兩部。羅常培、周祖謨(1958:51)認爲兩漢這些東冬相押的例子,可能是方音中讀音相同。從詩人里籍分布來看,劉向沛人(屬荊楚方言),王褒蜀人(屬蜀方言),莊(嚴)忌會稽人(屬吳越方言),王逸南郡宜城人(屬荊楚方言),範圍遼闊。從韻字來看,多東合韻大致反映通攝字合流的情況,[20]不過在周秦、兩漢、三國的百分比都不高,合流的時間點,可能更晚。

5.2.3 楚簡耕陽通假

5.2.3.1 耕陽通假的語音基礎

【楚簡耕陽通假】

出處	篇名	借字/本字	上古韻	中古韻	開合	等第
上博(五)	三　德	檣(丙)/	陽/耕	梗/庚	開	三

---

[20] 屈原〈離騷〉與劉向〈逢紛〉都是多部江韻「降」字與東部鍾韻相押。「降」字在《詩經》只和多部字相押,從《楚辭》屈宋開始,便與東部或陽部字相押。

	p288	平					

　　李方桂耕部擬 i 元音，陽部爲 a 元音。我們認爲這一組通假字與楚地詩歌可合而觀之，耕部字在當時能與陽部陽唐韻字押韻也能與梗韻字通假，反映耕部有低元音的音讀，因而能與陽部有音韻上的接觸。客家話耕部字有-aŋ的韻母層次，「平」讀 ₌pʰiaŋ。

5.2.3.2 詩歌耕陽合韻觀察

【楚辭屈、宋耕陽合韻】

作者	篇名	韻字	上古韻	中古韻	開合	等第
	招魂	張璜光/瓊	陽/耕	陽唐唐/清	開合合/合	三一一/三

【西漢文人耕陽合韻】

作者	篇名	韻字	上古韻	中古韻	開合	等第
韋孟	諷諫詩	京/平耕征寧	陽/耕	庚/庚耕清青	開	三/三二三四
韋玄成	自劾詩	兄/形	陽/耕	庚/青	合/開	三/四
韋玄成	自劾詩	京/聲	陽/耕	庚/清	開	三
韋玄成	戒子孫詩	慶/盛	陽/耕	映/勁	開	三

【東漢文人耕陽合韻】

作者	篇名	韻字	上古韻	中古韻	開合	等第
班固	辟雍詩	行/成	陽/耕	唐/清	開	一/三
王逸	傷時	明/榮娛靈	陽/耕	庚/庚青青	開/合開開	三/三四四
班固	白雉詩	英慶/精成	陽/耕	庚映/清	開	三

【兩漢民歌耕陽合韻】

作者	篇名	韻字	上古韻	中古韻	開合	等第
不詳	郭喬卿歌	卿/平	陽/耕	庚	開	三
不詳	貞女引	英/榮生名清	陽/耕	庚/庚庚清清	開/合開開開	三/三二三三

不詳	時人為折氏諺	英/平經	陽/耕	庚/庚青	開	三/三四
不詳	王子喬	明/平令寧	陽/耕	庚/庚青青	開	三/三四四
不詳	關中為游殷諺	明/靈	陽/耕	庚/青	開	三/四
不詳	民為五門語	卿/聲	陽/耕	庚/清	開	三
不詳	蔣橫遘禍時童謠	兵/寧	陽/耕	耕/青	開	三/四

　　耕、陽合韻不見於《詩經》，從整個先秦詩歌來看，所能見的合韻例都不多，但《楚辭》的耕、陽合韻，耕部庚韻字與陽部陽唐韻字合韻仍是較早的音韻格局。兩漢詩歌以下大量的耕、陽合韻幾乎是陽部梗攝字與耕部梗攝字合韻，為中古音韻格局的先聲。[21]

5.2.3.3 耕部與異部合韻比例分析

1　周朝之初至春秋之末（西元前十一世紀中－前五世紀末）

作品	耕部總數	排行	用韻情況	次數	百分比
詩經	58	1	耕部獨韻	57	98.28%
			耕文	1	1.72%

2　戰國之初至秦朝之末（西元前五世紀末－前三世紀初）

作品	耕部總數	排行	用韻情況	次數	百分比
楚辭屈宋	26	1	耕部獨韻	18	65.37%
		2	耕真	6	23.08%
			耕真文	1	3.85%
			耕陽	1	3.85%
			耕鐸	1	3.85%

---

[21] 王顯：〈古韻陽部到漢代所起的變化〉，《音韻學研究》第一輯，（北京：中華書局，1984年），頁131-155。

3 楚漢之初至新莽之末（西元前三世紀初一一世紀）

作品	耕部總數	排行	用韻情況	次數	百分比
西漢文人	31	1	耕部獨韻	23	74.19%
		2	耕陽	4	12.90%
		3	耕真	2	6.45%
			耕之	1	3.23%
			耕宵	1	3.23%

4 東漢之初至獻帝之末（西元一世紀初－三世紀初）

作品	耕部總數	排行	用韻情況	次數	百分比
東漢文人	15	1	耕部獨韻	6	40%
		2	耕真	5	33.33
		3	耕陽	3	20%
			耕東真	1	6.67%

5 魏立之初至孫吳之末（西元三世紀初－三世紀末）

作品	耕部總數	排行	用韻情況	次數	百分比
三國詩歌	77	1	耕部獨韻	51	66.23%
		2	耕陽	12	15.58%
		3	耕真	6	7.79%
		4	耕脂真文元	2	2.6%
			耕陽真	1	1.3%
			耕蒸	1	1.3%
			耕冬東陽真	1	1.3%
			耕侵	1	1.3%
			耕東真	1	1.3%
			耕東陽	1	1.3%

　　耕、陽合韻佔耕部押韻例總數的百分比，從第一期周朝之初至春秋之末，第二期戰國之初至秦朝之末，第三期楚漢之初至新莽之末，第四期東漢之初至獻帝之末三國詩歌的變化來看，其比例是 0%→3.85%→12.90%→20%→15.58%。先秦《詩經》韻未見耕、陽合韻，楚地增為 3.85%。四期中的耕部押韻狀況，均是耕部獨韻居首。羅常培、周祖謨（1958：34）指出屬於陽部庚韻的「京明行兄」等字，在西漢韻文偶爾和耕部字押韻，在東漢，除

了「行」字，或跟陽部叶，或跟耕部叶，沒有一定的屬類之外，其餘這類字大牛轉入耕部。三國以後，陽部陽唐韻字很少和這一類庚韻字押韻，耕、陽兩部梗攝字合流已是主流發展。

5.3 見於《楚辭》不見於《詩經》舌根鼻音尾韻部合韻現象

5.3.1 冬陽合韻

【楚辭屈宋冬陽合韻】

作者	篇名	韻字	上古韻	中古韻	開合	等第
屈原	東君	降/裳漿翔狼行	冬/陽	江/陽陽陽唐唐	開	二/三三三一一
屈原	河伯	中宮/堂	冬/陽	東/唐	合/開	三/一

【先秦詩冬陽合韻】

作者	篇名	韻字	上古韻	中古韻	開合	等第
不詳	黃竹詩三章	窮/行卿	冬/陽	東/唐庚	合/開	三/一三

【西漢文人冬陽合韻】

作者	篇名	韻字	上古韻	中古韻	開合	等第
東方朔	沈江	降/芳狂傷香攘陽長傷光旁藏行當葬明	冬/陽	江/陽陽陽陽陽唐唐唐唐唐宕庚	開/合合開開開開開開合開開開開開開開	二/三三三三三三一一一一一一三
賈誼	惜誓	風/方羊商翔鄉旁明	冬/陽	東/陽陽陽陽陽唐庚	合/合開開開開開開	三/三三三三三一三

【兩漢民歌冬陽合韻】

作者	篇名	韻字	上古韻	中古韻	開合	等第
不詳	神人暢	宗豐中隆宮/堂	冬/陽	冬東東東東/唐	合/開	一三三三三/一

5.3.2 蒸陽合韻

【楚辭屈宋蒸陽合韻】

作者	篇名	韻字	上古韻	中古韻	開合	等第
屈原	離騷	懲/常	蒸/陽	蒸/陽	開	三

【先秦詩蒸陽合韻】

作者	篇名	韻字	上古韻	中古韻	開合	等第
不詳	禱雨辭	興/行	蒸/陽	蒸/唐	開	三/一

　　李方桂蒸部、冬部都擬為ə元音，差別在冬部為圓唇舌根音
韻尾。從實際的韻腳來看，冬陽合韻有二例是江、宕攝字押韻，
陽部入韻的字主要都是陽唐韻字，因此，這裡的冬部字、蒸部字
因為和陽部字有相同的音讀層次而接觸。蒸部與之部對轉，都具
低元音韻母層次。[22]

5.3.3 蒸部與異部合韻比例分析

1　周朝之初至春秋之末（西元前十一世紀中－前五世紀末）

作品	蒸部總數	排行	用韻情況	次數	百分比
詩經	26	1	蒸部獨韻	21	80.77%
		2	蒸侵	4	15.38%
			蒸之	1	3.85%

2　戰國之初至秦朝之末（西元前五世紀末－前三世紀初）

作品	蒸部總數	排行	用韻情況	次數	百分比
楚辭	7	1	蒸部獨韻	5	71.42%
屈宋			蒸文	1	14.29%

---

[22] 之部具有低元音的韻母層次，反映在楚簡通假，也反映在詩歌合韻。參見李存
智（2008）。

			蒸陽	1	14.29%

3 楚漢之初至新莽之末（西元前三世紀初－一世紀）

作品	蒸部總數	排行	用韻情況	次數	百分比
西漢	3	1	蒸部獨韻	2	66.67%
文人			蒸東陽	1	33.33%

4 東漢之初至獻帝之末（西元一世紀初－三世紀初）

作品	蒸部總數	排行	用韻情況	次數	百分比
東漢	1	1	蒸冬	1	100%
文人			蒸部獨韻	0	0%

5 魏立之初至孫吳之末（西元三世紀初－三世紀末）

作品	蒸部總數	排行	用韻情況	次數	百分比
三國	13	1	蒸部獨韻	5	38.47%
詩歌			蒸冬侵	3	23.08%
			蒸東陽	2	15.38%
			蒸冬	1	7.69%
			蒸東	1	7.69%
			蒸耕	1	7.69%

　　蒸部押韻例總數的百分比，前三期都是蒸部獨韻居首，第四期東漢文人韻例少可能失真，三國詩歌蒸部獨韻不到四成，各種合韻比例都不高。

5.4 楚簡雙唇鼻音尾韻部通假現象

5.4.1 侵談通假

5.4.1.1 侵談通假的語音基礎

【楚簡侵談通假】

出處	篇名	借字/本	上古韻	中古韻	開合	等第

		字				
上博（六）	用曰 p306	贛/坎	侵/談	勘/感	開	一
上博（二）	容成氏 p279	瞀/惔	侵/談	感/琰	開	一/三
上博（六）	競公瘧 p180	欽/歛	侵/談	侵/琰	開	三
郭店	〈老子〉甲組簡 5	僉/憸	談/侵	鹽/感	開	三/一

　　李方桂侵部擬ə元音，談部擬a元音，兩部的擬音在學界爭議不多。不過，我們認爲侵、談通假的語音基礎應是侵部有低元音的音讀層次，如從「金」得聲之字，「淦」今讀低元音可爲輔證。戰國楚竹書（二）與郭店兩組通假，「瞀」字是通假字，從「瞀」得聲的「憸」字作本字，可見侵、談應具有共同的音讀層次；「譖」、「潛」今讀或爲央元音層次-ən或爲低元音層次-an，與從「金」得聲之字平行。也與從「咸」得聲之「箴鍼」、「減誠」字平行。

5.4.1.2 詩歌侵談合韻觀察

【詩經侵談合韻】

風雅頌	篇名	韻字	上古韻	中古韻	開合	等第
陳風	澤陂	蕑儼/枕	談/侵	感儼/寢	開	一三/三

【兩漢民歌侵談合韻】

出處	篇名	韻字	上古韻	中古韻	開合	等第
不詳	失題	鶼/唫	談/侵	添/侵	開	四/三

　　詩歌侵談合韻例甚少，但仍具語音基礎。「枕」、「紞枕」從相同聲符得聲，前者今讀央元音韻母，後者讀低元音韻母，與楚簡通假的現象一致。

5.4.1.3 侵部與異部合韻比例分析

1　周朝之初至春秋之末（西元前十一世紀中－前五世紀末）

作品	侵部總數	排行	用韻情況	次數	百分比
詩經	45	1	侵部獨韻	34	75.56%
		2	侵冬	5	11.11%
		3	侵蒸	4	8.89%
			侵談	1	2.22%
			侵宵	1	2.22%

2　戰國之初至秦朝之末（西元前五世紀末－前三世紀初）

作品	侵部總數	排行	用韻情況	次數	百分比
楚辭	8	1	侵部獨韻	6	75%
屈宋			侵東	1	12.50%
			侵冬東	1	12.50%

3　楚漢之初至新莽之末（西元前三世紀初－一世紀）

作品	侵部總數	排行	用韻情況	次數	百分比
西漢	9	1	侵部獨韻	5	55.56%
文人			侵真	1	11.11%
			侵陽	1	11.11%
			侵東	1	11.11%
			侵東陽	1	11.11%

4　東漢之初至獻帝之末（西元一世紀初－三世紀初）

作品	侵部總數	排行	用韻情況	次數	百分比
東漢	8	1	侵部獨韻	4	50%
文人		2	侵冬	1	12.50%
			侵宵	1	12.50%
			侵真	1	12.50%
			侵文	1	12.50%

5　魏立之初至孫吳之末（西元三世紀初－三世紀末）

作品	侵部總數	排行	用韻情況	次數	百分比
三國	34	1	侵部獨韻	28	82.36%
詩歌		2	侵蒸冬	3	8.82%

			侵冬	1	2.94%
			侵耕	1	2.94%
			侵真元	1	2.94%

　　侵、談合韻佔侵部押韻例總數的百分比，從第一期周朝之初至春秋之末，第二期戰國之初至秦朝之末，第三期楚漢之初至新莽之末，第四期東漢之初至獻帝之末三國詩歌的變化來看，其比例是 2.22%→0%→0%→0%→0%，顯示侵談關係不若舌尖、舌根尾韻部的ə、a元音關係那麼密切。侵部的合韻，以蒸部、冬部為多。

5.4.1.4 談部與異部合韻比例分析

1　周朝之初至春秋之末（西元前十一世紀中－前五世紀末）

作品	談部總數	排行	用韻情況	次數	百分比
詩經	8	1	談部獨韻	5	62.5%
		2	談陽	2	25%
			談侵	1	12.5%

2　戰國之初至秦朝之末（西元前五世紀末－前三世紀初）

作品	談部總數	排行	用韻情況	次數	百分比
楚辭 屈宋	3	1	談部獨韻	2	66.67%
			談陽	1	33.33%

3　楚漢之初至新莽之末（西元前三世紀初－一世紀）

作品	談部總數	排行	用韻情況	次數	百分比
西漢 文人	2	1	談部獨韻	1	50%
			談東	1	50%

4　東漢之初至獻帝之末（西元一世紀初－三世紀初）

作品	談部總數	排行	用韻情況	次數	百分比
東漢 文人	1	1	談真元	1	100%
		2	談部獨韻	0	0%

5　魏立之初至孫吳之末（西元三世紀初－三世紀末）

作品	談部總數	排行	用韻情況	次數	百分比
三國詩歌	1	1	談部獨韻	100	100%

　　侵、談合韻佔談部押韻例總數的百分比，從第一期周朝之初至春秋之末，第二期戰國之初至秦朝之末，第三期楚漢之初至新莽之末，第四期東漢之初至獻帝之末三國詩歌的變化來看，其比例是 12.5%→0%→0%→0%→0%。從談部合韻來看侵、談合韻，仍是極為疏遠。

5.4.2 緝侵合韻

【詩經緝侵合韻】

風雅頌	篇名	韻字	上古韻	中古韻	開合	等第
秦風	小戎	邑/念	緝/侵	緝/木忝	開	三/四

　　緝、侵對轉合韻的語音基礎是入聲讀喉塞尾層次，陽聲韻讀鼻化韻的層次。與我們熟悉的閩南語歌謠、諺語的押韻習慣類似：陽聲讀鼻化韻，入聲讀喉塞尾，與陰聲押韻，如肝看岸、活熱、我倚。

5.5 楚簡舌根鼻音尾韻部與舌尖鼻音尾韻部通假現象

5.5.1 耕真通假

5.5.1.1 耕真通假的語音基礎

【楚簡耕真通假】

出處	篇名	借字/本	上古韻	中古韻	開合	等第

		字				
上博（一）	孔子論詩 p151	訇/洶	耕/真	耕/諄	合	二/三

　　學界一般以耕部受前高元音影響，鼻韻尾發生語流音變，解釋耕真接觸，即-iŋ＞-in 。不過若參考閩語白讀耕部「蟶瓶零星」等字有-an層次，真部「趁陳鱗」等字也有-an層次，真耕接觸的語音基礎不必然只有語流音變一種解釋。看本例本字爲「洶」，從「旬」得聲的字「絢昫」，在今天的國語音系走的是與「詢珣荀徇」不同的一條路。同聲符諧聲字兩歧的發展類型，也可輔證不同音讀層次的存在。

5.5.1.2 詩歌耕真合韻觀察

【楚辭屈宋耕真合韻】

作者	篇名	韻字	上古韻	中古韻	開合	等第
宋玉	九辯	平生/憐	耕/真	庚/先	開	三二/四
屈原	哀郢	名/天	耕/真	清/先	開	三/四
宋玉	九辯	名/天	耕/真	清/先	開	三/四
屈原	遠遊	榮征/人	耕/真	庚清/真	合開/開	三
屈原	離騷	名/均	耕/真	清/諄	開/合	三

【先秦詩耕真合韻】

作者	篇名	韻字	上古韻	中古韻	開合	等第
不詳	墨子引周詩	平/偏	耕/真	庚/仙	開	三
不詳	輿人誦	佞/田	耕/真	徑/先	開	四
不詳	成相雜辭	榮誠精/人	耕/真	庚清清/真	合開開/開	三
不詳	右八	寧/申	耕/真	青/真	開	四/三
不詳	同前	佞/民	耕/真	徑/真	開	四/三
不詳	忼慨歌	名/薪	耕/真	耕/真	開	三
不詳	成相雜辭	平傾/人天	耕/真	庚清/真先	開合/開	三/三四

【西漢文人耕真合韻】

作者	篇名	韻字	上古韻	中古韻	開合	等第
王褒	通路	怜/闐眠	耕/真	青/先	開	四
劉向	遠逝	正/神	耕/真	清/真	開	三
莊忌	哀時命	生 榮 成 正 名 情 聲 清 逞/ 真 身 年	耕/真	庚 庚 清 清 清 清 清 清 靜/ 真 真 先	開 合 開 開 開 開 開 開 開/ 開	二 三 三 三 三 三 三 三 三/ 三 三 四

【兩漢民歌耕真合韻】

作者	篇名	韻字	上古韻	中古韻	開合	等第
不詳	王子喬	命/年	耕/真	映/先	開	三/四

從 2.1.3 真部與異部合韻的比例分析得知，真耕合韻，從《楚辭》屈宋的 27.27%，到西漢文人下降爲 9.52%，東漢文人升爲 26.32%，到三國詩歌，又降爲 6%。上古耕、真兩部，李方桂都擬作-i-元音。至於兩部的關係，學者們的看法分歧。有的以爲是受前高元音-i的影響，使得韻尾-ŋ變爲-n，(-ŋ〉-n / i—)，如鄭張尚芳：

> 「黽」有弭盡、母耿二切，「澠」有「泯、緬、繩」三音，「倩」有倉甸、七政二切，「暝、零」都讀先、青兩韻，「奠」諧「鄭」通「定」，「臣」與「鏗」、「辛」與「騂」諧聲。從藏文「奠」ɦding、「薪」sjing木、「臣」ging僕人，錯那門巴語、獨龍語「年」niŋ看，漢語上述-n尾字，上古也應來自-iŋ。可見這些鼻尾字也應是以-i爲主元音才會引起-ŋ韻尾銳音化爲-n。[23]

就音變方向而言，蒲立本有相反的看法：

---

[23]鄭張尚芳《上古音系》，(上海：上海教育出版社，2003 年)，頁 161。

「令」、「命」上古歸真部，以後的發展卻像耕部字。作者假設原來真部的元音-ə-，被聲母*mr-拉低，變成-a-，轉入耕部。這裏聲母的變化大概是「令」*mr->l-,「命」*ămr->m-ˠ-，二等字。

「黽」字和上面的例子大致平行。這字中古兩讀，mjin?軫韻來自真部，mɛˠŋ?耿韻來自耕部，以「黽」為聲符的「蠅」，「繩」上古聲母是*l-，可見「黽」字具有複輔聲母*ml-，這是它由真部-əŋ變成耕部-aŋ的原因。[24]

　　查《廣韻》又音同時記錄-ŋ尾和-n尾的讀法，顯示存在兩個音讀層次。此與閩方言白讀耕部「蟶瓶零星」等字有-an層次，真部「趁陳鱗」等字也有-an層次比較，真、耕兩部接觸的語音條件可能就不是單一的狀況。

5.5.2 詩歌耕元通假

5.5.2.1 耕元通假的語音基礎

【楚簡耕元通假】

出處	篇名	借字/本字	上古韻	中古韻	開合	等第
上博（一）	性情論 p239	羴/馨	元/耕	仙/青	開	三/四
上博（六）	孔子見季趄子 p224	睘（還）/睘	元/耕	刪/清	合	二/三
上博（五）	三德 p316	還（綫）/榮	元/耕	線/庚	合	三

---

[24]蒲立本：〈構擬上古真部的一些證據〉，《清華學報》第 14 卷 1、2 期合刊，1982 年 12 月，頁 255。

上博（二）	容成氏 p251	瘇（晏）/ 瓔	元/耕	諫/靜	開	二/三
上博（二）	容成氏 p279	瘇（晏）/ 瓔	元/耕	諫/靜	開	二/三

　　楚簡耕元通假例子，從既有的擬音耕部-iŋ，元部-an來看，很難解釋他們的關係。我們傾向於認爲耕部有一個-an的層次，因而能與元部字通假。耕元合韻亦然。

5.5.2.2 耕元合韻觀察

【兩漢民間耕元合韻】

作者	篇名	韻字	上古韻	中古韻	開合	等第
不詳	貢禹引俗語	榮/官宦	耕/元	庚/桓諫	合	三一二

　　除了合韻，可以作爲輔證的還有文獻上的異文、經師讀音、聲訓：《詩經・齊風・雞鳴》「子之還兮」，「還」字異文作「營」；《詩經・小雅・采菽》「平平左右，亦是率從。」《韓詩》「平平」作「便便」；《詩經・大雅・大明》「大邦有子俔天之妹」《毛傳》：「俔，磬也。」；《詩經・周頌・閔予小子》「嬛嬛在疚」，異文作「煢煢在疚」；《春秋・僖公元年》「九月，公敗於偃。」《公羊傳》「偃」作「纓」；《詩經・大雅・大明》，以上例子都是元、耕部字互爲異文。又如經師讀音，在《禮記・祭義》「燔燎羶薌」，鄭注：「羶當爲馨，聲之誤也」，此例恰可印證「羴/馨」通假；《禮記・大學》「見賢而不能舉，舉而不能先，命也。」鄭注：「命讀爲慢，聲之誤也。」，所謂「聲之誤也」是古人對語言的認識沒有那麼深刻，遂致以此爲正，以彼爲誤。此例「命」讀爲「慢」，亦可同時證明真、耕的關係有一種是同讀爲-an層次。聲訓的例子見於《周禮・夏官・序官》「繕人上士二人」，鄭注：「繕之言勁也」；《禮記・曲禮上》「招搖在上，急繕其怒。」鄭注：「繕讀曰勁」，都是以耕

部字訓元部字。[25]

5.6 舌根鼻音尾韻部與雙唇鼻音尾韻部通假現象

5.6.1 東侵通假與東侵、冬侵、蒸侵合韻

5.6.1.1 東侵通假

【楚簡東侵通假】

出處	篇名	借字/本字	上古韻	中古韻	開合	等第
上博（四）	相邦之道 p237	贛/貢[26]	侵/東	勘/送	開/合	一

　　上博楚簡所錄東侵通假都是同一組字，「贛」、「貢」也具有諧聲關係。可能與部分舌根鼻音收尾的字來自雙唇鼻音尾的歷史音變有關。

5.6.1.2 東侵合韻

【楚辭屈宋東侵合韻】

作者	篇名	韻字	上古韻	中古韻	開合	等第
屈原	天問	封/沈	東/侵	鍾/寢	合/開	三

【西漢文人東侵合韻】

作者	篇名	韻字	上古韻	中古韻	開合	等第
東方朔	怨思	容/心深林	東/侵	鍾/侵	合/開	三

5.6.1.3 冬侵合韻

---

[25] 以上文獻上所見的耕、元接觸用例，摘自汪啟明《先秦兩漢齊語研究》，頁133-135。

[26] 「贛/貢」通假也見於上博（四）相邦之道 p237 另一處；上博（五）君子爲禮 p261 二處、p262、p263，弟子問 p268、p272。

【詩經冬侵合韻】風字入冬部

風雅頌	篇名	韻字	上古韻	中古韻	開合	等第
秦風	小戎	中/驂	冬/侵	東/覃	合/開	三/一
大雅	生民之什‧公劉	宗/飲	冬/侵	冬/寢	合/開	一/三
邶風	綠衣	風/心	冬/侵	東/侵	合/開	三
邶風	谷風	風/心	冬/侵	東/侵	合/開	三
秦風	晨風	風/林欽	冬/侵	東/侵	合/開	三
豳風	七月	沖/陰	冬/侵	東/侵	合/開	三
大雅	文王之什‧思齊	宮/臨	冬/侵	東/侵	合/開	三
大雅	蕩之什‧蕩	終/諶	冬/侵	東/侵	合/開	三
大雅	蕩之什‧桑柔	風/心	冬/侵	東/侵	合/開	三
大雅	蕩之什‧烝民	風/心	冬/侵	東/侵	合/開	三
大雅	蕩之什‧雲漢	蟲宮躬宗/臨	冬/侵	東東東冬/侵	合/開	三三三一/三
小雅	節南山之什‧何人斯	風/心南	冬/侵	東/侵覃	合/開	三/三一

【詩經冬侵合韻】風字入侵部

風雅頌	篇名	韻字	上古韻	中古韻	開合	等第
秦風	小戎	中/驂	冬/侵	東/覃	合/開	三/一

大雅	生民之什·公劉	宗/飲	冬/侵	冬/寢	合/開	一/三
豳風	七月	沖/陰	冬/侵	東/侵	合/開	三
大雅	蕩之什·蕩	終/諶	冬/侵	東/侵	合/開	三
大雅	蕩之什·雲漢	蟲 宮 躬 宗/臨	冬/侵	東 東 東 冬/侵	合/開	三 三 三 一/三

【楚辭屈宋冬侵合韻】

作者	篇名	韻字	上古韻	中古韻	開合	等第
宋玉	九辯	中豐/湛	冬/侵	東/覃	合/開	三/一
屈原	涉江	風/林	冬/侵	東/侵	合/開	三
屈原	哀郢	風/心	冬/侵	東/侵	合/開	三
	招魂	楓/心南	冬/侵	東/侵覃	合/開	三/三一

【西漢文人冬侵合韻】

作者	篇名	韻字	上古韻	中古韻	開合	等第
東方朔	初放	風/心潭	冬/侵	通/侵覃	合/開	三/三一

【東漢文人冬侵合韻】

作者	篇名	韻字	上古韻	中古韻	開合	等第
梁鴻	適吳詩	降/南	冬/侵	江/覃	開	二/一

【兩漢民歌冬侵合韻】

作者	篇名	韻字	上古韻	中古韻	開合	等第
不詳	朝隴首(白麟歌)	風/心	冬/侵	東/侵	合/開	三

5.6.1.4 蒸侵合韻

【詩經蒸侵合韻】

風雅頌	篇名	韻字	上古韻	中古韻	開合	等第
大雅	蕩之什・抑	夢/慘	蒸/侵	送/感	合/開	三/一
魯頌	閟宮	弓陵乘 膺懲承 崩騰朋 滕增/綅	蒸/侵	東蒸蒸 蒸蒸蒸 登登登 登登/侵	合開開 開開開 開開開 開開/開	三三三 三三三 一一一 一一/三
秦風	小戎	興/音	蒸/侵	蒸/侵	開	三
大雅	文王之什・大明	興/林心	蒸/侵	蒸/侵	開	三

　　綜合來看侵部與東、冬、蒸部的關係，5.4.1.3 侵部與異部合韻比例已可看到侵部獨韻，從《詩經》的 75.56%、《楚辭》屈宋的 75%，下降到西漢文人的 55.56%，以及東漢文人的 50%，從西漢開始，侵部有更多的例外押韻。「侵東合韻」，在《楚辭》屈宋佔 12.5%，西漢文人詩佔 11.11%；「侵冬合韻」，在《詩經》佔 11.11%，東漢文人詩佔 12.5%；「侵蒸合韻」，在《詩經》中佔 8.89%。這些合韻顯示雙唇鼻音尾的「侵部」與舌根鼻音尾的「蒸冬東」的接觸應有語音關係。可能和現在所知的上古音系唇音尾韻部特別少直接關聯。侵部與「蒸、冬、東」接觸，最常被討論的是冬侵合韻。羅常培、周祖謨說：

> 司馬相如和王褒的文章裏侵部有跟冬部押韻的例子……。由此可證侵冬兩部元音相近。侵部字與蒸部、東部押韻的例子不多，主要是一個「風」字，而且僅見於揚雄的韻文裏……。這可以看出在揚雄的語音裏「風」字可能由-m尾變成-ng尾。[27]

[27]羅常培、周祖謨：《漢魏晉南北朝韻部演變研究》第一分冊，頁52。

周氏〈漢字上古音東冬分部的問題〉進一步提及：

> 「冬」「蒸」「侵」三部韻母的讀音必然比較接近。現在學者
> 一般都把這三部的主要元音擬為[ə]是有道理的。「侵」部是
> 收-m的，「冬」部上古最早也可能是收-m的，因為「冬」「侵」
> 有相押的關係。可是至少在東周時代已有廣大地區讀為收-ng
> 的了。推想最早冬部字的韻母原來有合口性質的成分，合口
> 成分與-m拼在一起而發生異化作用，所以-m就變為-ng。不
> 過，在某地區的方言裏還有讀-m的遺留，因而出現「冬」「侵」
> 通押的現象。[28]

　　周祖謨以合口介音成分與-m尾發生異化而變-ŋ尾解釋冬侵的
關係，意指侵部本有合口字，但因合口性質的成分影響，變化為
舌根尾的冬部字。侵部的開口字不異化，所以仍讀-m尾，仍在侵
部。「風」字入冬部，或侵部，對於冬侵合韻數有明顯的影響。李
方桂以唇音聲母與-m韻尾異化解釋「風」字音韻變化：

　　風*pjəm〉pjung[29]

然而不論是合口介音影響而異化，或唇音聲母與-m韻尾異化，都
無法顧及與侵部合韻的多數蒸部字。據上列表格可見《詩經》蒸
侵合韻的蒸部字，如「興陵乘膺懲承騰滕增」等字在《廣韻》中
都是開口，也並非唇音聲母，這些字難以用上述兩種異化作用解
釋他們的合韻關係。「蒸侵」、「冬侵」合韻，集中在《詩經》以及
東漢梁鴻（平陵人，秦晉方言）；「東侵」合韻則集中在屈原、東

---

[28]周祖謨：〈漢字上古音東冬分部的問題〉，頁49，收錄於《周祖謨語言文史論集》，
　（北京：學苑出版社，2004年）。
[29]李方桂：《上古音研究》，（北京：商務印書館，1980年），頁45。

方朔、賈誼等《楚辭》作家的作品當中。《詩經》以後，不見蒸侵兩部合韻。比較劉熙《釋名‧釋天》所說：

> 風，兗豫司橫口合脣言之。風，汜也，其氣博汜而動物也。青徐言風，踧口開脣推氣言之。風，放也，氣放散也。[30]

「風」字的變化顯然也有地域的差異，閩南語從「凡」得聲的「帆」字讀 $_{\varepsilon}$pʰaŋ，倒是與青徐一地的「風」字讀「放」遙相應和。侵部字與蒸、冬、東的關係，及舌根韻尾陽聲韻部的關係的確還須深究。

5.7 小結

　　從楚簡通假字與詩歌合韻來看陽聲韻部的接觸，主要結論有：相異韻部的通假與合韻現象反映韻部的異讀層次；單一音系的上古音構擬無法解釋紛繁的異部通假或合韻；真元、文元、冬陽、蒸陽、侵談的通假或合韻，凸顯真、文、冬、蒸、侵應該具有低元音的音讀層次，與中、高元音的音讀層次共存於上古漢語；-m、-n、-ŋ鼻音韻尾韻部間的通假，顯示上古音存在鼻化韻的音讀層次，與陰陽對轉的陽聲韻情形相同；漢字的異讀不應只有一個終極形式的來源，從通假、各式的合韻、漢語方言的異讀統而觀之，平行的現象應能驗證有多少層次就應有多少時間，或地域，或演變類型的來源。

　　雙脣韻尾韻部的通假與合韻現象甚少，遠不若舌尖、舌根鼻

---

[30]劉熙撰、畢沅疏證《釋名疏證》，（臺北：廣文書局，1971年10月），頁1。

韻尾韻部接觸那麼頻繁，三者相較之下，以舌尖韻部真、文、元的關係最多元，也意謂著蘊含有最複雜的音韻層次。

　　真耕合韻、真文合韻、東陽合韻不是楚地獨特的方音。從出土的鐘鼎銘文來看，兩周金文上自周武，下至戰國，時間延續七、八百年，地域廣及西周的豐鎬地區[31]，東周的列國屬地[32]：北至今山西、河北、河南；南至安徽、江蘇、湖北；東至山東；西至陝西、甘肅。鐘鼎彝器普遍見於《風》、《雅》、《頌》所出之地，也及於楚地。真耕合韻、真文合韻兩周的銘文都有，且西周多於東周，東周列國器中又不止楚地有合韻現象。金文的真耕合韻主要出現在西周王朝器、東周時期的北方器（如秦、晉），反而不見於楚及受楚文化影響的區域。《詩經》中，《小雅‧正月》、《大雅‧既醉》、《周頌‧烈文》三處真文合韻，均爲王朝地區的音韻現象。金文的真文合韻，西周明顯多於東周，東周僅見於一晉國器，楚器未見。從兩周金文與《詩經》用韻來看，無法證成董同龢所認定的楚方音特色。反之，爲我們引出另一種思考：東陽、真耕、真文的合韻應爲反映上古漢語韻部具有異讀層次的語音現象，而非專屬於楚方音的特色。

---

[31]西周王朝器多，列國器少見。參喻遂生〈兩周金文韻文和先秦「楚音」〉。

[32]包括秦、邵、齊、邾、楚、越、徐、吳、中山、戴、許、宋、晉、營、陳、蔡、虞、虢等國。

第六章　結論

6.0 文獻、方音與古音構擬

　　《顏氏家訓‧音辭篇》說：「夫九州之人，言語不同，生民以來，固常然矣。自《春秋》標齊言之傳，《離騷》目楚辭之經，此蓋其較明之初也。後有揚雄者著《方言》，其言大備。然皆考名物之同異，不顯聲讀之是非也。逮鄭玄注六經，高誘解《呂覽》、《淮南》，許慎造《說文》，劉熹制《釋名》，始有譬況假借以證音字耳。」這段文字明確指出方言差異自古即存在的事實，並且讀者也能從不同的著作看到所記錄的方言現象。因此，我們認爲文獻與方音及音韻構擬應合而關之。

　　上古聲母的研究，從錢大昕提出古無輕唇音、古無舌上音及古人多舌音（端知章三系）之後，一路進展到精莊同源、娘日歸泥，章系有舌根、舌尖二源，清鼻音、清流音的構擬，詞頭與複輔音的構擬，知莊二組產生的語音條件‧‧‧‧‧‧。這些議題皆經過許多研究與討論，有已經成爲共識者，也有依然眾說紛紜者。本書討論通假字的聲母，專注於尙無共識的部分。至於雙唇、舌尖、舌根三部位的塞音彼此通假、舌尖塞擦音與擦音通假，楚簡通假字皆平行於諧聲現象，自高本漢、李方桂諧聲條例提出之後這類關係已有共識，便不在討論之列。

　　上古韻部的研究，依照《詩經》押韻、諧聲字所做出的結果，

呈現一種雙唇、舌尖、舌根部位輔音韻尾分布不均的狀況。其中收舌根輔音韻尾的韻部有六組之多，[1]收雙唇韻尾的韻部僅有二組，許多的異部接觸現象被掩藏在系統對當之中。這種系統分布不均的情形，鄭張尚芳（2003：189-194）在「不同收尾的韻部和韻母系統」一節以六元音、介音、元音長短爲考量，試圖在構擬上古音系時，解釋系統中舌根、舌尖、雙唇尾韻部的分部差異與演變問題。不過，從學界的反對意見來看，一韻部是否只能有一個元音，仍是各說各話的關鍵因素。擺開這些爭議，從漢語史的角度著眼，文獻屢現的方音或演變類型的差異，在上古音的研究中仍是未被充分關注的問題。

6.1 楚簡的聲母系統

上博楚簡所見的聲母可統整如下表：

雙唇　p　pʰ　b　m　hm　sm　mh

舌尖　t　tʰ　d　n　l　r　hn　sn　hl　hr　lh　rh　nh

　　　hnj　snj

　　　ts　tsʰ　dz　s　sl　sdj　lj

舌根　k　kʰ　g　x　hŋ　sŋ　sgj

喉音　ʔ

複輔音　Cr-　Cl-

詞頭　r-　s-

---

[1] 這也是主張上古音系具有六元音的基本依據。

其中值得一提的是舌、齒音通假關係最多元。另一個值得關注的現象是中古匣母、喻三字的通假類型，與我們從閩南方言所知匣母具有塞音、擦音、零聲母（或説喉塞音）的層次差異相似。顯見 $*g$-在演變類型上的差異，也正好解釋了「喻三古歸匣」、或「喻三古歸群」、或「匣群喻三同源」的諸多爭議。以擬音表示，$*g->\gamma$-、γj-一種類型，$*g->k$-、k^h-一種類型，$*g^wrj>j^w$-一種類型。因此，匣母、喻三既可跟見、溪、群等舌根音頻頻通假，也可跟擦音曉母頻繁通假，還能跟影母字通假。

6.2 之脂支、真文元關係的類型意義

之、職、蒸，脂、質、真，支、錫、耕接觸，反映了異讀層次與類型差異的存在，以及部分的古方音事實。之、脂、支三分，自從清代段玉裁標舉確立以後，與陰聲韻部之、脂、支相對應的陽聲韻部蒸、真、耕，入聲韻部職、質、錫的關係也值得我們加以注意。以李方桂（1971）的上古音系而言，之蒸、支耕都擬作具有舌根部位的輔音韻尾 $*$-η，但元音不同，前者為央元音 $*\vartheta$，後者為舌面高元音 $*i$，故它們之間彼此接觸的條件是韻尾同部位及元音分裂。脂真、支耕有相同的主元音 $*i$，但鼻音韻尾不同部位，前者為舌尖 $*$-n，後者為舌根 $*$-η，彼此是因為高元音影響韻尾發生同化音變而接觸，即-$\eta\to$-n/-i。

閩南方言白讀層次的韻母-ai、-at、-an 和-i、-it、-in之中，分別包含了之脂支、職質錫、蒸真耕三組上古韻部。相關的音韻現象可據以思索「之脂支三分」與古韻分部問題，以及古韻部音值該如何構擬，才能解釋古文獻中糾葛的音韻關係。閩方言的音韻

層次極爲複雜，有關的層次探討眾說紛紜。但無論如何，閩方言的存古特質是大家都認同的。從而，文獻材料所反映的方音現象，與閩方言或其他具有類似現象的方言便能夠聯繫思考。比較具有地域性的文獻語料與閩南方言的白讀層-ai、-at、-an、-i、-it、-in幾個韻的例字，其共通的現象便足以說明陰聲韻部之、脂、支與相對應的陽聲韻部、入聲韻部之間，並非如當今所構擬的上古音系的單一關係。這種現象啓示我們，把漢語上古音當作單一音系來構擬，還可以再進一步深究。

真、文、元三部所關涉的通假或合韻類型包括真文、真元、文元、真文元，以及廣受討論的真耕、耕元、侯元、幽文等關係。我們認爲從實際的材料來看，若不以音變類型差異、一個韻部不止一個音讀層次解釋，以三部分別擬爲*i、*ə、*a（李方桂 1971）三個元音是無法全面照顧紛繁的異部通假、聲訓或合韻。

漢語史的研究因爲種種因素的限制，一直以來多偏重雅言爲中心的文學語言體系，而疏於對古代區域方言作系統探索。雖有諸多上古音系的構擬，例外卻依然處處可見。異部押韻，也往往只能以音近或音變合韻視之。結合古漢語文獻與現代漢語方言的同類音韻現象，能夠證明歷史音韻與方言皆存在層次研究的課題。

6.3 楚簡上古韻部關係及異部接觸的音韻史意義

「通假」、「合韻」的現象究竟該如何理解？不外音同或音近的條件。以「合韻」來說，歷來的眾多意見約可歸納爲兩派：或以爲合韻是音近相押，或以爲合韻是方音讀得相同。主張前者，須進一步回答「音近」的實質內涵；主張後者，首先必須作區域

特色的探索釐析，其次得說明「合韻」之事本無，傳世典籍中所存在的合韻正是各地方音的實際，也就是在該地區「合韻」之字乃同韻而押韻。

以之、職、蒸，脂、質、真，支、錫、耕的接觸為例，學者所謂的「楚音」式合韻，如之幽合韻、真耕合韻、歌支合韻、真文合韻，本書都進行了討論。若再以出土的鐘鼎銘文來看，在銘文的用韻中，歌、支二部字極少入韻，未見合韻用例。其餘之幽合韻、真耕合韻、真文合韻則是兩周的銘文都有，且西周多於東周，東周列國器中又不止楚地有合韻現象。金文的真耕合韻主要出現在西周王朝器、東周時期的北方器（如秦、晉），反而不見於楚及受楚文化影響的區域。《詩經》中三處真文合韻，[2]均為王朝地區的音韻現象。金文的真文合韻，西周明顯多於東周，東周僅見於一晉國器，楚器未見。《詩經》中，之幽合韻出於西周、秦、豳；在金文中之幽合韻為較常見的現象，僅次於耕陽合韻。從兩周金文與《詩經》用韻來看，無法證成之幽合韻、真耕合韻、歌支合韻、真文合韻是所謂楚方音的特色。反之，這些異部的接觸可能反映或區域、或時間、或音變類型的特點。

以古韻研究的成果來看，「獨韻」雖是典籍文獻用韻的常態，合韻、聲訓、通假的同類現象也不可忽視。漢語方言的文白異讀蘊藏了豐富的音韻層次，結合兩者來看，歷史音韻中的所謂「合韻」現象，反映的可能是：目前依諧聲字和詩韻所歸納的個別韻部，其所管轄的韻字具有音讀層次的差異。再從音韻接觸行為互有交錯的關係來看，我們以為很有可能是：古韻部的內容已是方言接觸、競爭、演變之後的樣貌，一個字因此往往不止一個讀音，一個韻部存在不止一個音韻層次，所以某一個音讀層次可能跨韻

---

[2] 《小雅‧正月》、《大雅‧既醉》、《周頌‧烈文》。

部存在，造成不同韻部間得以「合韻」或通假、聲訓的現象。這與《廣韻》記錄的又音所反映的音韻意義類同。

　　通過先秦兩漢相關的語言與文史資料的分析、研究，的確有助於了解上古音的韻部分合，可以說一個音韻層次就是一個押韻的組合。在之、脂、支三組韻部的各種異部接觸中，反映了不同的音韻類型，突出了個別韻部內異讀層次存在的事實。例如：之部與幽、侯部，之部與魚、微部的接觸；脂部與微部，脂部與-a元音韻部魚、歌、元的接觸；支部與歌部，支部與脂部的接觸；真部與耕部，真部與文部，真部與元部的接觸；蒸部與冬侵二部，蒸部與冬、東、陽韻部，蒸部與元部；耕部與元部，耕部與陽部的接觸等，均有不同的音韻意義。

　　結合現代漢語方言來看，我們以為現代漢語方言地域上與個別系統內所反映的層次差異，有助於我們認識「合韻」或「陰陽對轉」的內涵，同時也證明單一音系的構擬方式不能圓融解釋紛繁的上古韻部之間的接觸現象。由金石文字用韻，我們了解所謂東陽、之幽、魚侯、真耕、真文、歌支合韻並非楚方音獨具的特色。由方言的音韻層次分析，我們認識到古韻部也存在層次差異。將古文獻材料的語言現象和方言（如閩、客方言）聯繫而論，我們的想法是：文獻保留下來的絕難是語言的全貌，方言代代口耳相傳非全然訛讀。例如「央」字，韻書收入宕攝三等，但閩、客方言兼有一、三等讀法，白讀為一等。「徙」字，學者有的將之歸入歌部（如董同龢），有的歸入支部（如郭錫良），閩南語讀sua，客語讀sai，與官話的前高元音韻母大不相同，卻也反證歌、支二部之間的歸字差異很可能就是「徙」字具有二讀的事實所致。結合文獻與漢語方言研究上古韻母，本書主張以不同韻部具有相同的音韻層次解釋「合韻」。我們也希望有朝一日，漢語上古音系的

構擬可以是顧及方音現實的體系。例如楚簡中有之與魚二部通假，依董（1944）、李（1971）二位先生的構擬爲*ə、*a元音韻部的關係，若以閩方言魚部「婿」與之部「似姒」等字都讀爲sai，具有相同的韻母層次-ai，則可解爲音同（或音近）通假。再如之、脂、支三組韻部可以因各具中、高元音或低元音的韻母而押韻，也可以在與魚、歌、元、祭（月）、宵、陽等低元音韻部接觸時，展現它們具有低元音韻母層次的事實。

6.4 漢語音韻史研究的新思考

就本書研究成果之學術或應用價值而言，通過先秦兩漢有關之語言與文史資料的分析、研究，確有助於上古音異部接觸原因的釐清。例如：祭月、之幽、之脂支、脂微、歌支、魚侯、幽宵、文元、真文、真耕、耕陽、東陽、冬侵、冬東的異部接觸，在不同的區域、不同的文獻中，有不一致的表現，意謂合韻、通假能反映時間、地域、或層次差異特色。結合現代漢語方言來看，我們採取的觀點是：漢語在時間、地域所呈現的音韻層次差異，或個別系統內的層次差異，才能合理解釋通假、合韻或陰陽對轉。

就主要發現或其他有關價值而言，再一次肯定把上古音作爲單一系統構擬，無法解釋紛歧的合韻現象；證明所謂東陽、之幽、魚侯、真耕、真文、歌支合韻爲楚方音的特色，可能是未充分了解其他區域的材料而有的看法。

從楚地文獻（簡牘、彝銘）的通假、異文、諧聲所觀察到的聲母現象，肯定喻四的上古形式爲*l-，與之諧聲、通假的心母字爲*sl-，其他與喻四有關的聲母則可擬作*Cl-；來母字爲*r-，其他

與來母有關的聲母則可擬作 Cr-。總的來說，從目前的觀察能看出聲母流變的快慢、音變存在類型的差異、漢語方言的聲母層次差異楚簡中也多數可見，惟還無法證明區域間個別聲母的具體差異，如楚簡的通假現象也見於秦簡。楚簡音系的聲母尚不出雙唇、舌尖、舌根、喉等發音部位，輕唇、舌上、正齒音都還未獨立，普遍語言的共性比較明顯，可與閩方言十五音的聲母系統聯繫思考，屬於較早的輔音系統格局。

　　在聲調部分，楚簡中與祭部有關的通假現象，顯示祭部去聲字可能已自成一類，是我們已知的西漢詩文、《淮南子》、《易林》、東漢詩文祭部獨用日益明顯的先驅。因為通假的聲調關係與合韻多數為同調相押的性質有所不同，所以本書並不在聲調問題上多著墨，上古聲調的數量、類型、語音內涵都是我們日後可再深究的課題。

參考文獻

一、出土文獻

銀雀山漢墓竹簡整理小組編著 1985，《銀雀山漢墓竹簡・一》，北京：文物出版社。

河南省文物研究所 1986《信陽楚墓》，北京：文物出版社。

湖北省博物館 1989《曾侯乙墓》，北京：文物出版社。

睡虎地秦墓竹簡整理小組編 1990，北京：文物出版社出版發行：新華經銷。

湖北省荊沙鐵路考古隊 1991《包山楚簡》、北京：文物出版社。

湖北省文物考古研究所、北京大學中文系 1995《望山楚簡》，北京：中華書局。

湖北省文物考古研究所、北京大學中文系 2000《九店楚簡》，北京：中華書局。

荊門市博物館 1998《郭店楚墓竹簡》，北京：文物出版社。

簡帛書法選編輯組編 2000《馬王堆帛書：老子(乙本)》，北京：文物出版社。

簡帛書法選編輯組編 2000《馬王堆漢簡.遣策》，北京：文物出版社。

湖北省荊州市周梁玉橋遺址博物館編 2001《關沮秦漢墓簡牘》，北京：中華書局。

馬承源主編 2001《上海博物館藏戰國楚竹書》(一)，上海：上海

古籍出版社。

馬承源主編 2002《上海博物館藏戰國楚竹書》（二），上海：上海
　　　古籍出版社。

馬承源主編 2003《上海博物館藏戰國楚竹書》（三），上海：上海
　　　古籍出版社。

馬承源主編 2004《上海博物館藏戰國楚竹書》（四），上海：上海
　　　古籍出版社。

馬承源主編 2005《上海博物館藏戰國楚竹書》（五），上海：上海
　　　古籍出版社。

馬承源主編 2007《上海博物館藏戰國楚竹書》（六），上海：上海
　　　古籍出版社。

馬承源主編 2009《上海博物館藏戰國楚竹書》（七），上海：上海
　　　古籍出版社。

二、傳統文獻

《毛詩鄭箋》，漢 鄭玄箋，臺北：新興書局有限公司，1981 年。

《楚辭集注》，宋 朱熹撰，臺北：藝文印書館，1983 年。

《楚辭補注》，清 洪興祖撰，臺北：藝文印書館，1977 年。

《宋玉集》，吳廣平編注，長沙：岳麓書社，2001 年。

《釋名疏證》，劉熙撰、畢沅疏證，臺北：廣文書局，1971 年。

《釋名疏證補》，王先謙補，臺北：商務印書館，1968 年。

《爾雅‧廣雅‧方言‧釋名》清疏四種合刊，上海古籍出版社，
　　　1989 年。

《方言校箋及通檢》，周祖謨校‧吳曉鈴編 1959，科學出版社，1959
　　　年。

《說文解字注》，許慎撰、段玉裁注，臺北：頂淵文化事業有限公司，2003 年。

《先秦漢魏晉南北朝詩》，逯欽立輯校，北京：中華書局，1983 年。

《老學庵筆記》，宋 陸游，北京，中華書局，《唐宋史料筆記叢刊》，1979 年。

《說文通訓定聲》，清，朱駿聲，武漢: 古籍書店，1983 年。

三、漢語音韻研究相關專著與論文

丁邦新 1998《丁邦新語言學論文集》，北京：商務印書館。

丁邦新主編 2007《歷史層次與方言研究》，上海：上海教育出版社。

方孝岳 1956〈關於先秦韻部的「合韻」問題〉，《中山大學學報》2，頁 21-43。

王　力 1937〈上古韻母系統研究〉，《王力語言學論文集》，頁 59-129。北京：商務印書館，2000 年。

王　力 1956/1980《漢語史稿》，北京：中華書局，2003 年第 6 刷。

王　力 1986《詩經韻讀 楚辭韻讀》，《王力文集》第六卷，濟南：山東教育出版社。

王海根 2008《古代漢語通假字大字典》，福州：福建人民出版社。

王健庵 1992〈《詩經》用韻的兩大方言韻系－上古方音初探〉，《中國語文》，1992 年第 3 期，頁 207-212。

王　輝 1993《古文字通假釋例》，臺北：藝文印書館。

王　輝 2008《古文字通假字典》，北京：中華書局。

王　顯 1984〈古韻陽部到漢代所起的變化〉，《音韻學研究》第一輯，頁 131-155，北京：中華書局。

白一平 1994〈關於上古音的四個假設〉，《中國境內語言暨語言學》

　　　　　　第 2 輯，頁 41-60。

史存直 1984〈古韻「之」「幽」兩部之間的交涉〉,《音韻學研究》
　　　　　　第一輯：296-313，北京：中華書局。

史存直 2002〈古音真文兩部的分合問題〉，收錄於《漢語音韻學論
　　　　　　文集》，頁 57－71，上海：華東師範大學出版社。

北京大學中國語言文學系語言學教研室編 2003《漢語方音字匯》
　　　　　　（第二版重排本），北京：語文出版社。

全廣鎮 1989《兩周金文通假字研究》，臺北：學生書局。

余迺永 1980《兩周金文音系考》，國立臺灣師範大學國文研究所博
　　　　　　士學位論文。

李方桂 1971《上古音研究》，北京：商務印書館，1980 年。

李　玉 1994《秦漢簡牘帛書音韻研究》，北京：當代中國出版社。

李存智 1994〈從現代方音看匣、群、喻三的古音構擬〉,《第三屆
　　　　　　國際聲韻學討論會論文集》，頁 246-261，臺灣清華
　　　　　　大學。

李存智 1995《秦漢簡牘帛書之音韻學研究》，國立臺灣大學中國文
　　　　　　學研究所博士論文。

李存智　2001a　〈漢語舌尖鼻音的流變─兼論相關的音韻現象〉,
　　　　　　《臺大文史哲學報》第五十四期：165-200。

李存智　2001b　〈介音對漢語聲母系統的影響〉，《聲韻論叢》第
　　　　　　十一輯：69-108。

李存智 2004〈合韻與音韻層次〉,《語言暨語言學》專刊外編之四，
　　　　　　《漢藏語研究：龔煌城先生七秩壽慶論文集》，頁
　　　　　　663-694，中央研究院語言學研究所。

李存智 2008〈郭店與上博楚簡諸篇陰聲韻部通假關係試探〉,《臺
　　　　　　大中文學報》第二十九期，頁 71-124。

李存智 2009a〈郭店與上博楚簡諸篇陽聲韻部通假關係研究〉,《臺大中文學報》第三十期,頁 95-156。

李存智 2009b〈音韻層次與韻部分合—以之脂支分合及相關音韻現象為例〉,《臺大中文學報》第三十一期,頁 47-102。

李存智 2009c〈上博楚簡通假字聲母研究〉,「第一屆文字文本文獻國際學術研討會」論文,臺北:國立臺灣大學中國文學系。

李如龍、張雙慶主編 1992《客贛方言調查報告》,廈門:廈門大學出版社。

李如龍等 1999《粵西客家方言調查報告》,廣州:暨南大學出版社。

李尚行 1985〈試論段玉裁「支脂之三分」說闡述的偏頗〉,《江西師範大學學報》,1985 年第 1 期,頁 73-79,88。

李恕豪 2003《揚雄《方言》與方言地理學研究》,成都:巴蜀書社。

李新魁 1991〈上古音「之」部及其發展〉,《廣東社會科學》第三期,頁 94-100。

李新魁 1994〈上古音「曉匣」歸「見溪群」說〉,《李新魁語言學論集》,頁 1-19,北京:中華書局。

李新魁 1994/1997〈論侯魚兩部的關係及其發展〉,《李新魁音韻學論集》,頁 15-38,汕頭:汕頭大學出版社。

李葆嘉 1995〈高本漢直線型研究模式述論－漢語史研究理論模式論之一〉,《江蘇教育學院學報》(社會科學版),1995 年第 2 期,頁 58－60。

李葆嘉 2002《漢語起源演化模式研究》,哈爾濱:黑龍江教育出版社。

李　榮 1956《切韻音系》,北京:科學出版社。

李毅夫 1982〈上古韻是否有個獨立的冬部〉,《語文研究》,1982
　　　　　年第 2 期：28-39。

李毅夫 1984〈上古韻祭月是一個還是兩個韻部〉,《音韻學研究》
　　　　　第一輯：286-295。

李毅夫 1985〈上古韻宵部的歷史演變〉,《齊魯學刊》4：107-115。

李毅夫 1986〈先秦冬部的獨立性及其在西漢北朝之間的變化〉,《齊
　　　　　魯學刊》6： 82-86。

汪啓明 1998《先秦兩漢齊語研究》,成都：巴蜀書社。

汪啓明 2000〈古合韻評議〉,《漢語史研究集刊》第二輯：287-301,
　　　　　巴蜀書社,2000 年。

汪啓明 2003《漢小學文獻語言研究叢稿》,成都：巴蜀書社。

何大安 2000〈語言史研究中的層次問題〉,《漢學研究》18,頁 261-
　　　　　271。

何科根 1996《《呂氏春秋》韻語研究》,廣州：廣東人民出版社。

何琳儀 1998《戰國古文字典--戰國文字聲系》,北京：中華書局。

邢公畹 1998〈漢藏語系上古音之支脂魚四部同源字考－讀柯蔚南
　　　　　《漢藏語詞匯比較手冊》札記〉,《民族語文》第 4
　　　　　期,頁 20-32。

沈祖春 2008《馬王堆漢墓帛書「壹」假借字研究》,成都: 巴蜀
　　　　　書社。

林語堂 1933a《語言學論叢》,上海：開明書店。

林語堂 1933b〈陳宋淮楚歌寒對轉考〉,《慶祝蔡元培先生六十五歲
　　　　　論文集》上冊,頁 425-428。

周祖謨 1966《問學集》,北京：中華書局。

周祖謨 1984〈漢代竹書和帛書中的通假字與古音的考訂〉,《音韻
　　　　　學研究》第一輯,頁 78-91,北京：中華書局。

周祖謨 2004〈漢字上古音東冬分部的問題〉，收錄於《周祖謨語言文史論集》，頁 45-51，北京：學苑出版社，2004 年。

周祖謨 2004《爾雅校箋》，昆明：雲南人民出版社。

金慶淑 1993《廣韻又音字與上古方音之研究》，國立臺灣大學中國文學研究所博士學位論文。

邵榮芬 1982a〈古韻魚侯兩部在前漢時期的分合〉，原載《中國語言學報》第一期，1982 年。又收入《邵榮芬音韻論文集》：88-104，北京：首都師範大學出版社，1997 年。

邵榮芬 1982b〈古韻魚侯兩部在後漢時期的演變〉，原載《中國語文》，1982 年第 6 期。又收入《邵榮芬音韻論文集》：105-117，北京：首都師範大學出版社，1997 年。

邵榮芬 1983〈古韻幽宵兩部在後漢時期的演變〉，原載《語言研究》，1983 年第 1 期。又收入《邵榮芬音韻論文集》：118-135，北京：首都師範大學出版社，1997 年。

邵榮芬 1984〈試論上古音中的常船兩聲母〉，原載《羅常培紀念論文集》，北京：商務印書館 1984 年。又收入《邵榮芬音韻論文集》：1-22，北京：首都師範大學出版社，1997 年。

邵榮芬 1991〈匣母字上古一分為二試析〉，原載《語言研究》，1991 年第 1 期。又收入《邵榮芬音韻論文集》：23-44，北京：首都師範大學出版社，1997 年。

邵榮芬 1994〈上古陽聲韻若干字的歸部問題〉，原載《語苑新論—紀念張世祿先生學術論文集》，上海：上海教育出版社，1994 年。又收入《邵榮芬音韻論文集》：69-87，北京：首都師範大學出版社，1997 年。

邵榮芬 1995〈匣母字上古一分爲二再證〉，原載《中國語言學報》
　　　　　第七期，1995 年。又收入《邵榮芬音韻論文集》：
　　　　　45-68，北京：首都師範大學出版社，1997 年。

施向東 1999〈試論上古音幽宵兩部與侵緝談盍四部的通轉〉，《天
　　　　　津大學學報》（社會科學版），第 1 卷第 1 期，頁
　　　　　20-25。

施向東〈從系統和結構的觀點看漢語上古音研究〉，《南開語言學
　　　　　刊》，2009 年第 1 期，頁 15-26，180。

胡先澤 1985〈《詩經》東漢齊音考〉，《西南師範學院學報》，1985
　　　　　年第 2 期，頁 86-91。

柯蔚南 1998〈東漢音注的聲母系統〉，《古漢語複聲母論文集》，頁
　　　　　167-192，北京：語言文化大學出版社。

徐芳敏 1989《釋名研究》，國立臺灣大學文史叢刊之八十三。

徐芳敏 1991《閩南廈漳泉次方言白話層韻母系統與上古音韻部關
　　　　　係之研究》，國立臺灣大學中國文學研究所博士學位
　　　　　論文。

徐通鏘 1991《歷史語言學》，北京：商務印書館。

孫雍長 2002〈老子韻讀研究〉，《廣州大學學報》（社會科學版），
　　　　　2002 年第 1 期，頁 48-59。

陸志韋 1999《陸志韋語言學著作集（一）》，北京：中華書局。

張光宇 1984〈張琨教授古音學說簡介－代譯序〉《漢語音韻史論文
　　　　　集》，武漢，華中工學院出版社，1987 年。臺北，聯
　　　　　經出版事業公司，1987 年。

張光宇 1990《切韻與方言》，臺北：臺灣商務印書館。

張光宇 1996《閩客方言史稿》，臺北：南天書局。

張光宇 2006〈論漢語方言的層次分析〉，《語言學論叢》第三十三

輯，頁 124－165，北京：商務印書館。

張光宇 2007〈論「深攝結構」及相關問題〉，《語言研究》第 27 卷第 1 期，頁 1－11，北京：商務印書館。

張政烺 2008《馬王堆帛書周易經傳校讀》，北京 ： 中華書局。

張　琨著、張賢豹譯 1987《漢語音韻史論文集》，臺北：聯經出版事業公司。

張新豔 2009〈試論古文字資料在古音研究中的重要性〉，《社會科學論壇》2009 年第 4 期，頁 164-168。

張儒、劉毓慶 2001《漢字通用聲素研究》，太原：山西古籍出版社。

郭錫良 1986《漢字古音手冊》，北京：北京大學出版社。

郭寶俊 1990〈冬部歸向的時代和地域特點與上古楚方音〉，《中南民族學院學報》，1990 年第 5 期，頁 79-86。

陳初生 1989〈上古見系聲母發展中一些值得注意的線索〉，《古漢語研究》，1989 年第 1 期，頁 26-34。

陳忠敏 2007〈語音層次的定義及其鑑定的方法〉，收於丁邦新主編《歷史層次與方言研究》，頁 135-165，上海：上海教育出版社。

陳保亞 1999《20 世紀中國語言學方法論》，濟南：山東教育出版社。

陳偉武 1998〈出土文獻之於古漢語研究十年回眸〉，《古漢語研究》，1998 年第 4 期，頁 28-36。

陳新雄 1982〈從《詩經》的合韻現象看諸家擬音的得失〉，《輔仁學誌》11 期，亦收入氏著《鍥不捨齋論文集》，頁 37-59。

梅祖麟 2000《梅祖麟語言學論文集》，北京：商務印書館。

梅祖麟 2001〈現代吳語和「脂支魚虞，共爲不韻」〉，《中國語文》

　　　　　　2001 年第 1 期，頁 3-15。

梅　　廣 1994〈訓詁資料所見到的幾個音韻現象〉，《清華學報》新
　　　　　　24 卷第 1 期，頁 1-43。

馮　　蒸 1993 〈上古漢語的宵談對轉與古代印度語言中的-am＞
　　　　　　-o,-u 型音變〉，《古漢語研究》，1993 年第 3 期，頁
　　　　　　53-59。

雅洪托夫 1986《漢語史論集》，北京：北京大學出版社。

喻遂生 1993〈兩周金文韻文和先秦「楚音」〉，《西南師範大學學報》
　　　　　　（哲學社會科學版），1993 年第 2 期，頁 105-109。

黃典誠 1980〈關於上古漢語高元音的探討〉，《廈門大學學報》第
　　　　　　1 期：92-99，71。

黃典誠 2003《黃典誠語言學論文集》，廈門：廈門大學出版社。

黃　　綺 1980〈論古韻分部及支脂之是否應分爲三〉，《河北大學學
　　　　　　報》1980 年第 2 期，頁 71-93。

曾昱夫 2001《戰國楚地簡帛音韻研究》，國立臺灣大學中國文學研
　　　　　　究所碩士論文。

葉玉英 2005〈論雙聲符字研究中的若干理論問題〉，《廈門大學學
　　　　　　報》（哲學社會科學版），2005 年第 1 期，頁 119-124。

董同龢 1938〈與高本漢先生商榷「自由押韻說」兼論上古楚方音
　　　　　　特色〉，《董同龢先生語言學論文選集》，頁 1-11，臺
　　　　　　北：食貨出版社，1974 年。

董同龢 1944《上古音韻表稿》，中央研究院歷史語言研究所單刊甲
　　　　　　種之二十一。臺北：台聯國風出版社，1975 年。

楊秀芳 1982《閩南語文白系統的研究》，國立臺灣大學中國文學研
　　　　　　究所博士學位論文。

熊正輝 1982〈南昌方言裡曾攝三等讀如一等的字〉，《方言》1982

年第 3 期，頁 164-168。

蒲立本 1982〈構擬上古真部的一些證據〉，《清華學報》第 14 卷 1、2 期合刊，頁 249-255。

趙　彤 2006《戰國楚方言音系》，北京：中國戲劇出版社。

鄧曉華、王士元 2003〈古閩、客方言的來源以及歷史層次問題〉，《古漢語研究》2003 年第 2 期，頁 8-112。

劉志戍 1995〈兩周金文音系的聲母系統〉，《川東學刊》（社會科學版）第 5 卷第 3 期，頁 71-76。

劉釗、葉玉英 2008〈利用古文字資料的上古音分期分域研究述評〉，《古漢語研究》2008 年第 2 期，頁 10-18。

劉綸鑫 1999《客贛方言比較研究》，北京：中國社會科學出版社。

劉曉南 2003〈中古以來的南北方言試說〉，《湖南師範大學社會科學學報》第 32 卷第 4 期，頁 109-115。

劉澤民 2005《客贛方言歷史層次研究》，蘭州：甘肅民族出版社。

潘悟云 1995〈溫、處方言和閩語〉，收錄於《吳語和閩語的比較研究》，頁 100-121，上海：上海教育出版社。

潘悟云 2000《漢語歷史音韻學》上海：上海教育出版社。

鄭張尚芳 1987〈上古音構擬小議〉，《語言學論叢》14，頁 36-49。

鄭張尚芳 2003《上古音系》上海：上海教育出版社。

鄭張尚芳 2005〈從碩人鏡「齊夷」通假談上古精組聲母的取值〉，收錄於《音史新論》：71-77，北京：學苑出版社。

橋本萬太郎 1978《言語類型地理論》，余志鴻譯作《語言地理類型學》，北京：北京大學出版社，1985。

虞萬里 1988〈文獻中的山東古方音〉，《古漢語研究》創刊號：30-36。

虞萬里 1994〈從古方音看歌支的關係及其演變〉，《音韻學研究》第三輯：265-291，北京：中華書局。

謝留文 1998《于都方言詞典》，南京：江蘇教育出版社。

謝留文 2003a〈客家方言「魚虞」之別和「支」與「脂之」之別〉，
　　　　《中國語文》2003 年第 6 期，頁 512-521。
謝留文 2003b《客家方言語音研究》，北京：中國社會科學出版社。
羅杰瑞 1988〈福建政和的支脂之三韻〉，《中國語文》1988 年第 1
　　　　期，頁 40-43。
羅常培、周祖謨 1958《漢魏晉南北朝韻部演變研究》第一分冊，
　　　　北京：科學出版社。
龐光華 2005《論漢語上古音無複輔音聲母》，北京：中國文史出版
　　　　社。
嚴學宭 1963〈上古漢語韻母結構體制初探〉，《武漢大學學報》2，
　　　　頁 63-83。
嚴學宭 1984〈周秦古音結構體系（稿）〉，《音韻學研究》第一輯，
　　　　頁 92-130，北京：中華書局。
籍成山 1983〈「同聲必同部」之管見〉，《山東師大學報》6，頁 78-82。
龔煌城 1990〈從漢藏語的比較看上古漢語若干聲母的擬測〉，《西
　　　　藏研究論文集》3：1-18。
龔煌城 1993〈從漢藏語的比較看漢語上古流音韻尾的擬測〉，《西
　　　　藏研究論文集》4：1-18。
龔煌城 1997〈從漢藏語的比較看重紐問題—兼論上古*-rj-介音對
　　　　中古韻母演變的影響〉，《聲韻論叢》第六輯：195-243。
龔煌城 2001〈上古漢語與原始漢藏語帶 r 與 l 複聲母的構擬〉，《臺
　　　　大文史哲學報》第五十四期：1-36，2001 年 5 月。
龔煌城 2002《漢藏語研究論文集》，《語言暨語言學》專刊丙種之
　　　　二（下），臺北：中央研究院語言學研究所籌備處。
龔煌城 2005〈李方桂先生的上古音系統〉，收於丁邦新、余靄芹主
　　　　編《語言暨語言學》專刊外編之二，《漢語史研究：

紀念李方桂先生百年冥誕論文集》，頁 57-93，臺北：
中央研究院語言學研究所。

龔煌城、梅祖麟 1992〈上古音對談錄〉，《中國境內語言暨語言學》
第 1 輯，頁 665-7i9。

Baxter,William H.（白一平）
　　1994〈關於上古音的四個假設〉，《中國境內語言暨語言學》
　　2：41-60。

Coblin,W.South（柯蔚南）
　　1983　　*A Handbook of Eastern Han Sound Glosses*, Hong
　　Kong:The Chinese University Press.

Pulleyblank,E.G.（蒲立本）
　　1962-3 The Consonantal System of Old Chinese,Asia Major
　　9:58-144, 206-265.
　　潘悟雲徐文堪譯作《上古漢語的輔音系統》，中華書局
　　1999 年。

W.South Coblin（柯蔚南）
　　1982 *Notes on the Western Han Initials*（西漢聲母探討），《清
　　華學報》，新十四卷第一、二期合刊，頁 111-133。臺灣新
　　竹：清華學報社出版。

國家圖書館出版品預行編目資料

上博楚簡通假字音韻研究／李存智著. -- 初版.
-- 臺北市：萬卷樓, 2010.02
面； 公分
ISBN 978－957－739－675－4 (平裝)
1.簡牘學 2.漢語 3.聲韻學

796.8 99004053

上博楚簡通假字音韻研究

著 者：李存智
發 行 人：陳滿銘
出 版 者：萬卷樓圖書股份有限公司
臺北市羅斯福路二段 41 號 6 樓之 3
電話(02)23216565．23952992
傳真(02)23944113
劃撥帳號 15624015
出版登記證：新聞局局版臺業字第 5655 號
網 址：http://www.wanjuan.com.tw
E - mail ：wanjuan@seed.net.tw
承印廠商：晟齊實業有限公司
定 價：300 元
出版日期：2010 年 2 月初版

ISBN 978－957－739－675－4